中国艺术研究院基本科研业务费项目
（项目编号：2020-补-3）

新时代文化艺术思想
研究文库

韩子勇·主编

任慧·编

人类命运共同体与文明交流互鉴研究

新时代文化艺术思想研究文库

Series of Studies on Cultural and Artistic Thought for the New Era

文化艺术出版社
Culture and Art Publishing House

图书在版编目（CIP）数据

人类命运共同体与文明交流互鉴研究 / 任慧编 . —
北京：文化艺术出版社，2021.6
（新时代文化艺术思想研究文库 / 韩子勇主编）
ISBN 978-7-5039-6702-3

Ⅰ.①人… Ⅱ.①任… Ⅲ.①国际关系—研究②文化交流—研究 Ⅳ.① D81；G115

中国版本图书馆CIP数据核字（2021）第114531号

人类命运共同体与文明交流互鉴研究
（新时代文化艺术思想研究文库）

主　　编	韩子勇
编　　者	任　慧
丛书统筹	董良敏　赵　月　贾　茜
责任编辑	蔡宛若　刘　颖
责任校对	董　斌
书籍设计	赵　蠡
出版发行	文化藝術出版社
地　　址	北京市东城区东四八条52号　（100700）
网　　址	www.caaph.com
电子邮箱	s@caaph.com
电　　话	（010）84057666（总编室）　84057667（办公室） 　　　　84057696—84057699（发行部）
传　　真	（010）84057660（总编室）　84057670（办公室） 　　　　84057690（发行部）
经　　销	新华书店
印　　刷	国英印务有限公司
版　　次	2021年10月第1版
印　　次	2021年10月第1次印刷
开　　本	710毫米×1000毫米　1/16
印　　张	22.5
字　　数	260千字
书　　号	ISBN 978-7-5039-6702-3
定　　价	78.00元

版权所有，侵权必究。如有印装错误，随时调换。

总　序

文化艺术分期，从根本上说，总是和整个社会的变化紧密联系。文化艺术是社会生活的一部分，和生产力、生产关系、生产方式、经济基础、上层建筑、历史传统等等这些看上去或远或近、重重叠叠的构造，有着千回百结、直接间接的联系。它自身的规律性其实也存在于整个社会系统的规律性之中，它无法彻底地抽身而出、孤立于社会生活之外——文化艺术的道路就是历史走过的道路。

经过改革开放三十多年的持续积累和不断进步，从党的十八大开始，中国特色社会主义进入新时代。以习近平新时代中国特色社会主义思想为指导，中国社会方方面面发生了一系列影响深远的重大变化，中华民族伟大复兴的热切愿望和社会力量，从来没有像今天这样如此鲜明地浮现出来，碰撞着、隆起着、升腾着，塑造着新的格局与境界。我们感受着这一切，真切地触摸到历史发展的脉动，看到了风云激荡的百年变局里，中国人众志成城、奋楫扬帆的星辰大海之路。

从新时期到新时代，中国文化艺术波澜壮阔的发展变化值得梳理、总结和研究。特别是十八大以来，围绕着习近平总书记关于文化艺术的系列重要讲话、论述中的部分核心命题，新时代文化艺术思想研究呈现怎样的面貌？取得了哪些进展？我们编辑出版的这套《新时代文化艺术思想研究文库》，以期做一个在场的总结和描述，并拟随着深入和细化，不断续编，跟踪描述。

今年是党的百年华诞，也是中国艺术研究院建院七十周年。谨以此书献给党的百年华诞，献给中华民族伟大复兴的新时代，献给蓬勃而起的新时代的文化艺术。

韩子勇

2021 年 8 月 10 日

人类命运共同体与文明交流互鉴研究报告

任 慧

党的十八大以来，习近平总书记站在人类历史发展进程的高度，以大国领袖的责任担当，正确把握国际形势的深刻变化，顺应和平、发展、合作、共赢的时代潮流，深入思考"建设一个什么样的世界、如何建设这个世界"等关乎人类前途命运的重大课题，高瞻远瞩地提出构建人类命运共同体的重要思想。

从2013年至今，习近平总书记在国内外不同的重要场合，多次对构建人类命运共同体的时代背景、重大意义、丰富内涵和实现途径等重大问题进行深刻阐述。

2013年3月23日，国家主席习近平在莫斯科国际关系学院发表演讲，首次向世界阐述他的"全球观"，以及他对人类文明走向的基本判断："这个世界，各国相互联系、相互依存的程度空前加深，人类生活在同一个地球村里，生活在历史和现实交汇的同一个时空里，越来越成为你中有我、我中有你的命运共同体。"自此至2015年5月的两年多时间，习近平总书记共有 62 次谈到"命运共同体"。①

2015 年 9 月 28 日，国家主席习近平在第七十届联合国大会上作了题为《携手构建合作共赢新伙伴　同心打造人类命运共同体》的报告，系统阐述了"人类命运共同体"的内涵："构建以合作共赢为核心的新型国际关系，打造人类命运共同体。"

2017 年 1 月 18 日，国家主席习近平在联合国日内瓦总部发表《共同构建人类命运共同体》的演讲，向世界宣告"让和平的薪火代代相传，让发展的动力源源不断，让文明的光芒熠熠生辉，是各国人民的期待，也是我们这一代政治家应有的担当。中国方案是：构建人类命运共同体，实现共赢共享"。

习近平总书记从 2013 年开始向国际社会提出命运共同体理念，其实质是希望构建一种新型的国际关系，告别冷战思维，远离东西对抗。国际社会共同携手构建命运共同体，并不只是认同这个理念，而需要从伙伴关系、安全格局、经济发展、文明交流、生态建设等方面共同努力。这一构建新型国际关系的理念经过习近平总书记在国际国内的多次阐释，引发了社会各界，特别是哲学社会科学界的深入和持续的研讨，包括哲学、社会学、政治学、民族学、历史学、马克思主义理论等诸多学科和领域的专家学者，纷纷从各自专业背景出发，意欲对这一中国方案进行学理性研究，从内涵渊源、外延转化、理论建构、现实路径等视角进行探究，形成一系列广受关注的研究成果。

在对人类命运共同体理念广泛而深入的阐释和研究过程中，文明交流

---

① 参见国纪平《为世界许诺一个更好的未来——论迈向人类命运共同体》，《人民日报》2015 年 5 月 18 日。

互鉴作为构建人类命运共同体的人文基础，逐渐成为关注的焦点。其实，早在2011年9月发布的《中国的和平与发展》白皮书中，"命运共同体"作为中国面向世界的新视角出现时，就和文明紧密联系在了一起："要以命运共同体的新视角，以同舟共济、合作共赢的新理念，寻求多元文明交流互鉴的新局面。"

从2013年至2018年6月底，根据中共中央党史和文献研究院的统计，习近平总书记关于坚持推动构建人类命运共同体的85篇精选文稿中，其中提到文明交流互鉴的就有30篇。[①] 尤其是2014年3月27日，国家主席习近平在联合国教科文组织总部发表演讲时指出："当今世界，人类生活在不同文化、种族、肤色、宗教和不同社会制度所组成的世界里，各国人民形成了你中有我、我中有你的命运共同体。"不仅强调了当今世界文化、种族、肤色、宗教和社会制度的现实多元性，也说明了多元之间客观的相互依存性。更为重要的是，习近平总书记明确了文明交流互鉴对于构建人类命运共同体的重要意义："文明因交流而多彩，文明因互鉴而丰富。文明交流互鉴，是推动人类文明进步和世界和平发展的重要动力。"

2019年5月15日，在北京召开的亚洲文明对话大会开幕式上，国家主席习近平发表题为《深化文明交流互鉴　共建亚洲命运共同体》的重要讲话，全面深刻阐述对文明交流互鉴的看法和主张，提出坚持相互尊重、平等相待，坚持美人之美、美美与共，坚持开放包容、互学互鉴，坚持与时俱进、创新发展等四点主张，强调应该推动不同文明相互尊重、和谐共处，让文明交流互鉴成为增进各国人民友谊的桥梁、推动人类社会进步的

---

① 参见习近平《论坚持推动构建人类命运共同体》，中央文献出版社2018年版。

动力、维护世界和平的纽带。

"文明因多样而交流,因交流而互鉴,因互鉴而发展。"聚焦人类命运共同体和文明交流互鉴的学术文章日渐增多,很多刊物开辟了人类命运共同体研究专栏,集中对相关问题进行讨论。根据我们通过检索"知网"数据库进行的统计,自2013年开始至2020年底,以"人类命运共同体"和"文化""文明""文艺"为主题词的文章近5000篇,涉及教育、政治、法学、公共管理、哲学、社会学、民族学、马克思主义、理论经济学、国民经济、新闻传播、文化等多个学科分类,从数量和质量上来说,相关研究成果可谓非常丰富。

通过深入研读习近平总书记关于人类命运共同体和文明交流互鉴的讲话,认真梳理哲学社会科学研究界和文化艺术学界的相关研究和探讨,可以发现几个普遍聚焦的热点问题。这些问题既有研究人类命运共同体和文明交流互鉴必须解决的基础问题,也包括推动构建人类命运共同体和文明交流互鉴必须解决的现实问题。

第一,对于人类命运共同体理念的追本溯源。文明交流互鉴是构建人类命运共同体的人文基础,特别体现了中国智慧和中国方案。中国几千年优秀传统文化中的天人合一、协和万邦、世界大同、仁道精神、美美与共等思想理念,构成人类命运共同体思想的文化基石。当然,所谓中国智慧和中国方案,也并不是闭门造车,习近平新时代中国特色社会主义思想与马克思主义一脉相承,作为治国理政思想的人类命运共同体理念,必然受到马克思主义的启发和影响。由此,人类命运共同体思想是马克思主义中国化的新成果,更是中华优秀传统文化的创造性转化和创新性发展。学界对于人类命运共同体理念的追本溯源做了大量的研究,基本厘清了其发展脉络,也为这一理念提供了学理依据。

第二，内涵阐释。文明交流互鉴是构建人类命运共同体的人文基础，也是践行这一理念的重要途径，因此对人类命运共同体展开多维度阐释，对于文明交流互鉴的内涵和外延进行充分挖掘，并且从全球化视野，特别是中西文化对比的视角对这两个概念以及它们之间的关联进行深入探究，也引发了很多学者的关注。

第三，百花齐放。作为文化艺术工作者，我们要以响应习近平总书记关于构建人类命运共同体的新型国际关系为目标，探索不同文艺形态、多重艺术科技方法，以及文艺研究和创作对于文明交流互鉴的积极作用和践行途径，探求推动文明交流互鉴对于文艺繁荣发展的启示。将上述思考和行动进行阐释和总结，可以促进文明交流互鉴，推动构建人类命运共同体。

以 2013 年以来关于人类命运共同体和文明交流互鉴的研究为基础，大体依循这样三个视角和方向，对相关研究予以认真分析和探讨，力图提纲挈领、简明扼要地呈现学界研究的整体态势，并对深嵌其中的问题、经验以及未来研究走向进行归纳和评判，为继续推进人类命运共同体和文明交流互鉴的深入研究提供参考和借鉴。

一、追本溯源

（一）中华优秀传统文化

中华优秀传统文化作为人类命运共同体理念形成的重要文化基石，为人类命运共同体思想提供了丰富的思想来源。

2014 年 9 月 24 日，习近平总书记莅临"纪念孔子诞辰 2565 周年国际学术研讨会暨国际儒学联合会第五届会员大会"开幕式,围绕以儒家思想为代表的中华优秀传统文化与世界和平与发展的主题发表重要讲话。他充分肯定了包括儒家思想在内的中国优秀传统文化。他认为中华优秀传统文化作为中华民族的精神积淀、滋养和追求,亦经历过历史的检验,蕴藏着解决人类难题的启示:

> 世界上一些有识之士认为,包括儒家思想在内的中国优秀传统文化中蕴藏着解决当代人类面临的难题的重要启示,比如,关于道法自然、天人合一的思想,关于天下为公、大同世界的思想,关于自强不息、厚德载物的思想,关于以民为本、安民富民乐民的思想,关于为政以德、政者正也的思想,关于苟日新日日新又日新、革故鼎新、与时俱进的思想,关于脚踏实地、实事求是的思想,关于经世致用、知行合一、躬行实践的思想,关于集思广益、博施众利、群策群力的思想,关于仁者爱人、以德立人的思想,关于以诚待人、讲信修睦的思想,关于清廉从政、勤勉奉公的思想,关于俭约自守、力戒奢华的思想,关于中和、泰和、求同存异、和而不同、和谐相处的思想,关于安不忘危、存不忘亡、治不忘乱、居安思危的思想,等等。中国优秀传统文化的丰富哲学思想、人文精神、教化思想、道德理念等,可以为人们认识和改造世界提供有益启迪,可以为治国理政提供有益启示,也可以为道德建设提供有益启发。①

---

① 习近平:《在纪念孔子诞辰2565周年国际学术研讨会暨国际儒学联合会第五届会员大会开幕会上的讲话》,《人民日报》2014年9月25日。

儒家思想作为中华优秀传统文化的主体构成,诸多学者从中不断发掘关于人类命运共同体理念的学术支撑,最为集中的是天下大同、天人合一、仁者爱人、和而不同、协和万邦、美美与共等文化基因,也包括中庸之道、海纳百川、休戚与共、会通精神等思想主张。

张岂之从中具体梳理出与人类命运共同体理念直接相关的方面,包括"天人之学——天人和谐的探索精神,道法自然——顺应自然的辩证法则,居安思危——安而不忘危的忧患意识,自强不息——生生不息的奋斗精神,诚实守信——进德修业的立身之本,厚德载物——做人做事的根本原则,以民为本——中国古代政治的根本原则,仁者爱人——实现社会和谐的基本出发点,尊师重道——传道授业解惑的教育理念,和而不同——博采众长的会通精神,日新月异——与时偕行的革新精神,天下大同——指向未来的理想之光"①,这些理念都与孔子在春秋末期开创的儒学联系在一起。

张静和马超认为"和合共生"思想的融合精神、"天下为公"思想的公义精神、"海纳百川"思想的包容精神、"天人合一"思想的和谐精神,形象地彰显了中华优秀传统文化的特征和内涵,同时在对中华传统文化的传承中还呈现出对平等观、指导观、交往观、发展观和义利观等观念的超越性。②秦龙和赵永帅也认为儒家文化基因是人类命运共同体理念重要的价值底蕴和思想支撑。具体而言,人类命运共同体理念以儒家"仁道精神"关注人类友善发展,以儒家"中庸之道"聚焦人类良序发展,以儒家

---

① 张岂之:《"打造人类命运共同体"与中华优秀传统文化》,《山东省社会主义学院学报》2017年第1期。
② 参见张静、马超《论习近平人类命运共同体思想对中华传统文化的传承与超越》,《学术论坛》2017年第4期。

"天下观念"着力人类整体发展。① 肖群忠和杨帆则举出天下一家、协和万邦、万国咸宁、天下为公和大同思想，认为这些是中国作为一个文明共同体的文化基因，为构建人类命运共同体提供了思想基础。②

许宁从民族、世界和天人三个维度对中华文明中包含深刻"共同体"理念进行了详细的阐释："从民族维度而言，中华民族作为一个自在的民族实体是在五千多年的历史过程中形成的，汉族（华夏族）起着核心纽带的凝聚作用，与诸多少数民族构成相互依存、彼此互补、休戚与共、风雨同舟的中华民族共同体，形成了富有创造、奋斗、团结、梦想深刻内涵的伟大的中华民族精神；从世界维度而言，中国自古就产生了德主刑辅、礼法合治的政治理想，协和万邦、天下归仁的和平理想，美美与共、天下一家的社会理想，视天下之人为命运相连的人类整体，产生了人类命运共同体的思想萌芽；从天人维度而言，中华文明主张天人合一，强调人与自然的和谐共生，奠定了生态文明共同体的文化基础。"③

有些学者更为明确地指出儒家思想的具体某一方面对人类命运共同体理念的直接启示。

张立文作为"和合学"哲学理论思维体系的创始人，从和合学视角关注人类命运共同体，提出和合学作为中华传统文化的核心价值之一，是当代追求真善美精神家园的良方，有助于化解人类命运共同体所面临的各种冲突和危机。他认为，构建人类命运共同体，是传统文化创造性转变和创

---

① 参见秦龙、赵永帅《人类命运共同体理念对儒家文化基因的当代承继》，《学术界》2019 年第 1 期。
② 参见肖群忠、杨帆《文明自信与中国智慧——构建人类命运共同体思想的实质、意义与途径》，《中国特色社会主义研究》2018 年第 2 期。
③ 许宁：《中华文明"共同体"理念的三个维度》，《华夏文化》2018 年第 3 期。

新性发展的必然，是信息智能革命和全球化的需要，是构建中国话语权的诉求，是推动全球治理体系变革的大势所趋。中国传统和合文化与人类命运共同体的天下观、伙伴观、仁爱观、和合观、发展观交感联通、智能相应。①

国家主席习近平于2014年在德国科尔伯基金会发表演讲，对有着5000多年历史的中华文明，这样总结说："（中华文明）始终崇尚和平，和平、和睦、和谐的追求深深植根于中华民族的精神世界之中，深深溶化在中国人民的血脉之中。中国自古就提出了'国虽大，好战必亡'的箴言。'以和为贵''和而不同''化干戈为玉帛''国泰民安''睦邻友邦''天下太平''天下大同'等理念世代相传。中国历史上曾经长期是世界上最强大的国家之一，但没有留下殖民和侵略他国的记录。我们坚持走和平发展道路，是对几千年来中华民族热爱和平的文化传统的继承和发扬。"

中国自古就是爱好和平的民族，虽然曾经长期是世界上最强大的一个国家，但在处理国与国和地区之间的国际关系时，和平与发展已然成为深入民族心态的固化思维，其背后深耕的正是天下观念。

修身、齐家、治国、平天下，在中国人的头脑中，这是实现人生价值的达道通衢。由此可知，天下之意义何其重要。而人类命运共同体正是现代意义的"天下"表达。韩星认为，中国的天下思想具有"天下为家，经过礼治，以血缘亲情为基础又超越了'家天下'而达到'天下为公'的'官天下'的理想社会"的历史内涵，进而推论"人类命运共同体"的逻辑是一种递进关系：从国与国的命运共同体，区域内命运共同体，到人类命运共同体，这与中国传统家—国—天下的推衍次序一致，正是"天下一

---

① 参见张立文《中国传统和合文化与人类命运共同体》，《中国人民大学学报》2019年第3期。

家：中国一人"的现代表达。① 曹兴等学者不仅认为人类命运共同体思想继承了中国传统文化天下主义之精华,并克服了中国传统文化的局限性,而且相较于西方的世界主义(天上主义与天下主义的统一)和全球主义理念更具有现实意义。②

干春松基于全球价值缺失和处理全球性问题的制度性建制效能不足所导致的不断以"文化冲突"的方式来展现的现实,认为费孝通先生创造的"各美其美、美美与共"的文化自觉观念,不仅是对中华文明自身精神特质的一种阐发,是中国人整体思维和天下情怀在处理多元文化关系时的一种体现,也是对处理全球化时代的不同文明之间关系的价值支撑。中国政府倡导的人类命运共同体观念强调国家与国家之间既是互相独立,又是你中有我、我中有你的互济关系,这是中华文明在新的轴心时代为人类提供的"实践性智慧"。③

各美其美,不只限于全球多元文化冲突,在中华传统文化内部,儒家思想、道家思想等诸子百家和佛教等宗教思想也在历史发展中不断交融,不断会通。有学者指出,从战国末到魏晋600多年,儒学与道家学说的会通产生了魏晋玄学。从唐至北宋600多年,儒学与佛教、道教的会通诞生了"宋明理学"这一儒学新形态。这种学术和思想文化的会通精神,在中国近代仍然得到不断传承和发展,共同成为人类命运共同体的传统

---

① 参见韩星《天下一家：中国一人与构建人类命运共同体》,载《第十四届东亚实学国际高峰论坛论文集》,中国实学研究会,2017年。
② 参见曹兴、李志薇《从天下主义、世界主义走向人类命运共同体》,《石河子大学学报(哲学社会科学版)》2019年第2期。
③ 参见干春松《"各美其美、美美与共"与人类命运共同体》,《人民论坛·学术前沿》2017年第12期。

渊源。①

具体到道家思想，有学者提出，道家秉承大道"生而不有，为而不恃，长而不宰"的"玄德"精神，以及"以天下观天下"的广袤视野，清醒地意识到人类乃至整个生态系统都是一个"命运共同体"。为了保持这个"命运共同体"的和谐与繁荣，每个生命个体都应该具有"利而不害"的和谐共处、互爱互利意识。道家的上述思想，在各国相互依存、休戚与共的当今世界，可以为人们树立"命运共同体"意识提供重要的文化支撑。②

具体到佛教思想，有学者指出："'三谛圆融'是中国民族化佛教思想创造与发展，在当代世界用来指导'佛教命运共同体'的思维，始终致力于改变这种世界与现实社会，但主张不采取加剧冲突的办法，而是用文化的传译与思想的交流，来建立和谐圆融的无碍社会，具有重要现实意义。"③

由此，正如习近平总书记在"纪念孔子诞辰2565周年国际学术研讨会暨国际儒学联合会第五届会员大会"上所言："儒家思想同中华民族形成和发展过程中所产生的其他思想文化一道，记载了中华民族自古以来在建设家园的奋斗中开展的精神活动、进行的理性思维、创造的文化成果，反映了中华民族的精神追求，是中华民族生生不息、发展壮大的重要滋养。中华文明，不仅对中国发展产生了深刻影响，而且对人类文明进步作

---

① 参见张岂之《"打造人类命运共同体"与中华优秀传统文化》，《山东省社会主义学院学报》2017年第1期。
② 参见尹志华《道家文化与"人类命运共同体"意识》，载《第十四届东亚实学国际高峰论坛论文集》，中国实学研究会，2017年。
③ 黄夏年：《佛教命运共同体与中道圆融思维》，《佛学研究》2017年第1期。

出了重大贡献。"①同时，中华文明植根于中华民族大家庭，"中华文明由中国各民族共创共传共享，形成了悠久的民族共同体传统，充分体现了鲜明的民族和谐交往之道；中华文明以文化认同塑造文化共同体，兼收并蓄会通外来文明，具有开放而不封闭、包容而不排他、中庸而不极端、和平而不好战的特征；中华文明从不进行强加于人的文化输出，更不推行以自我为中心的文化霸权主义"，所以中华共同体不仅是民族共同体，更是文化共同体和命运共同体。②

当然，中华文明、中华优秀传统文化构成人类命运共同体理念的人文基础，却不是唯一来源。"中华文明是世界上唯一以国家形态发展至今从不断流的文明形态，即使遭遇重大挫折也没有分崩离析，根子在于政治共同体。"③中华文明政治共同体根植于中华悠久传统，重塑于马克思主义中国化进程，升华于中华民族复兴征程。也就是说，马克思主义对于人类命运共同体理念的形成，同样具有源头和基础作用。

（二）马克思主义

2018年5月4日，习近平总书记在纪念马克思诞辰200周年大会上发表讲话，指出马克思、恩格斯曾经说过的预言——"各民族的原始封闭状态由于日益完善的生产方式、交往以及因交往而自然形成的不同民族之间的分工消灭得越是彻底，历史也就越是成为世界历史"——现在已经成为现实。他说："历史和现实日益证明这个预言的科学价值。……万物

---

① 习近平：《在纪念孔子诞辰2565周年国际学术研讨会暨国际儒学联合会第五届会员大会开幕会上的讲话》，《人民日报》2014年9月25日。
② 参见潘岳《中华共同体与人类命运共同体》，《中央社会主义学院学报》2019年第4期。
③ 潘岳：《中华共同体与人类命运共同体》，《中央社会主义学院学报》2019年第4期。

并育而不相害,道并行而不相悖。我们要站在世界历史的高度审视当今世界发展趋势和面临的重大问题……同各国人民一道努力构建人类命运共同体,把世界建设得更加美好。"

人类命运共同体理念的来源和历史脉络,都离不开马克思主义。"马克思主义创始人真正从人类命运共同体存在的世界历史视野,来考察人类命运的辩证发展过程。马克思、恩格斯将共同体描述为边界不断扩展变化、内涵不断丰富的人群集合体,经由'天然的共同体'到'虚幻的(冒充的)共同体'再到'真正的共同体'的发展过程。"李梦云梳理了共同体的渊源流变,并从建构"人类命运共同体"的哲学致思视角,提出21世纪的"存在时代"是"从注重物质生产到精神生活的时代,从外在追求到内在觉醒的时代,是在历史时间中从主体性进展到主体间性的时代"。这个时代并没有根本超脱马克思主义创始人的语境,"我们到底要以什么样的方式生存"是面对命运问题发出的终极追问。[①]

科学社会主义作为马克思主义理论的核心,对于人类命运共同体的建构更具有指导意义。姚选民指出:"习近平新时代中国特色社会主义思想与马克思列宁主义一脉相承,而科学社会主义逻辑思想又属于马克思列宁主义的基本原则判断范畴,那么,作为习近平新时代中国特色社会主义思想的重要内容,人类命运共同体思想及其构建人类命运共同体方案,定然与科学社会主义逻辑思想存在着某种内在的理路关联。从现实实践来看,构建人类命运共同体方案有其科学社会主义逻辑思想根据。"同时,应对全球性问题仍需要从现行全球社会生产关系或全球治理上层建筑的调整或

---

① 参见李梦云《建设人类命运共同体的文化构想》,《哲学研究》2016年第3期。

变革入手，这也恰是构建人类命运共同体方案的初衷和目标。①

马克思主义与中国传统文化的关系虽然属于历史问题，但近些年随着国学热的再度兴起，再次成为备受人们关注的热点问题。2014 年 9 月 24 日，习近平总书记在"纪念孔子诞辰 2565 周年国际学术研讨会暨国际儒学联合会第五届会员大会"开幕会上指出："中国共产党人是马克思主义者，坚持马克思主义的科学学说，坚持和发展中国特色社会主义，但中国共产党人不是历史虚无主义者，也不是文化虚无主义者。我们从来认为，马克思主义基本原理必须同中国具体实际紧密结合起来，应该科学对待民族传统文化，科学对待世界各国文化，用人类创造的一切优秀思想文化成果武装自己。在带领中国人民进行革命、建设、改革的长期历史实践中，中国共产党人始终是中国优秀传统文化的忠实继承者和弘扬者，从孔夫子到孙中山，我们都注意汲取其中积极的养分。"②

因此，马克思主义与中国传统文化都是推进和发展中国特色社会主义事业的必要因素，马克思主义是行动指南和立身之本，中国传统文化则是精神命脉和丰厚滋养；马克思主义为中国传统文化的现代化转变提供理论支持和方法指导，而中国传统文化为马克思主义中国化提供文化载体和精神营养。③ 二者具有差异，但不能相互替代，亦不可分割，只有辩证统一于中国特色社会主义的伟大事业之中，才能共同发展。具体到人类命运共同体理念方面，诸多学者明确指出这一理念是马克思主义与中国传统文化

---

① 参见姚选民《构建人类命运共同体的科学社会主义逻辑基础》，《毛泽东研究》2019 年第 1 期。
② 习近平：《在纪念孔子诞辰 2565 周年国际学术研讨会暨国际儒学联合会第五届会员大会开幕会上的讲话》，《人民日报》2014 年 9 月 25 日。
③ 参见高长武《理解马克思主义与中国传统文化关系的三个维度——学习习近平关于中国传统文化的重要论述》，人民网、中国共产党新闻网，2015 年 1 月 22 日。

契合的重要体现，也为二者的融合创新提供了阐释路径。[①]

习近平新时代中国特色社会主义思想与马克思主义一脉相承，从文明观的视角而言亦是如此。习近平文明交流观是习近平总书记在新时代结合全球治理现状，站在马克思主义的基本立场上，充分继承中华优秀传统文化基础上所形成的符合中国国情和世界人民发展趋势的新型文明交流观念。

二、内涵阐释

2017年1月18日，国家主席习近平在联合国日内瓦总部发表演讲，具体阐释了人类命运共同体的内涵，包括：

> 坚持对话协商，建设一个持久和平的世界；
> 坚持共建共享，建设一个普遍安全的世界；
> 坚持合作共赢，建设一个共同繁荣的世界；
> 坚持交流互鉴，建设一个开放包容的世界；
> 坚持绿色低碳，建设一个清洁美丽的世界。

"人类命运共同体"构想，作为中国推进全球治理体制变革的智慧方案，亦代表着中国不断发展完善中的新型"国际秩序观"。这一构想的最终实现，"需要世界各国以政治互信为底线根基，以经济共赢为核心动力，

[①] 参见杨柳新、张夏蕊《习近平人类命运共同体思想的生成逻辑——马克思主义与中国传统文化的融合创新》，《南宁师范学院学报（哲学社会科学版）》2020年第1期。

以文化互鉴为价值依托,以心灵亲诚为情感纽带,建成共生、共赢、共识、共亲的和谐新世界"。而所谓"价值依托",则"需要以尊崇文明多元为共识根基,以推崇'包容互鉴'为方法路径,以增强文化自信为精神指引"。①

文明多元,文明多样。"文明多样性是人类社会的基本特征。当今世界有七十亿人口,二百多个国家和地区,二千五百多个民族,五千多种语言。不同民族、不同文明多姿多彩、各有千秋,没有优劣之分,只有特色之别。"②从《世界文化多样性宣言》(2001)到《保护和促进文化表现形式多样性公约》(2005),绝大多数国家都认可和支持文化多样性是人类的一项基本特征,创造了丰富的世界,是全人类的共同遗产。

回顾在人类文明发展的进程中,从中西方文明谱系中衍生出的不同文化形态总是在碰撞中对话与交锋,"器物之争""体制之争"及"文化之争"等数次论战背后隐匿着的是以"比较差异论优劣"的主客二元对立的思维陷阱。尊重多元多样,是为了保护和发展,而不是为了对抗与冲突。因此,为了"顺应全球化发展与世界性文明共同体的形成需要,应当推动'比较式对话'的文化交流向'合作式对话'转化和提升,形成观照世界文化整体发展与破解全球性文明危机的'建构性方案'"③。这种开放包容、合作共赢的方案就是构建人类命运共同体的创想,在超越"中西文化之争"的基础上充分彰显了中华民族伟大复兴的历史觉识与文明自觉。

---

① 谢文娟、张乾元:《论构建人类命运共同体的"四位一体"——学习习近平人类命运共同体的重要论述》,《社会主义研究》2018年第2期。
② 习近平:《弘扬和平共处五项原则 建设合作共赢美好世界——在和平共处五项原则发表60周年纪念大会上的讲话》(2014年6月28日),《人民日报》2014年6月29日。
③ 郭云泽、刘同舫:《超越"中西文化之争":从"比较式对话"到"合作式对话"》,《学术界》2020年第4期。

中华民族的文明自觉和文化自信，表现在中国特色社会主义道路的选择和建设上。换句话说，"中国特色社会主义就是中华文明的当代形态，人类命运共同体正是以中国特色社会主义为核心的当代中华文明从价值观、共同体观、世界秩序观等方面为全球危机提供的'中国方案'"：从"小康"走向"大同"的人类命运观；"多元一体""以和为贵"的共同体观；从"以邻为壑"走向"命运与共"的天下秩序观；以文明交流迈向"人类命运共同体"。陶庆梅认为，无论中西、南北，中华文明有能力也有责任在这种新秩序的建构过程中发挥更重要的作用，其核心是平衡和仲裁一神教文明、引导和节制市场经济文明、驾驭和协调科技文明，不断丰富人类对文明的理解。①

美籍学者刘康同样认为，中国要构建以人类共同价值观为基础的命运共同体，而并非利益共同体。他说："世界民心所关注和展示的也不仅仅限于经济利益和国家利益，同样包括了价值观与思想、意识形态因素和与国家和个人生活息息相关的地缘政治因素。中国的大国形象不能建立在纯粹利益基础上，而是要建立在价值基础上，而且这个价值基础是全人类的共同价值观。"②

多元文明形态，共同价值观，合作性对话，构建人类命运共同体必然需要十八大以来习近平总书记关于文明交流的重要论述的支持。习近平文明交流观是在继承和发展马克思主义文明交流观，结合中国特色社会主义的实践所形成的，坚持以人类文明发展为任务，以文明交流超越文明隔

---

① 参见陶庆梅《迈向人类命运共同体——新时代的中国价值观与人类共同价值观》，《中央社会主义学院学报》2019年第4期。
② [美]刘康：《构建人类命运共同体——十九大之后的中国全球文化战略》，《国际传播》2018年第1期。

阂、以文明互鉴超越文明冲突、以文明共存超越文明优越。唐辉认为这一观念在三个方面呈现独特的价值：首先，在准确把握马克思对文明交流主要内容分析的基础上，形成了文明多样、平等和包容的文明本质论；其次，在深刻理解马克思对文明交流中对抗和融合相统一论述的基础上，形成了文明交流、互鉴和共存的文明关系论；最后，在全面坚持马克思对文明交流和文明交流发展性论述的基础上，形成了文明共商、共建和共享的文明发展论。从内涵上看，习近平文明交流观是在中国共产党领导下形成的，以促进人类文明进步为目的、以平等为价值导向、以互鉴和互惠为途径的新型文明观，具有鲜明的中国特色、独特的全球视野和生动的实践性。习近平文明交流观不仅为坚定文明自信提供了文明方法，为人类命运共同体的构建提供了文化支撑，也为世界和平与发展提供了思想指引。[①]

如何更进一步深入理解新时代文明交流观？学者们从不同的视角和维度出发进行了阐释。

陈明琨将党的十八大以来习近平总书记关于文明交流互鉴的重要论述归纳为理论、批判、价值和实践四个维度的统一。其中，理论建构：致力于打造人类文明交往的新范式；现实批判：反对阻碍文明交流互鉴的错误观念；价值取向：为世界的和平发展注入稳定、积极的因素；实践驱动：多管齐下推进新理念落地生根。整体而言，这些论述"以相互尊重、平等相待为基础，以开放包容、互学互鉴为路径，以和谐共生、美美与共为目标；反对封闭自守、霸权主义的文化观点；有助于为世界和平发展保驾护航，为经济全球化持续推进增添动力，为构建人类命运共同体贡

---

① 参见唐辉《论习近平文明交流观对马克思文明交流观的发展》，《深圳社会科学》2020年第4期。

献力量"①。

邹广文等学者从文化哲学视角指出，应在"共同体"视野下提炼文明交流互鉴原则。人类命运共同体言简义丰，作为超越民族、国家和意识形态之上的文化观，它肩负着两个功能：一是推进各文化形态的健康交流与平等对话，二是保证各民族文化的个性和资源不致丢失、不被同化、继续传承。正是在这两个方面的张力中，文明交流互鉴的原则得以生成。②

韩升等学者认为西方的文化霸权主义倾向有违人类共同价值观。人类共同价值观的塑造要以尊重世界文明多样性为基本前提，以特定社会生活共同体的价值观坚守为存在根基，以不同文明的交流互鉴为根本途径，在开放包容中汲取全人类文明的智慧与有益成果，为全球化时代人类命运共同体的构建凝聚价值共识和提供价值引领。③

梁枢认为学界对共同体的思考大致可分为两个侧重面：在"中外"的向度上作为空间概念和把共同体作为时间概念来界定和使用。因此作者提出"共同体的中国经验"这一概念，希望在共同体的学术思考中打通古今，让中国人的共同体智慧与经验"进场"。共同体是中国文化的大传统，这种传统为21世纪人类命运共同体建设提供了充分的"合法性"。所以，共同体既是"古今问题"，也是"中西问题"，学者可以选择某一个视角，但学界不能忽视任何一个向度。④

文明是人类共同的价值追求，是建设新时代中国特色社会主义的重要

---

① 陈明琨：《理解习近平文明交流互鉴重要论述的四重维度》，《党的文献》2019年第3期。
② 参见邹广文、刘文嘉《文化哲学视域下的人类命运共同体研究》，《人民论坛·学术前沿》2017年第12期。
③ 参见韩升、毕腾亚《基于文明交流互鉴的人类共同价值观阐释》，《贵州社会科学》2020年第6期。
④ 参见梁枢《共同体的中国经验》，《光明日报》2019年3月16日。

价值目标。如何在百年未有之大变局的形势下更好地推动文明交流互鉴、促进文明价值的实现？

刘京希指出，倡导构建人类命运共同体，需要前置性地认识中西文化各自的特性与异同。以政治生态学为视角观之，作为拥有辉煌历史传统的原发性文明，中华文化的现代性转换亟待通过中西文化的比较与互鉴，去发现与人类共同文明进行生态化通约的超验性和普遍性价值，进而形成共识并予以光大，推进中华文化的现代性转换以及人类命运共同体的建构。

焦佩锋也认为文明转型是中西社会面临的共同问题，"西方需要克服现代性的文化危机，中国则要对传统进行创造性转化"。而在转化过程中，我们必须重视马克思主义中国化的历史实践和文化成果，因为基于马克思主义传统而可能的"革命—建设—改革"中国道路既蕴含着对现代性文化危机的克服，也表征出中西方文明的融合与更新的可能，这是构建人类命运共同体、构建人类文明新秩序的重要历史实践。①

李毅红和邱华宇提出，我们在新的历史方位下更好地促进文明价值的全面实现，并从三个层面分析习近平总书记关于文明的重要论述："从世界层面看，是要通过构建人类命运共同体、坚持正确的文明观、倡导不同文明的交流互鉴，促进人类文明的发展进步；从国家层面看，是要通过建构中国特色社会主义文明体系、建设社会主义精神文明、培育社会主义文明价值观，大力发展社会主义文明；从个体层面看，是要通过教育培养能够促进文明进步的时代新人，提升公民的文明素质。"②

贾文山等学者采用跨学科研究方法，综合中国哲学、全球传播学、跨

---

① 参见焦佩锋《中西文明转型的世界历史视野》，《天津社会科学》2018年第2期。
② 李毅红、邱华宇：《习近平关于文明的重要论述探析》，《理论学刊》2019年第2期。

文化交流学、国际关系学等学科系统，提出"跨文明交流、对话式文明与包容性的世界秩序是一脉相承、循序渐进"的观点。具体而言，跨文明交流是文明对话形成的具体过程；对话式文明是文明交流互鉴的硕果，又是多元包容性世界秩序构建的基础，二者最终指向构建人类命运共同体。作者总结了五大跨文明关系话语体系：文明冲突话语、一元同化话语、文明的折中式话语、中华文明一体多元话语和对话式话语，这样递进嬗变的历程说明人类日益认识到文明间对话的重要性。①

刘洪一面对人类文明进入的十字路口提出，文明之病需文明之药，文明之药只能从文明通鉴中淬炼提取，这是文明处于十字路口的必然选择；尊重文明差异化传统，以开放的文化心态寻求最大文明公约数，构建人类共通共享共惠的普惠文明新体系，是人类命运共同体的目标路向；努力达致不同文明之间精神观念相通、思维方式方法互补的思想通约，是构建普惠文明之关键，也是人类命运共同体作为文明必然进程的前行路径。总之，文明通鉴、普惠文明、思想通约三位一体，构成了人类命运共同体的实现方式、目标路向和关键路径，也昭示了人类命运共同体作为文明进程的内在要求和历史必然。②

习近平总书记在十九大报告中指出，世界正处于大发展大变革大调整时期，和平与发展仍然是时代主题。世界多极化、经济全球化、社会信息化、文化多样化深入发展，全球治理体系和国际秩序变革加速推进，各国相互联系和依存日益加深，国际力量对比更趋平衡，和平发展

---

① 参见贾文山、江灏锋、赵立敏《跨文明交流、对话式文明与人类命运共同体的构建》，《中国人民大学学报》2017年第5期。
② 参见刘洪一《文明通鉴与普惠文明：人类命运共同体的文明路径》，《深圳大学学报（人文社会科学版）》2019年第5期。

大势不可逆转。在这样的时代背景下，学者们高度评价中国的全球文化战略和中国模式。

刘康提出："在志存高远、敢于担当的中国共产党引领下，中国与世界的关系正在发生历史性的变化——中国正在从一个区域性国家转变成一个在国际事务上有主导意识、有领导视野的世界大国。中国的强大不仅仅是中国的伟大复兴，也不是不断重复'落后挨打、大国崛起、百年雪耻'的叙事。中国的复兴是为了造福全人类，是为了构建人类命运共同体。"[1]

贾文山等学者认为，习近平总书记就治国理政所做的一系列重要讲话构建了一套较为完整的思想体系，将马克思主义与传统资源结合而成的与西方文明不同的现代化模式——中国模式，升华为用以推动新型全球化和全球治理的中国方案，是从跨文明交流中形成对话式文明的典型案例，对于今天世界文明间的对话与未来人类命运共同体的构建具有重要借鉴意义。[2]

当然，从实践层面的现实出发，人类命运共同体理念需要以全世界各个国家和民族间的文化尊重、文明交融为基础。我们尊重文化在样态形式上的"求异"，我们追求文明在价值理念层面的"求同"。"人类命运共同体的积极构建，为人类文明交融确立了一个坚实的价值基础——在经济全球化发展环境下没有文化孤岛，必须破除两极对立的零和思维，秉持共同发展的理念，努力守望相助，达到合作共赢。"[3]

---

[1] ［美］刘康：《构建人类命运共同体——十九大之后的中国全球文化战略》，《国际传播》2018年第1期。

[2] 参见贾文山、江灏锋、赵立敏《跨文明交流、对话式文明与人类命运共同体的构建》，《中国人民大学学报》2017年第5期。

[3] 邹广文：《人类命运共同体的文明交融》，《光明日报》2021年1月4日。

三、百花齐放

党的十八大以来,以习近平总书记为核心的党中央对文艺工作高度重视,习近平总书记在文艺工作座谈会和中国文联十大、中国作协九大开幕式等重要场合多次发表重要讲话、作出重要指示批示。习近平总书记关于文艺工作的重要论述,深刻阐明了文艺工作的地位作用、目标方向、原则要求、使命任务、工作重点,系统回答了新时代文艺事业发展的一系列全局性、根本性、战略性问题,科学揭示了社会主义文艺本质属性、历史逻辑与发展规律,丰富和发展了马克思主义文艺理论,是习近平新时代中国特色社会主义思想的重要组成部分,在社会主义文艺事业发展史上具有里程碑意义。

2015年10月14日,习近平总书记主持召开文艺工作座谈会,并发表重要讲话,指出文艺是时代前进的号角,最能代表一个时代的风貌,最能引领一个时代的风气。实现"两个一百年"奋斗目标、实现中华民族伟大复兴的中国梦是长期而艰巨的伟大事业。伟大事业需要伟大精神。实现这个伟大事业,文艺的作用不可替代,文艺工作者大有可为。

结合习近平总书记在文艺工作座谈会上的讲话精神,王列生认为,无论民族精神家园还是人类精神家园,传统的知识建构路线,要么体现为"聚焦论",要么体现为"集合论",但是在全球化时代,面对前所未有的机遇和挑战,一种基于"文明正义"和"命运共同体"的"互约论"观念"脱颖而出"。构建"人类命运共同体"作为全球治理的"中国方案",必然要求精神建构作为庇护和支撑,进而必然要求文艺作为民族和人类生存的重要精神意识形式,在整个建构事态中最大限度地展现其社会进步驱动能量。问题的复杂性在于,传统世界格局所显形的垂直民族结构与文明形态的非平等关系，导致民族精神建构与人类精神建构诸多知识冲突与意义紧张，因而也就延及"中国方案"入场有效性与在场可持续性，这在文艺的精神建构事态中表现得尤其充分。基于此，叠维并且同步地提出和解决文艺价值互约议题或命题，既具当下文艺使命担当的现实意义，更具对"中国方案"有效学理解读后促进构建的理论动力，而所有这一切，都在《讲话》文本中有言说显形与意义隐存的充分实现。①

逄增玉也立足中华文艺提出，"人类各民族文化在诞生发展中内含的共同价值，是中华文艺参与人类命运共同体建设的基础"。中华文艺曾经在历史上对周边国家有效传播和影响，并且也接受过域外文艺的有益影响，因此应当在梳理和确立中华文艺核心价值基础上，高度重视中华文艺参与人类命运共同体建设的方式、路径、方法和战略策略问题，为人类命运共同体建设提供更多启示。②

吴为山强调，国家的发展与强大不仅需要政治、军事、科技、经济的保障，更需要文化的繁荣，特别是在对外艺术交流领域，加强国际艺术展览交流机制的建设显得尤为重要。因此，我们应该立足于自身的优秀文化传统，以文化经典化育人；在国际上，以文化经典感化人，以此达到文化认同、命运共建的目的。③

习近平总书记在文艺工作座谈会上指出，"文学、戏剧、电影、电视、音乐、舞蹈、美术、摄影、书法、曲艺、杂技以及民间文艺、群众文艺等

---

① 参见王列生《论"民族精神家园"与"人类命运共同体"文艺价值互约——习近平〈在文艺工作座谈会上的讲话〉创新点研究》，《文艺论坛》2020年第1期。
② 参见逄增玉《跨文化交流与中华文艺参与人类命运共同体建设的思考》，《现代传播（中国传媒大学学报）》2020年第3期。
③ 参见吴为山《用文化经典构建人类命运共同体》，《文艺报》2018年3月14日。

各领域都要跟上时代发展",为人民群众和国家社会奉献优秀的作品。构建人类命运共同体,推动文明交流互鉴,文学艺术形态应该积极承担载体功能,创作者、研究者纷纷结合各自艺术门类,畅谈经验与思考。

舞蹈作为人类历史上最早产生的艺术形式之一,是人类社会不同文明的重要组成部分。吴敏从舞蹈艺术能更直观地呈现文明特征、更容易突破文明间的界限和能更顺畅地实现不同文明的互鉴三个方面来探讨舞蹈艺术在文明交流互鉴中的优势功能与作用。[1]李琼则具体讨论了中国芭蕾民族化的历程和立场,提出在"人类命运共同体"这一文化理念的指导下,中国芭蕾应该打住"民族化"脚步,立于"国际化"视野,回归到全人类的理想精神世界,关注于中国传统的身体哲学,以古典芭蕾的身体语言为形式,以身体为内容,以"气"体知身体内容与芭蕾语言形式,积累有"中国语音特点"的芭蕾身体语言,探索具有中国传统身体观的叙事方式。[2]

胡艺华认为音乐作为人类文化的精华和人类文明的结晶,是构建人类命运共同体的重要文化积淀、沟通桥梁、传播载体和推动力量,因此应该强化音乐的价值自觉和价值担当。[3]韩雪松则认为电影是人类命运共同体理念的重要传播载体,因此电影创作要深挖中国传统文化中的"人类命运共同体"文化基因,从对"中国方案"的议程设置、中外电影合拍等方式掌握"人类命运共同体"理念国际传播的主动权。[4]

习近平总书记在文艺工作座谈会上也说过,"文艺工作者要讲好中国故事、传播好中国声音、阐发中国精神、展现中国风貌,让外国民众通过

---

[1] 参见吴敏《文明互鉴:舞蹈艺术的文化交流优势》,《北京舞蹈学院学报》2019年第6期。
[2] 参见李琼《"民族化"是中国芭蕾发展的必选项吗?》,《艺术评论》2019年第12期。
[3] 参见胡艺华《音乐为构建人类命运共同体注入正能量》,《云梦学刊》2018年第2期。
[4] 参见韩雪松《论电影对人类命运共同体理念的阐释与传播》,《电影文学》2019年第19期。

欣赏中国作家艺术家的作品来深化对中国的认识、增进对中国的了解"。梁鸿鹰结合人类命运共同体构建,具体分析了这一要求的价值和意义:"在构建人类命运共同体的进程中,只有讲好中国故事,才能很好回应国际社会共同关切,向世界说明中国道路、中国选择、中国历史文化。讲好中国故事,要聚焦更具普遍人类价值尺度,直面全球化时代人类共同难题,开掘人性及人类精神隐秘,减少文化误差弥合文化鸿沟,凸显中国故事的进步性、现代性,不断丰富讲中国故事的有效路径,使中国故事更加扣动世界心弦。"①

范玉刚提出,习近平总书记倡导的构建"人类命运共同体"思想彰显的是"天下一家"的和平理念与世界情怀,作为对人类文明发展方向的积极探索,这是最好的中国故事。同时,中国的崛起是一种文明型崛起,它成功开创了一条走向现代化、走向复兴、有新贡献于世界的独特道路,这条道路立足本土、关怀全人类,具有世界情怀和开放包容意识,以中国立场与世界眼光的视域融合而超越了中西、传统与现代,把人类引向协和万邦、天下大同的前瞻未来。它带给世界的是一种新型文明观,其核心思想即道理、道义之道的根本——构建人类命运共同体的意识。这是人类文明的价值制高点,也是世界道德舆论优势制高点。②

交流互鉴是人类文明存在的根基,而演化的媒介在其中扮演了重要角色。胡正荣认为如果传播技术与文明秩序是匹配关系,与数字传播技术相匹配的则是人类命运共同体,"指尖上的文明交流"将成为文明对话的最灵动渠道和最有效机制。数字时代的人类命运共同体应以多样、

---

① 梁鸿鹰:《讲好中国故事:当代文艺与人类命运共同体构建》,《理论视野》2017年第8期。
② 参见范玉刚《以开放包容的文化思维讲好"人类命运共同体"故事》,《中国文化报》2018年2月5日。

平等、开放和包容为原则,通过构建全媒体传播体系,努力提升连接性、对话性、共享性和智能性,同时注重安全性,从而实现文明对话与文明互鉴。①

此外,"一带一路"倡议作为承载时代使命的世纪工程,掀开了世界发展进程的新一页,是"构建人类命运共同体"思想的伟大实践。"一带一路"沿线国家和中国自古就有经济文化往来,民心相通需要文化互通,以促进不同文化之间的价值共识。黄义灵等学者指出,"一带一路"的文化互通是"一带一路"沿线国家相互沟通和了解的桥梁,是真正能够把它们联系和结合起来的纽带。它在历史上曾经有力地促进了各个国家的友好关系和民族融合,在今天更是相关国家实现和平合作、互利共赢的重要基础。"一带一路"倡议也是中国提出的应对人类面临的共同挑战、维护和实现全人类的共同利益、同心打造人类命运共同体的方案。从这个角度看,作为"一带一路"倡议的重要内容,文化互通对于整个人类命运共同体的建设也是极其重要的。②

诸琦睿聚焦中亚这一古丝绸之路的重要通道区域,从人类命运共同体视角出发,采用文献研究、历史比较等方法,通过阐述人类命运共同体的根本理念、中国与中亚文化交流的历史追溯、中国与中亚文化交流面临的问题以及进一步探讨交流的路径选择这四部分入手,分析中国文化向中亚传播的重要性,并尝试探索交流策略以便中国文化更有效地传播。③

---

① 参见胡正荣《人类命运共同体与文明交流互鉴——基于数字时代传播体系建设的思考》,《人民论坛·学术前沿》2019 年第 9 期。
② 参见黄义灵、汪信砚《"一带一路"的文化互通与人类命运共同体建设》,《江汉论坛》2017 年第 12 期。
③ 参见诸琦睿《人类命运共同体构建视域下的中亚文化交流问题研究》,《兵团党校学报》2020 年第 2 期。

张立文着眼东亚文化共同体，指出东亚中、日、韩及越南由于地理位置和文化渊源的关系，在共同理念、儒学共鸣，共同文字、汉字共享，共同制度、郡县共建，共聚民心、同舟共济，共生共存、命运共同等方面具有天然的共同性。①

2019年，中国艺术研究院文化发展战略研究中心以"文明交流互鉴"为视角，开展关于"人类命运共同体思想及认知"的实证调研工作，选择与中国有着重要经济与政治关系和文化交流的周边地区国家以及东欧部分国家展开跨国调查。调查结果显示，在12国受访者中，超过六成认同以开放包容态度对待各国文明，近七成认同加强各国间文化了解和交流，76%的受访者对建设平等、开放、包容的世界文化交流格局，近半成期待通过中国电影和各类文化交流活动更好地了解和感受中国，69.5%的周边国家受访者认同"文明没有高下、优劣之分，只有特色、地域之别"。在世界多极化、经济全球化、社会信息化、文化多样化的百年未有之大变局时代，"每个民族、每个国家的前途命运都紧紧联系在一起"②，人类文明需要团结，"和平、发展、公平、正义、民主、自由，是全人类的共同价值"③。

习近平总书记强调要"以文明交流超越文明隔阂、文明互鉴超越文明冲突、文明共存超越文明优越"，要始终坚持不同文化和文明间的平等对话。回顾中华人民共和国成立70年以来的文化建设与发展以及成就与经验，为推动构建人类命运共同体和推动人类和平与发展崇高事业做出了积极的努力和重大贡献。展望未来，我们应该坚定中国特色社会主义文化自信，坚持中国特色文化发展道路，坚持以人民为中心建设社会主义文化强

---

① 参见张立文《儒学与东亚命运共同体》，《学术界》2019年第1期。
② 习近平：《论坚持推动构建人类命运共同体》，中央文献出版社2018年版，第510页。
③ 习近平：《论坚持推动构建人类命运共同体》，中央文献出版社2018年版，第253页。

国，坚持推进文明交流互鉴为人类发展进步不断贡献中国智慧、中国方案。

对于文化艺术工作者而言，要以习近平总书记对文艺不可替代的作用以及大有可为的文艺工作者的期待为目标，围绕构建人类命运共同体和文明交流互鉴，积极探索文艺形态和科技方法，不断推进创作水平和研究视野，广泛开展文化交流，广泛参与世界文明对话，寻求更为有效的交流路径，增进尊重和理解，切实有效地推进人类命运共同体的构建。

四、结语

构建人类命运共同体是习近平新时代治国理政思想中关于外交理念和外交政策的明确阐述，是习近平总书记提出的"中国方案"，是解决当今世界各种难题、消弭全球各种乱象的"中国钥匙"。

构建人类命运共同体站在全球人类发展的战略高度，以中华优秀传统文化和马克思主义思想为基础，在总结历史经验教训的基础上，超越民族国家和意识形态，体现了中国人民追求协和万邦、天下一家的思想智慧。从2013年3月国家主席习近平在莫斯科向世界阐述人类命运共同体理念开始，这一理念伴随着他的脚步，不断在国内外重要场合得以推进阐释，不仅正式成为《中国共产党章程》和《中华人民共和国宪法》的一部分，而且相继被写入联合国大会、安理会、人权理事会等重要决议，已经成为世界瞩目的新型国际关系准则。

"文明因交流而多彩，文明因互鉴而丰富。文明交流互鉴，是推动人类文明进步和世界和平发展的重要动力。"[①] 世界是多元的，文明是多样的。对

[①] 习近平：《在亚洲文明对话大会开幕式上的主旨演讲》，新华网（http://www.xinhuanet.com/world/2019-05/15/c_1210134568.htm）。

待世界多样性文明,我们应该怀有"文明只有姹紫嫣红之别,但绝无高低优劣之分"的基本态度,坚持对等、平等、多元、多向的交流原则,以海纳百川的宽广胸怀打破文化交往的壁垒,以兼收并蓄的态度汲取其他文明的养分,推动本国文明充满勃勃生机,也为他国文明发展创造条件。

通过回顾人类命运共同体与文明交流互鉴方面的研究成果,我们欣喜地看到,从人类命运共同体理念的两大源头——中华优秀传统文化和马克思主义理论,从辨析中西文明视域中的差异到阐释人类命运共同体理念的思想内涵,从系统研究习近平新时代文明观到如何推动文明交流互鉴,以及文艺工作在推动文明交流互鉴方面的探索、实践和思考,学者们已经做了大量卓有成效的研究工作,极大地推动了人类命运共同体理念的构建和文明交流互鉴的持续发展。

但同时,我们也发现有些研究成果存在研究视角雷同、研究思路固化和研究方法单一的问题,需要学界认真思考、审慎研究、推陈出新,拓展研究深度和广度。我们相信,在中国的倡议和世界各国人民的心心相印下,在海内外学者们的深入研究中,文明交流互鉴必将进一步成为增进各国人民友谊的桥梁、推动人类社会进步的动力、维护世界和平的纽带。"持久和平、普遍安全、共同繁荣、开放包容、清洁美丽"的世界,作为充分尊重世界文明变迁规律基础上的时代总结,和全人类对幸福生活的美好向往,人类命运共同体理念必将获得更广泛的认知和理解,尤其是后疫情时代的世界,终将迎来凤凰涅槃、焕发新生。

本书文章按作者姓氏笔画排序。

目 录

001 "各美其美、美美与共"与人类命运共同体　　干春松

014 论"民族精神家园"与"人类命运共同体"文艺价值互约
　　　——习近平《在文艺工作座谈会上的讲话》创新点研究　　王列生

074 文明通鉴与普惠文明：人类命运共同体的文明路径　　刘洪一

092 建设人类命运共同体的文化构想　　李梦云

107 习近平关于文明的重要论述探析　　李毅红　邱华宇

123 文化哲学视域下的人类命运共同体研究　　邹广文　刘文嘉

136 中国传统和合文化与人类命运共同体　　张立文

150 "打造人类命运共同体"与中华优秀传统文化　　张岂之

157 理解习近平文明交流互鉴重要论述的四重维度　　陈明琨

174 跨文化交流与中华文艺参与人类命运共同体建设的思考　　逢增玉

185 构建人类命运共同体的科学社会主义逻辑基础　　姚选民

202 跨文明交流、对话式文明与人类命运共同体的构建
　　　贾文山　江灏锋　赵立敏

228 超越"中西文化之争"：从"比较式对话"到"合作式对话"
　　　郭云泽　刘同舫

243　论习近平文明交流观对马克思文明交流观的发展　　唐　辉

260　迈向人类命运共同体
　　　——新时代的中国价值观与人类共同价值观　　陶庆梅

274　讲好中国故事：当代文艺与人类命运共同体构建　　梁鸿鹰

291　基于文明交流互鉴的人类共同价值观阐释　　韩　升　毕腾亚

311　中西文明转型的世界历史视野　　焦佩锋

322　**编后记**

"各美其美、美美与共"与人类命运共同体*

干春松

中华文明作为世界文明的奠基源之一,为处理人类的困境提供了许多思想资源,这迫切需要我们进行"创造性继承和创新性发展"。所谓创造性继承就是以全新的眼光去审视文化传统,而创新性发展则是在新的环境下、面对新的问题基于自身文化传统并结合其他文明的优秀成分而做出的新的回应。"人类命运共同体"就是对文化传统进行创造性继承和创新性发展的理论和实践成果之一。

一、全球化时代的"共同价值"

在全球化的推动下,世界处于新的历史转折点,有学者将之命名为"新轴心时代",意思是这个转折点可以与公元前五六世纪的人类智慧突破

---

* 本文系国家社会科学重大项目"中华优秀传统文化的创造性转化与创新性发展研究"(项目编号:2015MZD012)与国家社会科学基金重大委托项目"文明史视野下的'中国认同的建构和中华民族复兴与发展研究'"(项目编号:15@zh015)的阶段性成果,感谢陈来教授在写作过程中所提出的建议。

的"轴心时代"相提并论。在这个时期，经济与环境、政治等方面的问题纠结在一起，与以前不同的是，这些危机展现出跨国家的特征，全球性的问题与以民族国家为基本结构的国际格局之间存在着尖锐的冲突，在现实的困境面前，民族国家体系到达了进与退的十字路口。

17世纪中叶因《威斯特伐利亚和约》(*The Peace Treaty of Westphalia*)的签订而形成的"威斯特伐利亚体系"(westphalian system)奠定了以民族国家为基石的现代世界治理体系。它与资本主义的市场体系相得益彰，构成了充满战争和掠夺的"内外有别"的世界。到21世纪初，殖民地已经让位于更为直接的资本竞争，现实的世界正在向两个极端发展：一方面，民族主义（无论是基于情感还是基于利益）日趋极端化，以强调民族利益和地区利益为口号的政党和其他政治力量获得了民众的普遍支持；另一方面，在全球化的趋势下，世界各民族和各文明之间的交往空前频繁，这既使人与人之间的相互理解成为可能，也可以使局部的危机迅速转变为全球性的困境，比如，一些地方性的疾病会在全球蔓延，地方性的战争有转化为全球性冲突的危险。

在这样的转折关头，各国都在寻求突破之途，比如各种地区联盟的建立，越来越多的国际组织的成立，还有各种民间或官方的论坛也热衷于全球问题。那么，中国能否提出自己的"解决方案"呢？或者说，中国人以其价值观和思维方式能否在这样的历史时刻提出自己的"新大同"道路呢？

要提出中国式的全球秩序观念，令许多人惊讶。因为在1840年后接连遭遇军事和经济的失败，国人在文化上失去了自信心。在20世纪10年代中后期出现的新文化运动中，逐渐形成了将军事和经济失败的原因归结为文化和价值的"文化决定论"倾向，并进一步将中国落后的原因归咎于

"儒家文化"。在呼唤"民主"和"科学"的过程中，儒家文化被视为中国不能发展出民主政治和近代科学的主要原因。陈独秀等人甚至以"新旧"来比喻"东西"，将不同文化的差异性简单地归结为文化的落后和先进。在这个逻辑下，现代化就等同于西方化。

然而，即使在中国自身传统和价值被全盘否定的时期，一部分知识人依然抱有冷静的态度，他们在积极面对西方挑战的同时，借助中国传统的价值观和思维方式来反思现代性和以民族国家为核心的国际格局的正当性。比如，清末民初的康有为和章太炎、杨度等人，他们体察到世界进入了全球性（万国竞逐）的时代之后，中国需要完成建立现代国家的使命，否则无法与西方国家正常竞争；他们又清醒地意识到中国在由王朝国家向民族国家转变的过程中，新的国家必须从本土的思想资源中寻求正当性资源和维护国家统一的凝聚力。更为可贵的是，他们也认识到民族国家国内利益至上的原则，必然导致"民族帝国主义"，违背了儒家天下为公的精神，也不会是人类理想的秩序。康有为说："国土之所为，仅私其国，而圣人之所为，乃为天下。当国界分明之时，众论如饮狂泉，群盲共室，但知私其国，不知天下为公。至国界既平时，即觉其私愚可笑。今欧美诸国并立，其论议行事，自私其国，而不求天下公益，与战国同，故有议孔孟为天下学，而无国家学者。夫圣人以天下为一体，何为独亲一国，而必独私之哉？"[①]这就是说民族国家以一国之私破坏人类之大公，他们只将文明制度用于他们自己国内的人，而对于一些落后国家的人们却是采取侵略和掠夺，所以杨度在《金铁主义说》中说现代的民族国家体系是"对内文

---

① 康有为：《孟子微》，载康有为撰，姜义华、张荣华编校《康有为全集》第五集，中国人民大学出版社 2007 年版，第 499 页。

明,对外野蛮"。章太炎认为国家是人类发展到一定阶段的临时"建制",社会的基本成分应该是个人。虽然这些近代思想家的政治立场各有差异,但是他们对所处时代的国际秩序的质疑是共同的。

五四运动爆发的直接动因就是对强权压制公理的国际秩序的抗争。巴黎和会上西方列强将德国在青岛的权益转让给日本的做法让中国知识界对西方的盲目崇拜破产,这也直接导致了陈独秀等人开始接受对西方现代性有深刻批判的马克思主义,《新青年》杂志也因为"马克思专号"而发生了分化。李大钊的《我的马克思主义观》和陈独秀的《社会主义批评》中,都提到了马克思的经济学说中通过剩余价值学说对资本主义生产和分配方式的批评,同样也提到了马克思学说中对于不平等秩序的批评,这些都成为中国人接受马克思主义的早期动因。

作为文化保守主义代表的梁漱溟等人则从文化的多样性来为人类社会描述不一样的发展图景,比如《东西文化及其哲学》一书,作者从文化的多元发展的可能性来思考中国文化的未来,并相信不同的文明有其独特的价值。后来梁漱溟将这样的思想进行深化,按他的说法,中国社会"伦理本位"和"职业分途"的特征意味着中国既不可能完全模仿西方的社会发展道路,也不可能照搬苏联式的社会主义模式,而必须走出一条自己的道路。出于建设新中国的目标,梁漱溟放弃了在北京大学的教席,去山东等地以"乡村建设"为途径,来寻求建立在中国自己的文化价值基础上的社会发展方向。

因为日本的入侵,中国始终处于战乱之中,难以建成一个统一的独立的国家,直到1949年中华人民共和国的成立。虽然在意识形态上,中华人民共和国在成立的前几十年对传统文化采取了疏离甚至对立的态度,但是,在对国际秩序的探索上,表现出了传统儒家价值观的亲和力,即坚决反对各种类型的强权政治，与发展中国家建立起一种互相支持的关系，这可以视为变相的"天下主义"。

1978年之后，中国重新向世界开放。20世纪80年代，人们围绕中国如何面对西方、中国政治中的专制主义传统与中国传统文化的关系等展开了持续而深入的讨论，形成了"文化热"。为了争取发展经济的空间，中国开始致力于更为广泛的国际合作，寻求和平的世界秩序。这其实就是摆脱两极思维，构建人类命运共同体的思想源头。

20世纪90年代以来，文化争论的主题不再是是否要学习西方，而是如何面对全球化的问题。在中国确立市场经济体制和加入WTO之后，中国真正置身于全球化的境况中。一方面，全球化给了中国一个开放的市场，使中国在很短的时间内实现了经济规模的飞跃；另一方面，不平等的经济政治秩序因为全球化而放大，不仅是一个国家内部的各阶层的贫富差距在扩大，而且世界不同国家之间的经济社会发展不平衡也在加剧。更不论环境、能源、局部战争这些全球性的问题，都日益凸显目前全球价值的缺失和处理全球性问题的制度性建制的效能不足。由此，中国的知识阶层和政治领导人开始探索在全球化时代的价值建构和制度设置的可能性的问题，并在国际舞台上一直呼吁建立新的更加平等和谐的国际政治经济新秩序。

在这个过程中，中国政府和知识阶层开始认识到中国独特的价值观和思维方式对于解决全球问题可能产生的贡献。处理全球化和本土化的关系时，随着经济的日益增长所带动的制度自信必然扩展到文化自信，人们试图恢复传统的价值观来重建中国人的民族认同，并认定中国文化对解决日趋严重的种族、宗教和环境的危机有不可替代的价值。

在19世纪末20世纪初，国人为适应万国竞逐而深感传统文化中国家意识缺乏，所以不惜接受强权的逻辑而放弃对公理的信仰，但在20世纪末21世纪初，深受"天下主义"观念影响的中国人，并没有随着经济的增长而滋生出新的文化中心主义和寻求地区霸权，而是提出了和谐社会的理论。在国家观念上，提出文明国家论来取代民族国家论。所谓的文明国家论，主要是相对于民族国家只顾国内利益而忽视国际责任的弊端，试图以中华文明中"王者无外"的文明观念来矫正以力量为基础的现代国家理论。在这样的思路下，现代中国始终强调中国的发展并不是要压制周边国家的发展，也不是要推行"新殖民主义"，而是寻求在各美其美基础上的"美美与共"。

对于文明国家的理论，有许多的论述，比如，甘阳先生认为从民族国家向文明国家的转变，标志着一种新的国家理想。很显然，中国是可以为人类提供一种新的国家理论的，对此，费孝通提供了典范性的描述。

费孝通强调说，要正确理解和评价自身的文化传统，并形成"文化自觉"。一般来说，现代性理论具有强烈的单边性，即为现代社会的发展设定了一种"固定"的模式，其实就是以欧美社会发展轨迹为全球社会发展的模板。但世界各地不同的现代化经验打破了现代化等于西方化的神话。全球化的浪潮使得人类可以更明确地感觉到世界是由各种不同的文化、地域和国家构成的，充分交流的可能使人们能更直观地认识到"他者"的存在，所以对于现代性的反思集中在对于"中心"的解构和地方性的凸现。而在费孝通先生看来，这个过程可以看作是文化自觉的过程。"如果大家能够同意现代化是当代世界中人际关系的新发展，那么也当可以认为现代化应当是一个'文化自觉'的过程，即人类（包括学术人）从相互交往中获得对自己和'异己'的认识，创造文化上兼容并蓄、和平共处局面的过程。从这个角度来理解现代化，为的是在跨入21世纪之前，对20世界'战国争雄'局面应有一个透彻的反思,为的是避免在未来的日子里'现代化'的口号继续成为人与人、文化与文化、族与族、国家与国家之间利益争夺的借口,为的是让我们自身拥有一个理智的情怀,来拥抱人类创造的各种人文类型的价值,克服文化隔阂给人类生存带来的威胁。"[1]

基于这样的思考和对于人类未来的祝愿,费孝通提出了"各美其美,美人之美,美美与共,天下大同"这句箴言。按他的解释:"各美其美"就是不同文化中的不同人群对自己传统的欣赏;"美人之美"就是要求我们了解别人文化的优势和美感;"美美与共"则是在"天下大同"的世界里,不同人群在人文价值上取得共识以促使不同的人文类型和平共处,让不同的文化在对话、沟通中取长补短。[2]

许多人或许会对目前的全球价值冲突感到失望,因为西方的中心主义依然如故,而作为对西方文明中心论的对抗,各种类型的文化原教旨主义和文化民族主义也日趋激烈。日益尖锐的资源和利益之间的冲突,不断以"文化冲突"的方式来展现。所以,甚至有人以文明冲突论来预言世界的未来。

不过,不完美甚至不合理的国际格局,意味着我们需要用一种新的价值观和文化理想来化解矛盾。而"各美其美、美美与共"的文化自觉,不仅是对中华文明自身精神特质的一种阐发,也是对处理全球化时代的不同文明之间关系的价值支撑,基于此,中国政府提出了建立人类命运共同体的呼吁。

---

[1] 费孝通:《人文价值再思考》,《从实求知录》,北京大学出版社1998年版,第440—441页。
[2] 参见费孝通《人文价值再思考》,《从实求知录》,北京大学出版社1998年版,第435—436页。

二、如何建构人类命运共同体

人类命运共同体的观念的提出是有深厚的文化基础的，是中国人的整体思维和天下情怀在处理多元文化关系时的一种体现。中国古人相信"大道之行也，天下为公"，追求"四海之内，皆兄弟也"。因此，在处理不同的事物之间的关系时，要求推己及人，有一种以天地万物为一体的"共同体"意识。这样的意识运用到处理日益密切的人与人、国家与国家之间的关系时，必然会产生"天下一家"的情怀。中国政府倡导的人类命运共同体观念强调国家与国家之间既各自独立，但又是你中有我、我中有你的互济关系。

其实，在资本主义的经济形态和市民社会逐渐形成的时候，共同体的观念就逐渐引起了人们的关注，或者可以这么说，在中国古文献里面所形成的"共同体"的意识，在一些西方的学者那里属于前市民社会的血缘共同体或地域共同体，没有上升到以个人为基本单位的"社会"。比如在《共同体与社会》一书中，滕尼斯把共同体界定为拥有共同事物的特质和相同身份与特点的感觉的群体关系，这种关系是建立在有关人员共同的本能和习惯，或思想的共同记忆基础上的，是人们对某种共同关系的心理反应，表现为直接自愿的、和睦共处的、更具有意义的一种平等互助的关系。因此，在滕尼斯的体系中，"共同体"与"社会"构成了人类群体机构的不同历史时代的不同形式。相比之下，"社会"是非自然的，即有目的人的联合，是个人本位的，其整合范围要大得多。"共同体"是古老的、传统的，而"社会"则是新兴的、现代的。在这样的一种思路中，我们所要摆脱的是共同体的意思，而建构以个人为基础的社会结构。

但后起的西方社会思想研究者，丰富和发展了"共同体"的概念，比如，鲍曼在滕尼斯的意义上指出，共同体是一个象征着互助、和谐和信任的褒义词，其本质是传递出一种安全、愉悦和令人神往的满足感，意味着怀念一种传统的稳定生活，或者渴望拥有一个团结和谐的未来。这就是说，在越发原子式的个人主义盛行的社会中，"共同体"所体现的情感亦是十分必要的和正面的。他说："在这个迅速全球化的世界中，我们都是相互依赖的，因而没有人能够独自掌握自己的命运。"① 其他类似哈贝马斯、查尔斯·泰勒等都提出了各自的"共同体"的观念。比如哈贝马斯认为民族国家体系在后殖民时代已经面临难以维持的福利极限，而如果放弃社会福利则会导致社会分化和政治体系的失灵，因此，必须要建立一个跨国的经济共同体，才能对抗资本无限扩张的逻辑。另外，资源和环境的危机导致我们必须从整体性的高度来处理人类面临的共同问题，因此，"各个国家都必须在对内政策上鲜明地被纳入一个负有世界义务的国家共同体的有约束力的合作过程"②。

毫无疑问，近年来中国知识界对于"天下主义"的回顾，不是要恢复古代的宗法封建社会的国家社会构成方式，也不是要恢复中国中心主义的世界观念，而是力图在现代的民族国家体系里灌注互助和礼让的价值，并建构起天下一家的新共同体意识。即使有些学者将这种颇具理想意义的天下主义视为毫无实现可能的"乌托邦"，我们依旧可以通过对这种价值的肯定来反省和矫治现代个体主义和民族国家体系中的问题。

确立人类命运共同体的意识，不是要否定不同国家利益、不同宗教信仰、不同意识形态、不同社会制度的分歧甚至对立，而是在承认这样的差

---

① ［英］齐格蒙特·鲍曼：《共同体》，欧阳景根译，江苏人民出版社 2007 年版，第 176 页。
② ［德］哈贝马斯：《超越民族国家？》，载乌·贝克等《全球化与政治》，王学东、柴方国等译，中央编译出版社 2000 年版，第 83 页。

异的前提下，寻求消除或者理解这种差异的可能途径，呼吁人们通过共建人类命运共同体的价值而进行有序竞争，通过理性的选择超越个人、民族和国家的利益，超越制度、观念和信仰的束缚，寻求最大限度的共同利益，避免以损害别人的利益来满足少数人的欲望。

2017年1月18日，习近平在联合国日内瓦总部发表了题为"共同构建人类命运共同体"的演讲，其中说道："让和平的薪火代代相传，让发展的动力源源不断，让文明的光芒熠熠生辉，是各国人民的期待，也是我们这一代政治家应有的担当。中国方案是：构建人类命运共同体，实现共赢共享。"大家都知道努力建构人类命运共同体是中国政府的一项重要的倡议，中国也在努力将之付诸实施。任何伟大的构想如果要将之付诸实施，就必须有一些制度化的保障，那么，在目前的世界格局中，我们可以对制度设计提出什么样的设想呢？

第一，完善现有的国际组织和各种领域的国际组织的组织架构和功能。目前解决世界纷争的最为有效的组织，还是二战结束之后所建立的联合国。毋庸置疑，在近80年内，联合国为建立世界和平做出了巨大的贡献。但是，作为一个建立在主权国家基础之上的组织，联合国在处理国际责任和国家内部事务时略显紧张。而且在处理大国和小国的关系时，联合国有变成为大国利益博弈的机构的嫌疑。安理会决议的现实效率问题也值得怀疑。因此，世界各国应该改进联合国的组织结构和决策机制，在国际共同利益日渐凸显的现状下，首先提高国际共同事务的决策效能。比如环境保护、太空安全等。比如，柄谷行人将以联合国为基础的世界性机构分为军事，经济，医疗、文化、环境三个部分，认为医疗、文化、环境比较容易取得共识，而对于资本和军事的活动，则要各国取得一定的变化来抵抗军事和经济上的欺压，从而"实现互酬原理的世界体系即世界共和国"①。

第二,理顺各世界单项国际组织与参与国之间的责任和权力关系。对话协商、共建共享、合作共赢、交流互鉴是建构人类命运共同体的价值原则和运行机制。面对全球利益冲突,如何在国家利益和全球利益之间找到共赢点,如何利用现有的国际单项组织,先在一些具体问题上达成共识,这是十分重要的开端。比如环境问题,目前绿色和平组织是直接针对环境问题的组织,但这个组织对于过度捕捞海洋生物、在公海倾倒垃圾等问题能否获得有制约性的处置权力,民族国家体系如何为这些人类利益适当地让渡主权,是这些国际组织能否真正化解全球环境危机的重要因素。

第三,地区合作的可能性。人类命运共同体的建构,意味着超越国家的本位利益。目前世界上的国家,拥有相同的宗教和文化背景的比较容易取得共识,所以我们可以期待将地区合作作为地区性共同体建构的尝试。目前世界上最为成功的地区共同体是欧盟,虽然欧盟目前困难重重,但毕竟走出了超国家共同体的第一步,其成功与失败都将为未来的地区共同体建构提供经验。

中国政府正在致力于推进"一带一路"的建设,这可以看作是另一种地区合作方式的尝试。"一带一路"在设计上有其独特的出发点,就是希望通过"一带一路"的建设,带动与中国陆上相邻的14个国家和6个海上邻国之间的经济和文化交流,是追求共同发展、实现共同繁荣的新型国际组织。从组织架构看,"一带一路"建设不是要突破或替代现有国际合作机制,而是与现有机制互为助力、相互补充,是针对国际合作中的瓶颈和制约因素提出的"中国方案"。

---

① [日]柄谷行人:《世界史的构造》,赵京华译,中央编译出版社2012年版,第287页。

第四，应该建立起全球性的文化交流机制，致力于全球共同价值的建构。目前世界上的利益冲突最终都可以归结为文化和文明上的差异。面对全球化和本土化的差异，确立一种共享的价值观念是不同文明之间减少冲突、达成互相理解的前提。因此，建立一个横跨文明和信仰的文化交流机制十分重要。这个机制应该是以几个主要的宗教和文明体为代表，确立共同的价值底线、寻求共同的价值目标的协商机制。

这里有一个理论问题需要处理，目前的文化多元主义并不能理解为对多种文化的简单肯定，从而成为"保护弱势文化"的代名词。文化多元主义是肯定不同的文化可以达成互相理解并构成一个人类共同命运的意识，而不是片面以文化差异来阻碍文化之间的交融和理解。对此，陈来教授所提出的"多元普遍性"值得重视。在陈来教授看来，东西方文化都有其内在的普遍性因素，只是因为特殊的历史社会条件，西方文化的内在普遍性得到比较充分的体现，而其他地区的文化还没有充分展开，"但在今天，只有建立全球化中的多元普遍性观念，才能使全球所有文化形态都相对化，并使它们平等化"①。这种认识的突破性在于，校正了西方中心主义或建基于西方中心主义上的东方主义的自我轻贱的文化观。我们现在之所以陷于普遍性／特殊性、全球性／地方性这样的两极化观念不能自拔，主要是因为在理论上不能突破西方中心主义的话语魔咒，从而难以真正建立起文化自信。

中华文明具有五千年悠久的历史，儒家、墨家的思想中都包含着分享和退让的价值原则，而且中国目前业已发展成为世界上重要的经济体，在

---

① 陈来：《中华文明的核心价值：国学流变与传统价值观》，生活·读书·新知三联书店2015年版，第63页。

国际事务中亦发挥着巨大的作用。一方面，由中国提出建构人类命运共同体的倡议，有着深厚的文化基础；另一方面，也是中国承担大国的责任，为人类文明探索新的发展可能性的一种努力。在全球化的时代，为了人类自身的生存和发展，人类命运共同体的观念会得到越来越多的国家和民众的理解和支持，这是中华文明在新的轴心时代为人类提供的"实践性智慧"。

（原载《人民论坛·学术前沿》2017年第12期）

论"民族精神家园"与"人类命运共同体"文艺价值互约

——习近平《在文艺工作座谈会上的讲话》创新点研究

王列生

就文艺学知识域而言,"文艺的民族精神家园"命题建构,虽然代际分异与语境分异使得命题指涉的语意阐释繁富与变化并存,但从孔子诗教直至丹纳艺术哲学,古今中外关于这一命题的知识肯定是谱系可梳的。习近平文艺论述思想作为对"新时代"文艺生存认识和把握的成果,在这一事态中的知识进展在于,不仅将既有的文艺价值命题放在思想尊重和托举的文艺理性之维,而且基于文艺在全球治理中的独特功能与不可或缺作用,在着力建构人类命运共同体普遍治理命题时,内在功能的嵌位实现了文艺人类命运共同体的具体命题知识建构,甚至还将此在知识事态进一步延伸至,使"文艺民族精神家园价值建构"与"文艺人类命运共同体价值建构",成为新时代思想背景下价值互约的命题关系。正因为这样的进展和延伸,我们才有把握地认为,其知识创新点特征可以被清晰识别,其思想引领性意义必将对文艺现实生存产生深刻影响,由此使得我们的深度学理阐释，变得十分必要和迫切。

一

毫无疑问，习近平强调的"鲁迅先生说，要改造国人的精神世界，首推文艺。举精神之旗、立精神支柱、建精神家园，都离不开文艺。当高楼大厦在我国大地上遍地林立时，中华民族精神的大厦也应该巍然耸立"[①]。意即不仅一般地从"文化自觉"高度，意识到了民族精神家园与民族历史进程、民族现实生存之间的必然因果关系，而且具体地从"文艺担当"力度，意识到了文艺在民族精神家园建构过程中的杠杆支撑地位。无论"一般意识到"还是"具体意识到"，都表明习近平文艺论述思想对文艺民族精神家园建构已有命题的思想尊重与知识传承，因而也可以看作是一种文化理性与知识理性。

这种理性的历史依据在于，尽管绝大多数民族的实体完整性和边际稳定性出现得相对较晚，在此之前更多的呈现为扩张的态势，集合的过程，凝聚的后果，乃至族群身份主体性由隐而显的转折性突变生成，并被霍布斯鲍姆辨析为"这些不同的'民族原型'跟近代的'民族'有诸多相同之处，却没有一个能等同于近代的民族主义。因为这些普遍认同并没有或还没有和以特定领土为单位的政治组织建立必然关系"[②]。但这些扩张、集合、凝聚和突变的生成过程，都一定有而且必然是以认同增量的精神意义、价值或者信仰（宗教信仰与世俗信仰）为趋同维系的，唯其维系及这

---

① 习近平：《在文艺工作座谈会上的讲话》，人民出版社 2015 年版，第 6 页。
② ［英］埃里克·霍布斯鲍姆：《民族与民族主义》，李金梅译，上海人民出版社 2000 年版，第 55 页。

种维系所牵扯着的家族、部落和地域人群，才有可能于不同的时空定位点产生可识别的完整独立民族，或者哪怕是定义为"想象共同体"及所谓"所有比成员之间有着面对面接触的原始村落更大（或许连这种村落也包括在内）"的一切共同点都是想象的。区别不同的共同体的基础，并非他们的虚假/真实性，而是他们被想象的方式①，因为后者所能质疑的只不过是"民族主义"甚至"极端民族主义"，而对民族的历史性生成及生成过程中的精神维系与文化认同，显然完全没有存在合法性的解构冲击力。从这个意义上说，任何民族的生成史，因而必然呈现为现实进展史、生存选择史、精神建构史。

于是，即使我们只在精神建构史一个维度展开聚焦状态叙议，也依然会关联着"现实进展"的诸如"住得日益稠密的居民，对内和对外都不得不更紧密地团结起来。亲属部落的联盟，到处都成为必要的了；不久，各亲属部落的融合，从而分开的各个部落领土融合为一个民族［Volk］的整个领土，也成为必要的了"②。诸如此类或直接或间接的关联叙事，又都逆向性地共同关联着所议民族的精神品格塑型与文化身份标识，进而也就深层地还原为民族生存性的精神建构，及这种建构的追求目标与非预期后果。民族动态生成过程中精神建构起的"品格"或者"身份"，由此既在历时性时域也在共时性场域，显形为"他者眼光"的标识性"族性"符号。达尼埃尔·孔韦尔齐所谓"在关于民族主义的文献中，'族裔'与'文化'这些术语经常是被混淆的……我们用'族性'指称符合公认血统

---

① 参见［美］本尼迪克特·安德森《想象的共同体：民族主义的起源与散布》，吴叡人译，上海人民出版社2003年版，第180页。
② 恩格斯：《家庭、私有制和国家的起源》，《马克思恩格斯选集》第四卷，人民出版社2012年版，第180页。

的信仰"①，同时体现"文化自觉"的维系性"族性"功能，及比库·派瑞克所谓"民族认同是我们是否认为自己与一个共同体有关系，将其看作是我们的，我们隶属于它，并以一种方式与我们的成员绑在了一起，而不是与局外人绑在一起。它意味着——不管我们的分歧和挫折有多深——我们彼此关照并要继续生活在一起"②。

恩格斯指出："思想、观念、意识的生产最初是直接与人们的物质活动，与人们的物质交往，与现实生活的语言交织在一起的。人们的想象、思维、精神交往在这里还是人们物质行动的直接产物。表现在某一民族的政治、法律、道德宗教、形而上学等的语言中的精神生产也是这样。"③这一论述，不仅阐明了民族生存进展与民族精神建构的辩证关系，是历史唯物主义和唯物辩证法在民族生存问题上的完整思想表述，而且强调了精神意识作为结果与作为动因在民族生存中的不可或缺，是民族精神核心功能地位的马克思主义价值判断。这一论断告诉我们，无论特定民族在何种时间刻度实现其存在完型，都不影响它是社会进化过程的历史产物，同时也是民族精神建构的意义累积。既然如此，我们也就可以由此意义延展，延展至民族精神对于民族存在的本体价值与主体地位。也就是说，如果一个民族失去民族精神，如果这个民族的人民失去精神家园，那么不仅民族作为"现实身躯"抑或"想象共同体"都将不复存在，而且民族成员作为个体抑或作为群体，都将不得不深陷流浪和漂泊的无边无际。只要民族边界

---

① ［英］斯蒂夫·芬顿：《族性》，劳焕强等译，中央民族大学出版社 2009 年版，第 25 页。
② ［英］比库·派瑞克：《多元文化中社会民族身份的界定》，转引自［英］爱德华·莫迪默、罗伯特·法恩主编《人民·民族·国家：族性与民族主义的含义》，刘泓等译，中央民族大学出版社 2009 年版，第 93—94 页。
③ 马克思、恩格斯：《德意志意识形态》，《马克思恩格斯选集》第一卷，人民出版社 2012 年版，第 151 页。

还存在于人类社会发展进程之中，民族精神主体性就是民族存在的支柱，因而民族精神建构就是须臾不可停歇的意义增量活动，是民族和人民得以充实慰藉、得以诗意栖居、得以获得自由和尊严的最有效保障。

肯定判断确立之后，持续的学理讨论就会重心位移至，文艺作为民族精神建构的基本杠杆和核心场域，在我们这个时代怎样才能实现杠杆支撑，并且怎样才能以核心价值引领姿态充分实现场域激活。之所以话题可以直接至我们所在时代，其学理合法性在于，在黑格尔式"一般世界状况"和康德式"普遍原则"条件下，文艺与民族精神建构的必然逻辑关系，已然成为文艺学知识史乃至文艺学知识域的"公理"抑或"常识"。确证这些"公理"和"常识"的知识叙事，在覆盖世界的文艺学知识地图上，叙事案例堪称不胜枚举，所以此议只从三个方面概而言之。其一或许可以表述为文艺对民族精神文化原型的创建，是在文艺创世纪或者文艺参与创世纪价值高度所流露出的民族文艺情绪。诸如《奥义书》中的《歌者奥义书》，其所谓"万物的精华是地。地的精华是水。水的精华是植物。植物的精华是人。人的精华是语言。语言的精华是梨俱。梨俱的精华是娑摩。娑摩的精华是歌唱。这歌唱是精华中的精华，至高者，终极者，第八者。……依靠它，三种知识运作。……凭借知识、信仰和奥义运作，才更有力量"①，无疑是古印度文艺民族精神建构的文本案例，并且这一案例流露出对文艺参与民族精神文化原型创建的极端崇敬情绪。其二或许可以表述为文艺对民族精神心理认同的拓殖，是在文艺教化或者文艺承担民族文化共同体精神维系高度所总结出的民族文艺功能。就中国文艺思想史而论，譬如，《尚书》所谓"帝曰：夔，命汝典乐，教胄子。直而温，宽

---

① 《奥义书》，黄宝生译，商务印书馆 2010 年版，第 125—126 页。

而栗，刚而无虐，简而无傲。诗言志，歌永言，声依永，律和声。八音克谐，无相夺伦，神人以和"①，或者《乐记》所谓"凡音者，生人心者也。情动于中，故形于声；声成文，谓之音。是故治世之音安以乐，其政和；乱世之音怨以怒，其政乖；亡国之音哀以思，其民困。声音之道，与政通矣"②，足以表明，先秦时代中国方式的文艺民族文化心理认同事态已获清晰澄明，并且这一澄明本身，充分表明教化与文化心理认同对中国语境的民族精神建构而言，其义项比重较之异域同步事态更具测值优先性。其三或许可以表述为文艺对民族精神生存支撑的普惠，是在文艺诗性、神话性和审美性的社会救赎高度所确证出的民族文艺地位。当个体及群体的生存现实还基本处于民族边界的日常生活状态时，形而上学界面所焦虑的诸如"沉沦""被抛""本真遮蔽"和一切在世之"困"、之"烦"或者之"忧"，直至寻求生存庇护与坦然面对死亡之际的一切"在……之中"存在解困，都需要文艺在形而下界面为"此在"寻找"诗意栖居"的精神家园，寻找能够站立的"大地"。民族需要家园，需要大地，需要文艺以现实姿态去建构。"大地本质上是自行退隐的。确立大地，意指把大地带入自行退隐的敞开中"③，进而以普惠情怀角色担当于"诗人之道说是对这种暗示的截获，以便把这些暗示进一步暗示给诗人的大众"④。在民族生存现场，文艺的大众显然首先是民族的大众，是文艺为民族大众呈现精神家园的生存普惠。

---

① 《尚书·虞书·舜典》。
② 《乐记·乐本篇》。
③ [德]海德格尔：《人，诗意地安居》，郜元宝译，广西师范大学出版社2000年版，第83页。
④ [德]海德格尔：《荷尔德林和诗的本质》，孙周兴译，转引自《海德格尔选集》(上)，生活·读书·新知上海三联书店1996年版，第322页。

这样的前置归纳性陈述之后,对杠杆支撑与场域激活的文艺民族精神家园建构进行迫切追问,如被正面阐释姿态地择要义项编序,那就是最大限度地展现文艺所能意识到的生存困境及其解困的"人民意志",展现文艺所能捕捉到的生存激变及其促变的"时代精神",展现文艺所能预言到的生存梦想及其圆梦的"社会激情"。

(一)展现文艺所能意识到的生存困境及其解困的"人民意志"

习近平认为"中国改革经过30多年,已进入深水区,可以说,容易的、皆大欢喜的改革已经完成了,好吃的肉都吃掉了,剩下的都是难啃的硬骨头"[①],又认为"我们要清醒认识到,当前我国脱贫攻坚形势依然严峻。截至去年(2014)底,全国仍有7000多万农村贫困人口"[②],同时还认为"滋生腐败的土壤依然存在,反腐败形势依然严峻复杂,一些不正之风和腐败问题影响恶劣,亟待解决。全党同志要深刻认识反腐败斗争的长期性、复杂性、艰巨性,以猛药去疴、重典治乱的决心,以刮骨疗毒、壮士断腕的勇气,坚决把党风廉政建设和反腐败斗争进行到底"[③]。诸如此类的事态判断,不仅立足于严峻的中国问题现实境况,也立足于历史唯物主义社会发展观。就现实境况而言,实事求是而且全面准确地看待中国问题,看待发展不充分尤其是不平衡所带来的各种落差,看待漫长历史遗留与强大西方涌入在其负面凝聚后所形成的结构性社会本体迭代,看待多元

---

① 习近平:《改革再难也要向前推进》,《习近平谈治国理政》,外文出版社2014年版,第101页。
② 习近平:《坚持精准扶贫、精准脱贫,坚决打赢脱贫攻坚战》,《习近平谈治国理政》第二卷,外文出版社2017年版,第84页。
③ 习近平:《深入推进党风廉政建设和反腐败斗争》,《习近平谈治国理政》,外文出版社2014年版,第394页。

利益主体与复杂利益关系间的博弈甚至冲突,既是认清国情的需要更是深度揭蔽中国问题危机隐存的需要。就社会发展而言,中华民族与任何其他民族一样,必然不断遭遇天灾人祸而后振奋前行,不断形成矛盾冲突而后克服这些矛盾,不断面对个人及其民族整体的极端挑战而后于新的逻辑起点开创历史,不断从必然王国走向自由王国。这是不同社会状态下人们不得不普遍经历的过程,过程本身一方面意味着面对自然的"我们不要过分陶醉于我们人类对自然界的胜利。对于每一次这样的胜利,自然界都对我们进行报复"①,另一方面则意味着面对社会的"人同自己的劳动产品、自己的生命活动、自己的类本质相异化的直接结果就是人同人相异化"②,当然更意味着面对终极目标的"在那里,每个人的自由发展是一切人的自由发展的条件"③。正因为如此,无论生产力维度还是生产关系维度,无论生产空间还是生活空间,无论个体命运还是群体命运,无论物质生活方式还是精神生活方式,无论经由理性切入还是经由情感切入,无论静态时空定位还是动态时空定位,无论悲剧性意味还是喜剧性意味,总之在民族现实生存的所有边际条件与非边际条件下,生存困境都具有存在论意义上的此在必然性和所在必然性,漠视甚至否认这样的必然性绝不是历史唯物主义的社会发展观,当然与中国的现实状况也相距殊远。④重要的不在于是否

---

① 恩格斯:《自然辩证法》,《马克思恩格斯选集》第三卷,人民出版社 2012 年版,第 998 页。
② 马克思:《1844 年经济学哲学手稿》,《马克思恩格斯选集》第一卷,人民出版社 2012 年版,第 58 页。
③ 马克思、恩格斯:《共产党宣言》,《马克思恩格斯选集》第一卷,人民出版社 2012 年版,第 422 页。
④ 习近平:"我国社会主义只有几十年实践,还处在初级阶段,事业越发展新情况新问题就越多,也就越需要我们在实践上大胆探索、在理论上不断突破。"习近平:《习近平谈治国理政》第二卷,外文出版社 2017 年版,第 34 页。

承认生存困境的现实性和客观性，而在于何以能对其有所意识。而且意识得更丰富、更深刻、更准确、更客观理性，就如同恩格斯所倡导的"较大的思想深度和自觉的历史内容"[①]。而在递进意义上，更为重要的在于解困及其一切解困之中的人民意志，在于实践界面和理论界面现实解困的过程和结果。同时在于作为内在制约现实过程和预期结果的人民意志，能否凝聚为民族精神主体性与民族生存建构的驱动力量，而不是解困行动方案跨世纪返祖地沦落至"波拿巴针对资产阶级，自命为农民和人民大众的代表，想使人民中的下层阶级在资产阶级的范围内得到幸福。于是就有一些预先抄袭'真正的社会主义者'的治国良策的新法令出现"[②]。从这个意义上说，当代文艺的民族精神建构，其重要使命之一就是展现意识到的生存困境，以及解困的人民意志，并在这种展现中使人民意志文艺方式成为民族生存进展的精神主宰。文艺只要是人民意志成为精神主宰的文艺，只要立足于将人民意志文艺地建构为民族生存解困的精神力量，则何虑中华民族文艺生存现场预期格局的"文学、戏剧、电影、电视、音乐、舞蹈、美术、摄影、书法、曲艺、杂技以及民间文艺、群众文艺等各领域都要跟上时代发展、把握人民需求，以充沛的激情、生动的笔触、优美的旋律、感人的形象创作生产出人民喜闻乐见的优秀作品，让人民精神文化生活不断迈上新台阶"[③]。

---

① 恩格斯：《致斐迪南·拉萨尔》，《马克思恩格斯选集》第四卷，人民出版社 2012 年版，第 440 页。
② 马克思：《路易·波拿巴的雾月十八日》，《马克思恩格斯选集》第一卷，人民出版社 2012 年版，第 770 页。
③ 习近平：《在文艺工作座谈会上的讲话》，人民出版社 2015 年版，第 14 页。

（二）展现文艺所能捕捉到的生存激变及其促变的"时代精神"

习近平指出"新形势下，我们党面临着许多严峻挑战，党内存在着许多亟待解决的问题。尤其是一些党员干部中发生的贪污腐败、脱离群众、形式主义、官僚主义等问题，必须下力气解决"①，又指出"推动形成绿色发展方式和生活方式，是发展观的一场深刻革命"②，同时还指出："建设中国特色社会主义，总依据是社会主义初级阶段，总布局是五位一体，总任务是实现社会主义现代化和中华民族伟大复兴。这'三个总'的概括，高屋建瓴、提纲挈领、言简意赅。深刻领会和把握这个新概括，有助于我们深刻领会和把握中国特色社会主义的真谛和要义。"③对于身处百年之未有的大变局宏大背景下的开放中国而言，对于孜孜以求伟大复兴的五千年中华民族而言，对于普惠信息社会高技术成果大规模日常变现的亿万万告别贫穷和愚昧的人民大众而言，"生存激变"不仅是看得见摸得着的基本生活状态，而且是形而上学追问对象的社会本体存在方式。从"生活状态"进行对象事态把握，令所有这个时代的亲历者感慨并且震撼的关注焦点，首先是不同界面的巨大进步，正以不同方式改变着这个古老农业国家的生存方式，改变着生存者与时间、空间、内容和生存方式的质量与关系，并且因这种改变走出了制约生产力发展漫长时日的传统农耕时代，大踏步跨越现代乃至后现代，从而尽享信息生活方式、智能生活方式及便捷

---

① 习近平：《人民对美好生活的向往，就是我们奋斗的目标》，《习近平谈治国理政》，外文出版社 2014 年版，第 4 页。
② 习近平：《推动形成绿色发展方式和生活方式》，《习近平谈治国理政》第二卷，外文出版社 2017 年版，第 395 页。
③ 习近平：《紧紧围绕坚持和发展中国特色社会主义　学习宣传贯彻党的十八大精神》，《习近平谈治国理政》，外文出版社 2014 年版，第 10 页。

生活方式给日常生活常态所带来的革命性后果。这种后果的艾伦特式日常主义价值叙事如果指涉中国现场虽不无极端之处,但就另一个角度而言,模拟赫拉利式数据主义价值质疑又何曾没有意义覆盖的非完整性,即他所说的"数据主义认为,宇宙由数据流组成,任何现象或实体的价值就在于对数据流处理的贡献。读者可能觉得这实在是胡言乱语,但事实上,大部分的科学机构都已经改信了数据主义"①,在某种内在维系揭蔽有效的同时,一定程度地显现出其他内在维系无意识遮蔽与外部世界普遍感性经验有意识漠视的理性偏执盲区。所以在对待激变事态问题上,哲学家卡西尔的说法似乎更具归纳意义,那就是:"这种变化的意义在人的文化生活的一切阶段上都体现了出来,当人还整个地沉浸在他的实践活动中时,这种区别还不是清晰可见的。"②人们还无法预料到更具颠覆意义的生存革命后果,但已经在作为既有的颠覆性生存革命后果的现实面前"被抛"和"沉浸",这就是生存激变中的当代中国。其次是整个中国社会正在赶超中等发达国家的中国特色社会主义实践过程中,"全面小康社会"和"全面摆脱贫困"同步发力的时代发展格局,不仅使曾经游离于"现代化"和"全球化"世界进程之外的羸弱中国,已经成为推动甚至某些方面引领这一进程的驱动力量和建设者,而且还使绵亘数千年"四海无闲田,农夫犹饿死"的"饥饿中国",在40年如火如荼的改革开放之后部分实现或者正在逐步全面实现向"富裕中国"的精彩转身。而问题的关键在于,这一精彩转身还充分体现为新时代背景下更加全面、更加深刻乃至更加普惠。这不仅包括即将成为现实的"到2020年,稳定实现农村贫困人口不愁吃、不

---

① 尤瓦尔·赫拉利:《未来简史》,林俊宏译,中信出版社2017年版,第333页。
② 恩斯特·卡西尔:《人论》,甘阳译,上海译文出版社2003年版,第85页。

愁穿，义务教育、基本医疗和住房安全有保障；实现贫困地区农民人均可支配收入增长幅度高于全国平均水平，基本公共服务主要领域指标接近全国平均水平；确保我国现行标准下农村贫困人口实现脱贫"①，而且更包括未来可预期的"到中国共产党成立100年时全面建成小康社会的目标一定能实现，到新中国成立100年时建成富强民主文明和谐的社会主义现代化国家的目标一定能实现，中华民族伟大复兴的梦想一定能实现"②。现实和理想作为整个进程的有机组成部分，正以日新月异的"获得感"和"惊异度"，强烈震撼着这个古老民族当代日常生活场景中的每一寸土地，每一种人生。从"社会本体"进行对象事态把握，则最为深刻的革命在于，正在发生的"以人民为中心"的社会变迁，是社会支配主体由几千年价值坚守的"官本位"向新时代"人民本位"根本转换后的人民本体论社会重建，是社会利益指向由几千年深信不疑的"特权"无条件性向新时代"普惠"优先性根本转换后的价值本体论社会重建，是社会存在形态由几千年功能固化的"垂直社会结构"向新时代"扁平社会结构"根本转换后的法治本体论社会重建。虽然这些维度的本体论重建，外部世界状况的呈现为诸如"要加强对权力运行的制约和监督，把权力关进制度的笼子里，形成不敢腐的惩戒机制、不敢腐的防范机制、不易腐的保障机制"③，或者"人民对美好生活的向往，就是我们的奋斗目标"④，抑或"'五位一

---

① 习近平：《加大力度推进深度贫困地区脱贫攻坚》，《习近平谈治国理政》第二卷，外文出版社2017年版，第87—88页。
② 习近平：《实现中华民族伟大复兴是中华民族近代以来最伟大的梦想》，《习近平谈治国理政》，外文出版社2014年版，第36页。
③ 习近平：《把权力关进制度的笼子里》，《习近平谈治国理政》，外文出版社2014年版，第388页。
④ 习近平：《人民对美好生活的向往，就是我们奋斗的目标》，《习近平谈治国理政》，外文出版社2014年版，第4页。

体'和'四个全面'相互促进、统筹联动,要协调贯彻好,在推动经济发展的基础上,建设社会主义市场经济、民主政治、先进文化、和谐社会、生态文明,协同推进人民富裕、国家强盛、中国美丽"[①],但就其内在规定性而言,本体论意义的社会重建更深刻地体现在"新时代"全面来临,意即一种超越自然时间叙事的社会时间频谱之变,在"新时代"社会时间建构中根性改变社会存在形态和社会利益结构。之所以这一改变具有社会本体论意义,是因为历史驱动后果的"在习近平新时代中国特色社会主义思想指导下,中国共产党领导全国各族人民,统揽伟大斗争、伟大工程、伟大事业、伟大梦想,推动中国特色社会主义进入了新时代"[②],已经而且还将长期致力于更深层次的全面深化改革,也就是以制度进步来一揽子解决突出的社会矛盾,其后果必然体现为中国特色社会主义社会形态发生革命性的制度进步,并在自我革命和自我完善的制度进步中,为全体中国人带来普惠性的"获得感"与普同性的"满意度"。毫无疑问,基于不管"生活状态"还是"社会本体"的诸如此类革命性社会变迁,都意味着我们正在经历一个伟大的历史时代,而任何这样的历史时代必然伴之以伟大的"时代精神"旗帜高扬与能量裂变,就如同恩格斯描述文艺复兴精神史时所说的,"教会的精神独裁被摧毁了,日耳曼语族各民族大部分都直截了当地抛弃了它,接受了新教,同时,在罗曼语族各民族那里,从阿拉伯人那里吸收过来并从新发现的希腊哲学那里得到营养的一种开朗的自由思想,越来越深地扎下了根,为18世纪的唯物主义作了准备"[③],而无论"新教"洗礼还是"开朗的自由思想"吹拂,对于作为时代精神意识主流

---

① 习近平:《在庆祝中国共产党成立95周年大会上的讲话》,人民出版社2016年版,第15页。
② 《中国共产党章程》,人民出版社2017年版,第3页。
③ 恩格斯:《自然辩证法》,《马克思恩格斯选集》第三卷,人民出版社2012年版,第846页。

形态的"文艺复兴精神"来说，无疑就是欧洲大地上时刻涌动着的"理性思维意识"和"人文主义精神"，由此才有作为那个时代既是"时代精神"原因，亦是"时代精神"结果的文化繁荣，也就是恩格斯倍加赞赏的"是一个需要巨人并且产生了巨人的时代，那是一些在思维能力、激情和性格方面，在多才多艺和学识渊博方面的巨人"[①]。正因为如此，对我们身临其境的当代中国文艺家及其中国文艺而言，展现文艺所能捕捉到的生存激变及其促变的"时代精神"，无疑就是此在民族精神家园建构中的历史重任与逻辑必然，无疑就要在文艺实践中以文艺的生命力形式，承诺我们这个时代文艺必须承诺的"每个时代都有每个时代的精神……如果没有共同的核心价值观，一个民族、一个国家就会魂无定所、行无依归"[②]，无疑就能够使文艺以饱满的"时代精神"风貌深刻地揭示并且丰富地呈现所有生存激变历史现场壮怀激烈的当代中国故事，而非与时代无涉的诸如"胡编乱写、粗制滥造、牵强附会，制造了一些文化'垃圾'……脱离大众，脱离现实"[③]。伟大的时代拥有无数伟大的精神，而所处生存激变时代的最伟大时代精神，就是"以人民为中心"所构建起的社会发展人民主体性与社会存在人民本体论，它将成为我们这个时代对民族精神家园建构所奉献出的前所未有的闪光一页。

（三）展现文艺所能预言到的生存梦想及其圆梦的"社会激情"

无论在何种意义上，当代中国都是中华民族历史进程中最重要的社会转型现场之一。作为宏大场域的每一位当代中国人，虽然入场姿态和存

---

① 恩格斯：《自然辩证法》，《马克思恩格斯选集》第三卷，人民出版社2012年版，第866页。
② 习近平：《在文艺工作座谈会上的讲话》，人民出版社2015年版，第22页。
③ 习近平：《在文艺工作座谈会上的讲话》，人民出版社2015年版，第9页。

身状况彼此会有所不同,甚至会出现被充分肯定与被彻底否定的尖锐对立,但有一点可以肯定,他们都是这一现场事态的参与者、见证人或者涉事方,因而也就共同经历这一历史洪流滚滚向前之下的"顺之者昌,逆之者亡"。就这一历史时势的存在特征而言,最为凸显之处就是隐喻叙事的"中华民族伟大复兴的中国梦",也就是习近平所说过的:"每个人都有理想和追求,都有自己的梦想。现在,大家都在讨论中国梦,我以为,实现中华民族伟大复兴,就是中华民族近代以来最伟大的梦想。这个梦想,凝聚了几代中国人的夙愿,体现了中华民族和中国人民的整体利益,是每一个中华儿女的共同期盼。"① 显然,就隐喻叙事的语义指涉而言,这个令人心潮激荡的梦想既是个体的也是社会的,既是人民的也是国家的,既是物质指向的也是文化指向的。在所有诸如此类的合力要素中所蕴积并且能量奔突的,是努力挣脱官本位磐石重压从而实现人民支配社会利益的呐喊,是努力挣脱贫困世代纠缠从而全面小康的历史空谷回音,是努力挣脱生存希望一次次被更多绝望所困从而昂扬追逐幸福的人间四月天与苍天祥瑞时。而在这些隐喻叙事后面所深刻隐存的社会价值目标,则是理性言说的诸如"必须适应国家现代化总进程,提高党科学执政、民主执政、依法执政水平,提高国家机构履职能力,提高人民群众依法管理国家事务、经济社会文化事务、自身事务的能力,实现党、国家、社会各项事务治理制度化、规范化、程序化,不断提高运用中国特色社会主义制度有效治理国家的能力"②,或者"公正是法治的生命线,司法公正对社会公正具有重

---

① 习近平:《实现中华民族伟大复兴是中华民族近代以来最伟大的梦想》,《习近平谈治国理政》,外文出版社 2014 年版,第 36 页。
② 习近平:《不断提高运用中国特色社会主义制度有效治理国家的能力》,《习近平谈治国理政》,外文出版社 2014 年版,第 104 页。

要引领作用，司法不公对社会公正具有致命破坏作用。必须完善司法管理体制和司法权力运行机制，规范司法行为，加强对司法活动的监督，努力让人民群众在每一个司法案件中感受到公平正义"[1]，抑或"坚定走生产发展、生活富裕、生态良好的文明发展道路，加快建设资源节约型、环境友好型社会，形成人与自然和谐发展现代化建设新格局，推进美丽中国建设，为全球生态安全作出新贡献"[2]。无论隐喻叙事还是理性言说，要想每一种梦想预期成为中华民族的生存现实，都必须既要清晰地认识到这些价值目标的精准指向与预期可以实现的科学规律，也要清醒地意识到所有这些指向和规律都与一定的社会行动恰配须臾不可分割。于是对于面对这一社会转型现场事态的中国当代文艺，具有历史必然意味的使命拟设就在于，如何以"艺术地把握世界的方式"[3]或者"较大的思想深度和自觉的历史内容"[4]，最大限度地文艺化"预言"一切可能具有的梦想目标、梦想内容、梦想情节、梦想方式及梦想细节，等等，最大限度地文艺化"预言"所有这一切得以实现过程中的问题、矛盾、冲突、解困方式、跨越力量及光明前途，最大限度地文艺化"预言"圆梦过程中的闪光思想、英雄情怀、不屈斗志及坚韧意志，并且一当诸如此类的"预言"以文艺所特有的意识功能介入现场事态，将可以更具精神驱动能量地使一切现场涉身

---

[1] 《中共中央关于全面推进依法治国若干重大问题的决定》，人民出版社2014年版，第20页。
[2] 《中国共产党第十八届中央委员会第五次全体会议公报》，人民出版社2015年版，第10页。
[3] 马克思：《〈政治经济学批判〉导言》，《马克思恩格斯选集》第二卷，人民出版社2012年版，第194页。
[4] 恩格斯：《致斐迪南·拉萨尔》（1859年5月18日），《马克思恩格斯选集》第四卷，人民出版社2012年版，第440页。

者"在改变自己的这个现实的同时也改变自己的思维和思维的产物"①，并且因为这样的改变而更能"胜任重建社会的工作"②。如果说类似描述较大程度上具有社会动力学惯常看重的"激情"成分的话，那么可以肯定地断言，那就一定是"圆梦"所必须具备的驱动力"社会激情"要素。因为正是作为驱动力要素的"社会激情"，以雷霆万钧之力和惊天动地之势，有效助推中国共产党人向民族、世界和历史郑重承诺的"我们比历史上任何时期都更接近中华民族伟大复兴的目标，比历史上任何时期都更有信心、有能力实现这个目标"③。所以这一议题实际上就转换为，就所在时代的圆梦"社会激情"来说，不是"有没有"或者"作用大不大"的问题，而是"是什么""为什么"和"能怎样"的问题，并且唯有对这些问题深度切入并在此基础上实现有效命题建构及其所指意义填充，才会使得文艺驱动和文艺家入场具有民族精神家园当代构建的准入可能性，也正是在这个意义上，习近平在《在文艺工作座谈会上的讲话》中才语气凝重地指出："我国作家艺术家应该成为时代风气的先觉者、先行者、先倡者，通过更多有筋骨、有道德、有温度的文艺作品，书写和记录人民的伟大实践、时代的进步要求，彰显信仰之美、崇高之美，弘扬中国精神、凝聚中国力量，鼓舞全国各族人民朝气蓬勃迈向未来。"④

---

① 马克思、恩格斯:《德意志意识形态》,《马克思恩格斯选集》第一卷，人民出版社 2012 年版，第 152 页。
② 马克思、恩格斯:《德意志意识形态》,《马克思恩格斯选集》第一卷，人民出版社 2012 年版，第 171 页。
③ 习近平:《实现中华民族伟大复兴是中华民族近代以来最伟大的梦想》,《习近平谈治国理政》，外文出版社 2014 年版，第 35—36 页。
④ 习近平:《在文艺工作座谈会上的讲话》，人民出版社 2015 年版，第 6 页。

二

　　这个世界已经不存在绝对边界封闭的自在并且自为的民族实体，抑或所谓"想象的共同体"，后者直接就是"民族主义"知识谱系下权力知识立场的那种所谓"官方民族主义"（official nationlism），也就是"将之理解为一种同时结合归化与保存王朝的权力，特别是它们对从对中世纪开始累积起来的广大的多语领土的统治权的手段，或者，换个表达方式来说，是一种把民族那既短又紧的皮肤撑大到足以覆盖帝国庞大的身躯的手段"①，愈是建构性后现代对现代转折与深化提速，这种僵滞的"界线"意识及其自闭事实的存在可能性就会愈加微乎其微，在本体变异的"信息社会"则几近可以忽略其存在的有效性。原始衍生状态那种因地缘滞塞所形成的当代田野调查成果的诸如"如果一个群体内部的团结统一是它与其同类群体的对立的函数的话，那么就可以这样推测，群体内的团体情感一定比包含该群体的更大群体内的团体更强"②，或者文献考古所获知识的诸如"距今七八千年前，在高原藏约见麦地方，聚居着一个庞大的原始人群，他们背靠大山，面朝河流，沿着河谷，住地穴式房舍……这个部落发明了长矛、弓箭，建立了高原第一个王朝——以诺金首领之名命名的诺金王朝（部落联盟）。后来这个王朝在向西迁徙中神秘地消失了"③，对于现代社会和后现代社会而言，已经只具有文化记忆性存在特征，哪怕是那些开发程度极

---

① ［美］本尼迪克特·安德森：《想象的共同体：民族主义的起源与散布》，吴叡人译，上海人民出版社 2003 年版，第 103 页。
② ［英］普理查德：《努尔人：对尼罗河畔一个人群的生活方式和政治制度的描述》，褚建芳等译，华夏出版社 2002 年版，第 158 页。
③ 尕藏才旦编著：《史前社会与格萨尔时代》，甘肃民族出版社 2001 年版，第 37 页。

低或者开放性交往仍然受"自在"或者"他在"障碍的僻岛民族,不仅绝对边界封闭完全不可能,而且也已经程度不同地被异在的全球知识渗透和濡化。

对于整个人类生存进程而言,总体呈现为互约性、认同性和相关性的线性矢量,而且是非均衡态延伸轨迹,因而是否能用某种规律性或者稳态化的描述方式进行延伸事实的总体描述,或者透过这些延伸事实给予深刻而义项完整的真相揭蔽,或许只能留给拥有专门知识或者专门知识人才的未来努力。但这并不意味着我们不可以先行分拣某些痕迹显眼的赋能事件给予关注,或者更具轮廓意味地寻找到递进线性中某些根本转折意义的时域位置。恰恰凭借这样的知识操作思路,我们可以视野宏大地窥望到三道界线穿越的人类文化共享的壮丽现场风景,那就是通常所谓的"轴心时代""地理大发现时代"及博弈进展中的"全球化时代"。并不是说这一叙事就有遮蔽其他类同事件的叙事优先性,并不意味着这一知识运作本身具有历史阶段划线的逻辑结构意义,甚至并不表明所窥望到的这些现场风景在语义指涉之维乃是毫无争议的自明性知识,但所有这一切都无法颠覆其总体概念指涉的言说合法性。

"轴心时代"的所谓"自大约公元前800年至公元前200年起,在世界四个非同一般的地区,延绵不断抚育着人类文明的伟大传统和佛教、以色列的一神教以及希腊的哲学理性主义"[①],可以看作地域性地缘文化接触后的民族精神意识生成,其生成的内在机理在于,它一方面是民族精神建构的开源性努力并由此形成特定民族生活史的恒久牵引力量,另一方面又

---

① [英]凯伦·阿姆斯特朗:《轴心时代:塑造人类精神与世界观的大转折时代》,孙艳燕等译,海南出版社2010年版,第2页。

在地域边界隔离状态下，于异质性民族意识方式的同时，充分展现出人类"类性"本质的某些共同生存关注及这些关注后果的同质性精神集合与价值聚焦，后者切合于马克思所论述的"人是类存在物，不仅因为人在实践上和理论上都把类——他自身的类以及其他物的类——当作自己的对象；而且因为——这只是同一种事物的另一种说法——人把自身当作现有的、有生命的类来对待，因为人把自身当作普遍的因而也是自由的存在物来对待"①，正因为如此，我们可以把这一生成过程看作"族性"与"类性"非普遍接触背景下的地域边界精神互约史。

"地理大发现时代"的所谓"地理上的发现——纯粹是为了营利，因而归根到底是为了生产而完成的——又在气象学、动物学、植物学、生理学（人体的）方面，展示了无数在此之前还见不到的材料"②，实际上于简洁性的事态描述中隐藏着诸多复杂的互约性、认同性和关联性延伸真相。其真相首先在于以"纯粹为了营利"作为时代动机，意味着力所能及的那些单向性接触虽然客观上实现了正能量的"类性"意义播撒，但接触的野蛮方式和绝对强制性接触过程本身，较大程度上负能量地造成了"族性"的意义衰退、价值减值和彼此间的心理逆反与精神对立，所以殖民主义的扩张史，乃至物质利益扩张前提下的精神扩张，文化异质性在殖民主义知识谱系里异化为以强凌弱的生存落差。其次在于"为了生产而完成"包含着简洁事态描述之外无比丰富的社会延伸内容与知识进展成果，从最直接产物的人类学发生发展及其在当今知识域不可或缺的学科知识地位角度看，就足以凭单一个案的证据，确证这一现场事态对民族社会生活被

---

① 马克思：《1844年经济学哲学手稿》，《马克思恩格斯选集》第一卷，人民出版社2012年版，第55页。
② 恩格斯：《自然辩证法》，《马克思恩格斯选集》第三卷，人民出版社2012年版，第874页。

类性化影响改造的普遍性与深刻性。再次在于"还见不到"乃是"族性"和"类性"的互驱前置条件及其领地性窥探欲望无限冲动的存在暗示,瓦尔特·米尼奥罗则将其叙述为"自16世纪开始的西方扩张,也将跨文化沟通差异的需要,及重新审视差异和价值观之间的联系,提到了显著位置"①,而对我们来说,更愿意将此议陈述为选择性或者意志性有限接触背景下的跨地域边界精神互约史。

"全球化时代"所谓"我们用来指称有关全球性事务的一整套题记或和一整套关系的术语是'全球性'(globality)这个概念。全球性之于全球性的事物、全球时代和全球主义,就像现代性之于现代性的事物、现代时代和现代主义一样——至少在语法上讲是如此。确实,之所以如此容易确定'全球时代',原因之一是他完全完成了从全球性的事物开始并进而达到全球化的那个系列"②,实际上是此前两番事端沿着历史线性向前延伸的必然发展后果,并且全球性作为全球化过程的某种"类性"此存的文化表征,其过程发展可以上溯至地理大发现结束后接踵而至的工业革命鼎盛时期,所以《共产党宣言》将其描述为黑格尔式"一般世界状况"格局的"不断扩大产品销路的需要,驱使资产阶级奔走于全球各地。它必须到处落户,到处开发,到处建立联系。资产阶级由于开拓了世界市场,使一切国家的生产和消费都成为世界性的了"③,这意味着"地理大发现时代"与"全球化时代"虽然存在线性距离,但这个距离很短,而且构成线性发生

---

① 瓦尔特·米尼奥罗:《文艺复兴的阴暗面:识字教育、地域性与殖民化》,魏然译,北京大学出版社2016年版,第366页。
② [英]马丁·阿尔布劳:《全球时代——超越现代性之外的国家和社会》,高湘泽等译,商务印书馆2001年版,第129页。
③ 马克思、恩格斯:《共产党宣言》,《马克思恩格斯选集》第一卷,人民出版社2012年版,第404页。

的直接因果关系。问题是,这是两个本体异质性远远大于同质性的事件,前者并非后者的主要因果发生影响因素,而且大多是外部世界现象的关系表现,因为当代全球化作为正在深化过程中的历史时域,一系列更具人类生存本体价值的现场事态才是更具全球性建构的影响要素,而且恰恰是这些"类性"拓殖和延伸的要素使得"全球化"更具人类生存驱动意义,当然也就使得"全球性"在社会生活的各个领域,影响着任何单一个体处在民族界线内的日常生活内容和日常生活方式。① 罗尔斯的"正义论"主张之所以获得不同社会形态程度不同的价值首肯,全球化进程之所以在各民族发展落差依然较大的条件下,成为具有最大认同公约数的世界潮流,就在于诸多建构性后现代的"全球性"已经成为托举"类性"的社会本体力量,就在于诸如"信息社会""智能社会""生态社会""消费社会""交往社会"乃至"虚拟社会"等一系列社会存在形态使得"族性"与"类性"常常处于跨边界互驱状态,而"扁平社会结构"在日常生存空间大范围置换"垂直社会结构"之后,共享化、交往化、同步化、普惠化、流行化、协同化、日常化乃至场域化等无数不以权力意志为转移的全球生活方式趋同与集合,更是全球化进程方兴未艾的内在依据所在。20世纪后期人所共知的"地球村"象征叙事,至此也就演绎为毫无人类变迁本体指涉力的一个浅表性符号。

于是民族的社会生存与人类的社会生存,由此就转换为我们今天所处的全球化时代:一方面个体还在"族性"的支配中因民族精神家园的文化

---

① 美国总统特朗普智库团队的一个没有意识到的误判,就是在两种事态出现社会迭代的情况下,忽视了历史线性过程中两种事态异质性和后者对前者的生存替代性。全球贸易当然还是生存现场的基本日常生活内容,但早已不是决定全球时代之为全球时代的要素之所在,所以以其逆全球化单边行为,对全球化进程而言,不过是蜀江春水面前的抽水之举。

庇护而规避精神流浪者的可怕厄运，民族文化优秀传统及其所蕴含的个体依偎，仍然以核心价值的精神功能支撑民族生存边界内的个体生存，从而与作为"共享基本文化价值观的群体"①息息与共；另一方面个体又不得不面对"类性"急剧延伸和拓殖，并由此在一定程度的扁平世界面前努力获得跨民族公共场域的生存准入身份，因为跨民族公共场域生存已经不是早期事态的经济全球化，而是生存内涵全方位包含着宏观言说的诸如政治全球化、军事全球化、文化全球化、生态全球化、科技全球化。至于微观言说，则几乎一切日常生活义项或者生存母题都无不在全球化的深度沉浸之中，甚至毒品犯罪或者其他亚文化生存方式都已显示出极为明显的全球化特征，正因为如此，以"类性"为生存出发点的人类共同精神家园就成为所有现实个体的必备生存条件，而且基于"类性"占有的"生存准入身份"与"必备生存条件"，与任何民族任何个体的当下生活质量和精神依偎程度成正比例关系，或者说成直接换算关系。无论人们做何种和解性的事态解释，这都是解释所无法穿越的悖论性普遍生存现实，隐存着的是迭代社会与二元生存的价值存在方式。按照马克思主义所主张的"在思辨终止的地方，在现实生活面前，正是描述人们实践活动和实际发展过程的真正的实证科学开始的地方。关于意识的空话将终止，它们一定会被真正的知识代替"②。过去那种关于民族与世界或者"族性"与"类性"关系的诸多"空话"研究方式，在线性发展事态和当下生存现实面前，至多已经不过是一些表达自己利益立场的宣泄态情绪辞令，而迫切需要学理解困，进而能够生存解困的"真正的知识"由此也就在于，如何以客观清晰的知识

---

① ［英］斯蒂夫·芬顿：《族性》，劳焕强等译，中央民族大学出版社 2009 年版，第 117 页。
② 马克思、恩格斯：《德意志意识形态》，《马克思恩格斯选集》第一卷，人民出版社 2012 年版，第 153 页。

分析脉络，厘清民族与世界在全球交往时代的同质性叠合与异质性分存的非界线性本体结构实存状况，从而可以在一系列当下性乃至未来向度的普惠社会形态（例如"信息社会"）建构中，获得"族性"与"类性"的同步意义延展，最终就会有人类精神家园和民族精神家园对民族生存个体的共时精神庇护与共在行为支配，这是线性形成的"统一性"后果与结构决定的"文化张力"后果。

然而对"真正的知识"争论过多少回的此前尴尬在于，在民族与人类或者"族性"与"类性"的关系上，究竟哪种知识命题与生存事实最为恰配，也就自然而然地演绎为至今难以解困的"知识紧张"甚至"知识冲突"。这种紧张和冲突，虽然涉事方和当事人的构成状况复杂而且繁富，但以两种知识观念及其所裹挟的知识阵营最为基本，那就是"聚焦论"知识命题与"集合论"知识命题。对于聚焦论者而言，个体的人、族群的人直至人类整体的人，其精神支撑及这种支撑的内在规定性就是抽象存在和终极价值存在的"人性"，并且这种人性具有元生并且恒在的先天给定价值属性，进而全部社会展开史不过就是围绕这些"抽象存在"和"先天给定"的嵌位与失位、逼近与疏远乃至善恶选择博弈的线性过程抑或循环往复过程，个体的主体间性抑或所在民族的精神主体性始终拥有着人性的"抽象存在"和"先天给定"进行终极意义聚焦，至于究竟哪些元生和恒在的终极意义是各个民族和每一个体的终极聚焦目标，这一知识阵营的通识就是资产阶级革命以来那些大师出场身份及其经典阅读文本所赐示的"标准答案"或者"关键词"，按其学理逻辑或者理想规划。今天、明天以及永久未来的个体，只要最大限度并且矢志不渝地聚焦于"标准答案"和"关键词"，就不仅能触摸道德化生活的"此岸"而且能窥望到绝对幸福的"彼岸"，哪怕参与触摸和窥望的特定族群中的个体，在现实社会意义发生复杂性与纠缠性屏蔽中,已然简化为"把人分成截然不同的两类,分成具有人性的人和具有兽性的人,分成善人和恶人"①,或者更具简化性地把触摸与窥望对象恒定为"一种一劳永逸的'永恒真理'"②。就其本质而言,"族性"在此知识命题中,不过是"类性"统辖的次生性文化附着物,连"类性"生成的基本而且必要的精神资料都算不上。对于集合论者而言,个体集合为族群进而各民族集合为人类整体,乃是再简单不过的社会生成逻辑和人类生存的普遍现实,集合产生的总体效果或者整体结果就是合法化而且客观化的民族和人类,与之相一致则是各民族的文化自在自为因集合而有"世界文化"的蔚为大观,以及其中同质性合成的"人性"义项构成或者"类性"边界拟设,而异质性则不仅是文化冲突的根源,而且是人类社会进步受阻的价值本位要素,于是自在性、边界性、内聚性、原生性及传承性等意义与价值的存在方式,也就一方面成为有利于民族精神家园建构的驱动之维,另一方面则因这种驱动而使更高意义上的人类精神家园在集合过程中得以总量性的扩容和拓殖,甚至从特定角度而言,各民族间的同质性与异质性,也因这种集合而共同成为人类整体的意义填充资料和精神汇聚源泉。但这种集合的隐性危机在于,不仅存在导致"民族主义"狭隘性大行其道的可能性,而且给"极端民族主义"自大情绪与自我中心的激进排他主张预留了难以精准预期的可能性社会空间,诸如"种族主义""种族中心论""民族利益至上""民族优劣论"乃至"宗教极端主义民族精神顽守"等形形色色的关联性异化形态,并常常呈现为"在'思想开放'和'思想封闭'的对立中,人们仍然处于建立精神模型的范畴。社

---

① 恩格斯:《反杜林论》,《马克思恩格斯选集》第三卷,人民出版社 2012 年版,第 478 页。
② 恩格斯:《自然辩证法》,《马克思恩格斯选集》第三卷,人民出版社 2012 年版,第 993 页。

会因素所起的作用仅仅是'僵硬'主体的原始社团化而已"①。再说,"族性"在此知识命题中乃是随时游离于"类性"主旨之外的原生性文化自为存在,它在向"类性"集合过程中根本无法确证人类作为"类存在物"的价值向度,因而所谓"人类精神家园"或者凝聚形态的"类性"由此沦落为某种观念性的总体性或者臆想性的精神实在。

而在"聚焦论"和"集合论"的知识对立关系之外,在后发现代化国家或者现代化进程中那些暂处弱势的民族,还枝蔓状地衍生出民族性与世界性价值关系的另外一种言说角度的语义纠缠,而这种纠缠体现在所议文本语境,则是更加具议性的所谓"文艺民族性"与"文艺世界性"的关系。甚至常常引申至"文艺民族性"与"文艺人类性"的转换表达方式,而后者涉及的"文艺人类性"作为一种文艺的人性学说讨论内容,反过来又与"聚焦论"的核心理论主张纽结到一起,所以至少自18世纪以来,中外文艺理论史所呈现出的关于这一议题的频次、范围、方式、状态和成果等,其关联文献已经多到谁也无法较为完整给予统计和梳理的丰富程度。民族及其边界内认同性、地缘性、民俗性或者亲情性等,使得民族精神生活、主流精神生活、民间精神生活直至个体精神生活,因其自在自为,所以能以文化理性的价值尺度之力均衡着不同范围抑或不同类型的日常生活秩序、日常生活自信及日常生活超越的希望与想象力,就仿佛"仪式"所承载的文化功能,不仅可以作用于特定民族的几乎一切"狂欢化"生活形式,而且还作用于该民族的所有"非狂欢性"日常生活情境,人类学家描述中国关联事态时将其归类为"流行在中国一般民众尤其是农民

---

① [法]皮埃尔-安德烈·塔吉耶夫:《种族主义源流》,高凌瀚译,生活·读书·新知三联书店2005年版,第56页。

中间的（1）神、祖先、鬼的信仰；（2）庙祭、年度祭祀和生命周期仪式；（3）血缘性的家庭和地域性庙宇的仪式组织；（4）世界观（worldviews）和宇宙观（cosmology）的象征体系"①。而此议的关键是，文艺在这一事态中被认为是民族精神生活最集中的文化承载形态，不仅体现于创作端意义生成知识个案如"蒙古史诗就在蒙古民族历史文化的这广大'时空'中产生，并随着这'时空'的阶段化、区域化过程而生成、发展、阶段化、区域化"②，而且体现于传播端意义扩散知识个案如"作为佛教教义载体的佛教艺术，其东渐和发展的路线，并非直进的。在它进入玉门关之后，其首先立足并得以发展的中心，并非最靠近西域的敦煌，而是河西的姑臧，即今甘肃武威，古称凉州的地方。可以说，佛教艺术首先兴于姑臧，而后达于四方"③，当然更体现于接受端意义发酵知识个案如"祭祀诗的接受方式通常表现为集体接受……毕摩的有声语言符号不单单只诉诸某一个听者，而是诉诸每一个听众，诉诸化为整一的接受群体……氏族成员为了在仪式中实现自己的渴望"④。虽然此类知识个案并不足以支撑"均衡"功能价值尺度定位的全部事态，但整个文艺学知识场域几乎形成了交往后果的命题共识，那就是文艺乃民族精神家园的承重栋梁，或者换句话说，民族的文艺代代相传地为其生民带来精神生存的"空气""阳光"和"水"，文艺的民族因文艺的不屈精神建构而拥有不断前行的"林中路""沙漠绿洲"乃至"黑暗中的灯塔"。但是，所有这一切，虽然时至今日很大程度上仍然

---

① 王铭铭：《社会人类型与中国研究》，生活·读书·新知三联书店1997年版，第156页。
② 萨仁格日勒：《蒙古史诗生成论》，中央民族大学出版社2001年版，第95页。
③ 陈兆复编：《中国少数民族美术史》，中央民族大学出版社2001年版，第246页。
④ 巴莫·曲布嫫：《论彝经祭祀诗的文学接受》，转引自左玉堂等编《毕摩文化论》，云南人民出版社1993年版，第617页。

保持其原有存身姿态，但自经济全球化涟漪初漾的诸如"世界货币作为一般支付手段、一般购买手段和一般财富的绝对社会化执行职能。它的最主要职能，是作为支付平衡国家贸易差额"①，或自文化全球化春江水暖所意识到的所谓"各民族的精神产品成了公共的财产。民族的片面性和局限性日益成为不可能，于是由许多种民族的和地方的文学形成了一种世界的文学"②，文艺的民族及民族的文艺就"被抛"和"沉沦"于"文艺的人类"与"人类的文艺"的观念性文艺价值参照与民族精神纠缠，而且当这一事态发展至本体性转换后的"全球化时代"，民族生存个体对"人类的文艺"窥望，已然不仅仅是"文化采借"意义上直接"集合"那些能表达某一人类文化精神义项的文艺精英，诸如"……英国有乔叟、弥尔顿、拜伦、雪莱、济慈、狄更斯、哈代、萧伯纳、透纳等大师。德国有莱辛、歌德、席勒、海涅、巴赫、贝多芬、舒曼、瓦格纳、勃拉姆斯等大师。美国有霍桑、朗费罗、斯托夫人、惠特曼、马克·吐温、德莱塞、杰克·伦敦、海明威等大师"③。而人类生存个体对"民族的文艺"价值审视，也不仅仅是"文化多样性"意义上的精神个体性定位，而是不自觉地视其为"地方性知识"，由此出现的负面"定位"心态就是"照我的经验来看，如果对异国的艺术所为何来一无所知，或对这些艺术所赖以创生的文化毫无了解，则它似乎仍旧无法让人在响应异国的艺术时超越某种'种族中心的滥情主义'（ethnocentric sentimentalism）"④，其吊诡之处，就是聚焦论支配的西方

---

① 马克思：《资本论》，《马克思恩格斯选集》第二卷，人民出版社2012年版，第154页。
② 马克思、恩格斯：《共产党宣言》，《马克思恩格斯选集》第一卷，人民出版社2012年版，第404页。
③ 习近平：《在文艺工作座谈会上的讲话》，人民出版社2015年版，第4页。
④ [美]克利福德·格尔茨：《地方知识：阐释人类学论文集》，杨德睿译，商务印书馆2014年版，第140页。

标准版一元精神价值本体论，正在文艺人类终极价值名义下左右着世界各民族文艺生活现场事态，这意味着习近平所担忧的"如果没有共同的核心价值观，一个民族、一个国家就会魂无定所、行无依归"①不仅对身居全球化现场的中华民族是不可低估的文化挑战，而且对其他在场的民族尤其是发展落差较大的民族会是更具文化生存威胁的严峻考验，但问题是，全方位而且愈来愈深刻的人类生存势不可挡，所以各民族的积极应对姿态，首先在于是否能够拿出事态解困的有效知识方案并转化为实践行为，从而化解那些"挑战"和"考验"。

"聚焦论"和"集合论"的矛盾关系，本来存在于一般社会本体价值或者一般文化本体价值，但事态本身的复杂纠缠，不知不觉地衍生出民族文艺与人类文艺的诸多存在之困，并且在"全球化时代"更演化为直接因果关系的文艺存在论知识紧张。

三

毫无疑问，"人类命运共同体"无论作为知识命题还是作为实践行动方案，都是"全球化时代"全球治理遇到种种困难背景下的创新性解困之举。旗帜鲜明地提出"中国方案是：构建人类命运共同体，实现共赢共享"②，逻辑严密地将正负向度立论理由陈述为"人类正处在大发展大变革调整时期。世界多极化、经济全球化深入发展，社会信息化、文化多样性持续推进，新一轮科技革命和产业革命正在孕育成长，各国相互联系、相

---

① 习近平：《在文艺工作座谈会上的讲话》，人民出版社 2015 年版，第 22 页。
② 习近平：《共同构建人类命运共同体》，《习近平谈治国理政》第二卷，外文出版社 2017 年版，第 539 页。

互依存，全球命运与共、休戚相关。和平力量的上升远远超过战争因素的增长，和平、发展、合作、共赢的时代潮流更加强劲"，以及"同时，人类也正处在一个挑战层出不穷、风险日益增多的时代。世界经济增长乏力，金融危机阴云不散，发展鸿沟日益突出，兵戎相见时有发生，冷战思维和强权政治阴魂不散，恐怖主义、难民危机、重大传染性疾病、气候变化等非传统安全威胁持续蔓延"[①]，认同最大化地将命题原则一以贯之地建基于"和平共处五项原则已经成为国际关系基本准则和国际法基本原则。和平共处五项原则精辟体现了新型国际关系的本质特征，是一个相互联系、相辅相成、不可分割的统一体，适用于各种社会制度、发展水平、体量规模国家之间的关系"[②]。所以就这个方案本身的价值地位而言，既是知识理性的逻辑推演后果也是实践行为的经验凝聚产物，既着眼于现实解困亦着眼于未来突围，既是中国利益立场的正当表达更是全球利益立场的真诚协商，既是共时性效度的方案呈现亦是历时性效度的后果确证。总之，如果将这一中国方案转场至学理讨论的知识域，当是一个具有突进意义的创新性知识命题建构。人类历史的发展进程，往往是线性矢量与弹性变量共在性此消彼长，因而在特定历史时域和具体历史现场，民族界面和更高人类界面的发展受困与递进遇挫，就会时时以这样那样以及或大或小的社会塌陷与生存危机形式表现出来，并且有时会严重到殃及社会本体正常结构与合法化价值秩序的程度。当此时，历史危机与社会困境不得不以各种不同的方式呼唤解困知识方案的智慧出场，于是就有不同身份的历史担当者站在不同的解困立场提出各自不同的方案，而"**构建人类命运共同体**"

---

① 习近平：《共同构建人类命运共同体》，《习近平谈治国理政》第二卷，外文出版社 2017 年版，第 538 页。
② 习近平：《论坚持推动构建人类命运共同体》，中央文献出版社 2018 年版，第 129 页。

在"全球化时代"全面深化与极端复杂的背景下出场，显然是全球治理与世界秩序重建人类根本利益诉求的历史必然产物。

就现有的文献状况来说，命题方案所涉及的现场问题及解困思路非常丰富，因而当其丰富性还处在大规模延展的思想递进条件下，系统态、谱系化或者覆盖性的知识综合及其精准陈述，实际上并不具有可能性，但是，这并不影响我们对其中某些具议议题与具体思路给予有针对性的理解和把握，并从这些理解和把握中探寻更加深入全面的思想轨迹与解困知识成果。譬如，就共同体互约范围而言，既可以是基于国与国之间双边合作的诸如"21世纪是合作的世纪。心胸有多宽，合作舞台就有多广。未来5年至10年对中德来说都是改革发展的关键时期。随着改革进程的深化，两国合作将呈现更多契合点，不断获得新动力。我相信，当'德国制造'和'中国制造'真诚牵手合作，我们所制造的将不只是高质量的产品，更是两国人民的幸福和理想"[①]，也可以是基于国际合作组织多边合作的诸如"金砖国家合作事业要繁荣昌盛，就要强本固基，打造金砖国家利益共同体。我们要以建设利益共享的价值链和利益融合的大市场为目标，共同构建更紧密经济伙伴关系，发挥各成员国在资源禀赋、产业结构上的互补优势，合力拓展更大发展空间"[②]，当然更可以是基于世界各国全面合作的诸如"和平、发展、公平、正义、民主、自由，是全人类的共同价值，也是联合国的崇高目标。目标远未完成，我们仍须努力。当今世界，各国相互依存、休戚与共。我们要继承和弘扬联合国宪章的宗旨和原则，建构以合

---

① 习近平：《在德国科尔伯基金会的演讲》，《论坚持推动构建人类命运共同体》，中央文献出版社2018年版，第94页。
② 习近平：《打造金砖国家利益共同体》，《论坚持推动构建人类命运共同体》，中央文献出版社2018年版，第225页。

作共赢为核心的新型国际关系，打造人类命运共同体"①。当然这种关于共同体互约思想的归纳叙事，还只是停留在一个维度展开，而就数十篇已经见诸报端的文献资料而言，如果给予较为精细的思想爬梳与知识归纳，则这样的叙事维度当以十数计甚至数十计。正因为如此，我们或许可以选择另外一种知识叙事策略，即将这些文献所隐存的内置性命题知识维度及其丰富的书面化叙述文字，留给对此议关注的读者在文本沉浸中领悟和理解，而将我们当下的关注点集中在所有这些叙事维度的价值支点，那就是人类命运总体观、共同体社会结构形态和包容互鉴价值原则。

人类命运总体观是"人类命运共同体"中国方案或者说创新性知识命题的第一个意义要点。这一要点的内在依据在于，无论马克思主义逻辑起点的"通过实践创造对象世界，改造无机界，人证明自己是有意识的类存在物，就是说是这样一种存在物，它把类看做自己的本质，或者说把自身看做类存在物"②与非马克思主义逻辑起点的"人性研究是关于人的惟一科学，可是一向却最被人忽视"③，还是马克思主义历史起点的诸如"从攀树的猿群进化到人类社会之前，一定经过了几十万年——这在地球的历史上只不过相当人的生命中的一秒钟。但是人类社会最后毕竟出现了。人类社会区别于猿群的特征在我们看来又是什么呢？是劳动"④，与非马克思主义历史起点的诸如"假如我们同意人类的起源确实比'更新世'早得多——由于最早的人，三个较早的属种的远祖，很可能生活在'上新世'

---

① 习近平：《携手构建合作共赢新伙伴，同心打造人类命运共同体》，《习近平谈治国理政》第二卷，外文出版社2017年版，第522页。
② 马克思：《1844年经济学哲学手稿》，《马克思恩格斯选集》第一卷，人民出版社2012年版，第56页。
③ [英]休谟：《人性论》(上册)，关文运译，商务印书馆1980年版，第300页。
④ 恩格斯：《自然辩证法》，《马克思恩格斯选集》第三卷，人民出版社2012年版，第847页。

时期——那么人类在地球上生存的时间至少有 100 万年。也许说几百万年更接近于事实。但是即使接受 100 万年这个最低数字，那也足以对照仅仅 6000 年的文明史"①，都从异质性思想立场认同一个同质性知识事实，那就是漫长的自然时间线性与无限碎片化的社会意义积淀，生成了社会人在自然界的总体同时也是整体的特殊存在地位，因而其"类性"所决定的共同命运既是与自然博弈也是与自身博弈的前历史产物。同时也必然会延续和加剧这种双重博弈的历史后无限进程，除非其作为"人"或者作为"类"从不以人类意志为转移，自然界或者说无际宇宙完全彻底地消失。所以这个"内在依据"既是人类存在的第一本体论问题，也是社会存在的第一本体论问题，当然也就是文明或者文化的第一本体论问题，对此，过去、现在以及未来任何时候，不管任何社会存在内容的异质形态分化在每一个事态现场紧张到何种程度，人类命运总体性的第一本体规定永远不会被颠覆和动摇。但衍生的各种问题在命运一致之外，分化为地缘限制或者渐进地缘接触且数量极为繁复的族群或者更具"族性"特征的民族，分化为民族之间发展阶段的水平落差、发展形态的社会异质及发展方式的自为选择，分化为民族内部利益分配引起的垂直社会结构乃至作为极限后果二元化直接阶级对立，而所有这些已经提及的分化或者更多未曾提及的分化事态，又都在不同的利益主体接触现场爆发出大小不等而且残酷程度不同的矛盾、冲突、斗争直至战争形态的血腥残杀。对历史唯物主义者而言，所有这一切不仅体现为外在现场事态的诸如"最卑下的利益——无耻的贪欲、狂暴的享受、卑劣的名利欲、对公共财产的自私自利的掠夺——揭开了新的、文明的阶级社会；最卑鄙的手段——偷盗、强制、欺诈、背信——毁

---

① G. 埃利奥特·史密斯：《人类史》，李申等译，社科文献出版社 2002 年版，第 39 页。

坏了古老的没有阶级的社会，把它引向崩溃。而这一新社会自身，在其整整两千五百余年的存在期间，只不过是一幅区区少数人靠牺牲被剥削和被压迫的大多数人而求得发展的图画罢了，而这种情形，现在比以前更加厉害了"①，而且更体现为内在历史真相的"现存的所有制关系是作为普遍意志的结果来表达的。仅仅使用和滥用的权利就一方面表明私有制已经完全不依赖于共同体，另一方面表明了一个错觉，仿佛私有制本身仅仅以个人意志即以对物的任意支配为基础"②。而在这样的事实和真相揭蔽以后，还必须规避苏联式极端意识形态主义者所宣传的认识误区，即把这些利益分化后果，看作是理论界面和人类实际生存界面对人类命运总体性的彻底置换和绝对去存，而且完全忽视分化过程中的每一个历史时域，一直存在着形态各异或解困效度大小不等的人类命运总体解困抑或局部解困理论探索与实践努力，如果我们否认那些理论与实践两个界面的任何历史成果，就会像迷信某些知识"标准答案"和"关键词"乃是人类命运终极解困的救命稻草一样，必将深陷极端意识或片面观念而不可自拔。所以，人类命运总体观作为构建"人类命运共同体"的意义要点，其所凸显的命题价值，在于它客观看待过去、真诚面对现实并且理性着眼未来的价值向度，并且这个向度在扁平社会结构日益获得全面转型背景下，有其愈加清晰和凸显

---

① 恩格斯：《家庭、私有制和国家的起源》，《马克思恩格斯选集》第四卷，人民出版社2012年版，第110页。
② 马克思、恩格斯：《德意志意识形态》，《马克思恩格斯选集》第一卷，人民出版社2012年版，第213页。

的必然性与必要性。①

共同体社会结构形态是"人类命运共同体"中国方案或者说创新性知识命题的第二个意义要点。这一要点的价值核心在于，从全球化宏观场域有效建构的可能性目标出发，通过对诸如"文化多样性可持续""文明类型平等""社会形态包容""生存方式与发展道路自主选择"等一系列文化社会学意义上的本体正义原则深化研究，并以其作为基本价值原则的维系力量来支撑国家间、民族间乃至文明形态间人类命运共同体框架下的存在结构与交往方式，从而在最大限度"求同存异"的新型国家关系中，寻求人类总体利益"帕累托最优"式的全球社会结构支撑模式，当然也就由此有可能获得基于这种结构模式的当下最佳全球治理效果。这一立论的基点是人类文明的不同形态起点同源、价值平等和终极命运自然制约，所不同而且利益纷争的只不过在于过程中的取向分异与进展不均，以及这些分异和不均所导致的观念涡乱、方位纠缠、价值标准因极端化而频频导致生存界面的冲突和祸端，而全球化进程之所以能开创"全球化时代"，就在于人类究竟有没有智慧并且在何种程度上，在共同体社会结构或者全球秩序下既能包容性"存异"更能合作性"求同"，如此则所谓"全球化时代"一定会是社会发展与科技进步高度吻合的人类历史阶段，这一阶段将为此后更高的人类社会发展阶段奠定稳固的历史基石而不是残局性的文明碎片。在全球化人类文明时势的积极变化面前，中国方案的价值起点是顺势而为，不仅坚信"文明相处需要和而不同的精神。只有在多样中相互尊

---

① 在面对总体性人类命运问题上，任何解困方案提出者，都必须以负责任的态度正视所谓"赫拉利之忧"："为了让乐观主义者和悲观主义者都能满意，或许可以说我们正在天堂和地域的岔路口，而我们自己还不知道会朝向哪一个方向。"尤瓦尔·赫拉利：《人类简史：从动物到上帝》，林俊宏译，中信出版集团股份有限公司2017年版，第353页。

重、彼此借鉴、和谐共存，这个世界才能丰富多彩、欣欣向荣。不同文明凝聚着不同民族的智慧和贡献，没有高低之别，更无优劣之分。文明之间要对话，不要排斥；要交流，不要取代。人类历史就是一幅不同文明相互交流、互鉴、融合的宏伟画卷"①，而且坚持"从360多年前《威斯特伐利亚和约》确立的平等和主权原则，到150多年前日内瓦公约确立的国际人道主义精神；从70多年前联合国宪章明确的四大宗旨和七项原则，到60多年前万隆会议倡导的和平共处五项原则，国际关系演变积累了一系列公认的原则。这些原则应该成为构建人类命运共同体的基本遵循"②。毫无疑问，无论是"坚信"的指涉还是"坚持"的指涉，均表明中国方案不仅是全球化时代世界不同文明平等入场的价值主张，而且这种主张乃是对"地理大发现时代"以来人类命运既有认同成果的有效延伸。但问题的复杂性在于，自从殖民主义甚嚣尘上以来，"强权政治""种族优劣论""西方中心主义""文化冷战思维"等思维定式，不仅在文化领域一轮轮地向文化多样性世界发起学理及现实生活的价值进攻，而且因此获得世界民族生存格局内其他诸领域利益攫取的文明优越感或文化合法性。这既充分地表现在对华贸易的"除我们已证明与西方工业品销售成反比的鸦片贸易之外，妨碍对华出口贸易迅速扩大的主要因素，是那个依靠小农业与家庭工业相结合而存在的中国社会经济结构"③，更表现在"地理大发现时代"的一切"发现"名义下的掠夺行为，例如，随机个案的"麦哲伦是个生意人。他

---

① 习近平：《携手构建合作共赢新伙伴，同心打造人类命运共同体》，《论坚持推动构建人类命运共同体》，中央文献出版社2018年版，第256页。
② 习近平：《共同构建人类命运共同体》，《习近平谈治国理政》第二卷，外文出版社2017年版，第539页。
③ 马克思：《对华贸易》，《马克思恩格斯选集》第一卷，人民出版社2012年版，第843页。

与他的西班牙雇主订约时谨慎地保护自己的权益。作为雇主的国王提供给他五条船,而他必须发现和探测在葡萄牙势力范围以外所有东印度的香料岛。这项工作的报酬是:他和他的伙伴法莱罗可得到总收入的5%以及骑士头衔和宫廷高级官职"①。而问题的关键还在于,所有那些教科书式的西方"标准答案"与"思维定式",又以另外一些价值形态和知识命题方式出现在我们正在深化过程中的"全球化时代",在这个需要全球治理而且需要重建世界公平秩序的人类发展激进时代,他们居然给出两个似是而非的悖论性方案供全球选择:要么是逆全球化的"美国第一"压倒性优势利益方案,要么是极值全球化中"文明冲突论"异己文明最终消亡的丛林法则方案。对于前者,非知识性讨论的一系列美国"退群"事件,以及霸凌主义作风下对几乎所有积极参与全球治理的经济体采取"极限施压"强权政策,由此带来的世界格局变化与人类命运后果,只能是非确定弹性而绝不可能是清晰的发展线性,而这显然与从前的教科书式"标准答案"或"关键词"大相径庭。对于后者,无论亨廷顿式基本判断并由此主张的诸如"文明间的冲突有两种形式。在地区或微观层面上,断层线冲突发生在属于不同文明的邻近国家之间,一个国家中属于不同文明的集团之间,或者想在残骸之上建立起新国家的集团之间,如在苏联和南斯拉夫那样。断层线冲突在伊斯兰和非伊斯兰国家或集团之间特别普遍"②,还是约瑟夫·奈式对"软实力"理论霸权主义有效性与可持续性的功利反思,无非都在将"民主的全球化"努力引向单极霸权可控的"世界秩序",而这两者之间存在着价值本体性的取向分异,因为后者的全球治理后果较大可能

---

① [美]房龙:《发现太平洋》,沉晖译,北京出版社2001年版,第109页。
② [美]塞缪尔·亨廷顿:《文明的冲突与世界秩序的重建》,周琪等译,新华出版社2010年版,第184页。

是安德鲁·赫里尔所描述的"在其他情况下，它立基于美国的经济实力，既有胡萝卜也有大棒。即便是新保守主义分子也都开始接受正当性的重要性，他们努力论证说，美国实力是正当的，因为只有美国才能提供一些公共品，而且它的实力基于广泛共享的社会价值，尤其是自由和民主"①，而且从过去到现在，这样的思维惯性还一直以"冷战"思维姿态对待人类社会结构的本体性转型，甚至还以二战后期大国明暗博弈与战后世界格局形成根源的知识切入方式作为全球化世界秩序重建的重要知识背景。② 正是在诸如此类的思维定式与知识背景下，共同体社会结构形态作为构建"人类命运共同体"的重要义项，对全球化正确价值导向与有效的全球治理合力驱动模式，某种意义上具有决定性和根本性。

包容互鉴价值原则是"人类命运共同体"中国方案或者说创新性知识命题的第三个意义要点。这一要点的行为取向在于，无论从宏观社会静力学视角审视人类命运共同体构成要素的诸如民族、区域、跨国合作组织、人文类型意义上的文明形态，或者不同国家自选道路的意识形态差异方式，还是从宏观社会动力学维度谋划民族文化交往、文明形态民族生存主体性选择、政府间意识形态存异条件下社会价值互尊、全球性建构对世界各国场域对话热情的激发与驱动、着眼未来的可预期整体生存拓殖与非确定性共同应对，如此等等，都是这一价值原则的力点支撑所在。虽然我们现在还无法穷尽原则作为力点的支撑范围，甚至也无法穷尽这种原则性的力点支撑究竟因何可以实现力点支撑，但至少可以从以下四个方面给予

---

① ［英］安德鲁·赫里尔：《全球秩序与全球治理》，林曦译，中国人民大学出版社 2018 年版，第 324 页。
② 参见迈克尔·内伯格《大国博弈下的世界秩序新格局》，宋世锋译，民主与建设出版社 2019 年版，第 253 页。

力学功能呈现：第一，文化多样性对"包容互鉴"的内在维系。虽然人们往往会从自身的现实利益立场单向度地理解文化多样性，而知识界也因内在学理纠缠不乏概念解读的语义边际差异，但作为联合国条约共识层面的价值主张，这一概念大约是人类生存议题最少争议的重要题旨之一。就其作为生产方式指涉而言，多样性存在原则既体现于不同社会层级的描述单元，亦体现于同一生存实体的外部社会延伸，而此议的语境特征，则显然是各民族生存方式个性文明特征或者彼此间的文化生存"同—异"结构关系，由此形成世界文化秩序或者人类各民族文化主体性合法化。对于那些新全球化论者而言，这一多样性事态，往往会以多元整体或者丰富性世界体系构成的非对立主观来看待问题，知识个案可随机举证罗兰·罗伯森"全球场"持论的"作为一个整体的全球场，是一个因各种文明的文化、民族社会、国内和跨国的运动组织、亚社会和族群集团、社会内的半集团（intra-societal quasi-groups）、个人等等的压缩——就这种压缩越来越对它们施加种种制约，同时又赋予它们不同权力这一点而言——而形成的社会文化'系统'"[①]。至少这个个案的逻辑关系很简明，要想全球形成基于全球文化系统的世界秩序，文化多样存在形态与包含互见价值原则必须互为前提或者说互为支撑。第二，文化亲缘性对"包容互见"的历史助推。无论间接亲缘性得以产生的本尼迪克特式的"文化整合"理论分析模式，及其所谓"没有两个文化是雷同的……当从一社会承继一个特质到另一社会时，极其明显的，该特质必将纳入不同的组合，显示出迥异的形式，并承受迥然不同的强调"[②]，还是直接亲缘性现实张力的"文化接触"理论支配

---

① ［美］罗兰·罗伯森：《全球化：社会理论和全球文化》，梁光严译，上海人民出版社2000年版，第88页。
② ［美］E.哈奇：《人与文化的理论》，黄应贵等编译，黑龙江教育出版社1988年版，第77页。

下依西科维奇田野调查结论的所谓"泰族与山地部落的关系,可能完全不同于越南人与山地部落的关系。泰族部落和山地部落之间的接触与越南人相比更加频繁……同层结亲(hypergamy)和嫁妆是所有这些行为中的一部分"①,抑或这两种状况混存不断的中国历史各民族相互融合过程的形态丰富性与事态复杂性,都无不在"濡化""涵化""血缘化""谱系化"甚至"博弈化"中实现亲缘性文化关系建构,而在全球化的全面交往时代,民族之间、区域之间,或者人种之间的文化亲缘性关系建构,无疑比人类历史上全面交往时代以前的任何时候,都对"包容互见"更具有深度和广度的助推功能。第三,文化场域性对"包容互见"的必然诉求。自"形态场理论"扎根知识域以来,自然科学与社会科学都由此获得了极为丰富的知识效果,其中社会知识域对文化空间的认识深化,并衍生出诸如布尔迪厄的"场域理论",哈贝马斯的"公共空间"与"交往行为理论",能穿刺性地抵达实体社会转型升级与虚拟社会诞生成长的建构性后现代人类生存现场,当然我们也就可以突破场域理论原有的社会学所指,从而在宏大能指的符号授权自由中进行当前事态的新所指知识作业。从这个意义脉络出发,此议所谓文化场域性,是指人类生存空间在全球化时代正演变为跨越各层级文明鸿沟的全方位对话或者互约现场,它是一切其他林林总总社会场域隐存其间的人类生存空间场域统辖,所以自此以后,文化场域性既可以具身为任何原有的微观场域存在形态,更可以总结为人类文明涉身者总体性命运攸关的宏观场域存在方式,这意味着文化场域性是人类命运和谐与冲突、博弈或对话的重大本体性特征,而且是建构后现代的今天尤为凸

---

① 卡尔·G.依西科维奇:《老挝境内的邻居们》,转引自[挪威]弗雷德里克·巴斯主编《族群与边界——文化差异下的社会组织》,李丽琴译,商务印书馆2014年版,第127页。

显的特征。由于文化场域性强调"在场",因而也就意味着世界各民族的全球化"准入"与全球性"沉浸",强调"互动"因而也就意味着按规则协商性"对话",或者"应当被理解为或多或少的个体出于特定的意图走到一起,时间可长可短,可以采取更为正式和制度化的形态"①,强调"平等"因而也就意味着"共同体的所有成员,只凭其作为成员的资格,就对共同善享有一种平等的要求权,如果他们所应得的或应付出的有一些差别时,这种差别本身必定是共同善所需要的"②,诸如此类,所以也就决定了"文化场域性"在全球化时代与"包含互见"原则之间的某种价值因素关系。换句话说,文化场域性实现程度,在全球化时代是人类社会各民族之间能否"包容互见"的测值尺度。第四,文化普惠性对"包容互见"的生存诱惑。如果说波德里亚"诱惑就是命运"作为一个纯知识学意义上的生存论社会学命题,那么他所说的"诱惑就是命运所剩下的东西,是赌注、巫术、宿命和眩晕所剩下的东西,是无声效率所剩下的东西"③,就可以在隐去20世纪以来法国学术那样沉恋于细节把玩和显微镜下亚文化粒子的意义放大癖好之外,以一种社会动力学的理解方式作诱惑力价值的社会还原。正是这种还原,对"人类命运共同体"的绝大多数民族历史共同体成员而言,文化普惠性将构成悬置偏见后"包容互见"出场姿态的可诱惑性。譬如,对于所谓"文化经济"超常发展持论者及文化产业民族振兴欲望极为强烈的国家来说,阿伦·斯科特修辞性陈述的"文化经济包括了现代资本主义中迎合消费者娱乐、装饰、自我肯定、社会展示等需要的所有

---

① [英]奈杰尔·拉波特、乔安娜·奥弗林:《社会文化人类学关键词》,鲍雯妍等译,华夏出版社2013年版,第187页。
② [英]伦纳德·霍布豪斯:《社会正义要素》,孔兆政译,吉林人民出版社2006年版,第83页。
③ [法]让·波德里亚:《论诱惑》,张新木译,南京大学出版社2011年版,第276页。

部门。这些部门包含了不同的技巧、样式、媒介、乐趣和服务,它们的产品则是珠宝、香水、服装、电影、音乐和旅游服务"①,就有极大的介入诱惑力,由此会蠢蠢欲动地焦虑于如何以最快速度实现全球文化产业入场,并且能在场域博弈尽可能占优中获取全球文化产业链的恰配分工位置,从而以新的增长方式或者新的增长极,驱动民族经济社会发展和文化生产繁荣。文化普惠性当然远不止这一个叙议维度,维特根斯坦一般价值分析的所谓"使精神显示出来,这是一种巨大的诱惑"②,或者米歇尔·苏盖与马丁·维拉汝斯对他者的智慧保持吸纳和"文化采借"的开放性姿态,以及在这种姿态中所强调的诸如"从局部地区到全世界,为了管理我们共同的生存空间,现实要求我们必须实现统一与多样之间的互动"③,表明从形而上文化价值到形而下文化事态,人们已经越来越意识到文化生存与发展,不仅是意义重大的社会存在价值指向,而且是各民族共同体乃至整个人类共同体面对全球化进程的非逃避性责任担当,所以与某一他者之间的文化互惠,以及基于无数类似互惠所形成的普惠,就是文化普惠性对全球化时代文化共存共享的乌托邦式生存承诺。无论如何,只要这种承诺具有其现实存在的真实性,它就足以构成对全球文化治理中"包容互见"的生存诱惑。

很显然,以上诸方面粗略学理分析,足以揭蔽一个人类生存价值本体论的命题差异性事实,那就是构建"人类命运共同体"作为中国方案或者

---

① [美] 阿伦·斯科特:《文化经济:地理分布与创造性领域》,转引自薛晓源、曹荣湘主编《全球化与文化资本》,曹荣湘译,社会科学文献出版社 2005 年版,第 171 页。
② 路德维希·维特根斯坦:《文化与价值》,涂纪亮译,北京大学出版社 2012 年版,第 13 页。
③ [法] 米歇尔·苏盖、马丁·维拉汝斯:《他者的智慧》,刘娟娟等译,北京大学出版社 2008 年版,第 1 页。

作为中国学术背景的知识命题,其实是在此前"聚焦论"与"集合论"争论不休的状态下具有创新意义的"互约论"。"互约论"不是对"聚焦论"和"集合论"历史知识成果的简单抛弃,而是在有所扬弃的基础上迫于"全球化时代"所带来的全球治理重重阻力与世界秩序重建公平性严重缺席而积极作为的应对措施,而且是正在逐步完善并且逐步被认同的人类命运解困之举。总之,对于新问题、新挑战、新歧途纷纷扰扰的全球化受阻诸多乱象而言,同时对于新技术革命、新生存方式、新社会形态蔚为大观的全球化时代潮流势不可挡的更多人类正能量积聚而言,"互约"或许是较长历史时域内,世界生存与发展格局得以递进和完善的基本行为方式,因为"推进人类各种文明交流交融、互学互鉴,是让世界变得更加美丽、各国人民生活得更加美好的必由之路"[①],而且"经济全球化深入发展,把世界各国利益和命运更加紧密地联系在一起,形成了你中有我、我中有你的利益共同体。很多问题不再局限于一国内部,很多挑战也不再是一国之力所能应对,全球性挑战需要各国通力合作来应对"[②]。

四

对我们当前关注的延伸性问题而言,这种"互约"转移到"民族精神家园"与"人类精神家园"的现实关系和理论关系,因为对后者而言,虽然我们此前在"人类命运共同体"的相关讨论中并未深度延伸至"人类文

---

① 习近平:《推进人类各种文明交流交融、互学互鉴》,《论坚持推动构建人类命运共同体》,中央文献出版社2018年版,第160页。
② 习近平:《弘扬共商共建共享的全球治理理念》,《论坚持推动构建人类命运共同体》,中央文献出版社2018年版,第259页。

化命运共同体"的价值本体,但"人类命运共同体"很大程度上取决于文化构建的生存论姿态和存在论努力,因而也就必然在本体论维度隐存着总体性命运依归的"人类精神家园",其中的因果逻辑关系,对一切有关注兴趣者都几乎显形为某种自明性状态,自明为马克思所讨论过的"从理论领域来说,植物、动物、石头、空气、光等等,一方面作为自然科学的对象,一方面作为艺术的对象,都是人的意识的一部分,是人的精神的无机界,是人必须事先进行的加工以便享用和消化的精神食粮……在实践上,人的普遍性正是表现为这样的普遍性,它把整个自然界——首先作为人的直接的生活资料,其次作为人的生命活动的对象(材料)和工具——变成人的无机的身体"[1],当然也具体地显形为恩格斯所讨论过的"如果说在文明时代的怀抱中科学曾经日益发展,艺术高度繁荣的时期一再出现,那也不过是因为现代的一切积累财富的成就不这样就不可能获得罢了"[2]。总之,引述这些关联性的讨论不过是在表明,在不同的语境和不同的价值维度,民族和人类都因精神家园的生存庇护而得以在与自然对象的永久抗争中命运依偎而不是无奈漂泊。

于是跟进的问题也就接踵而至,那就是在全球化时代,当民族共同体与人类共同体出现边界日趋复杂化而且存在性叠合与生存性迭代日益深化之际,民族精神家园与人类精神家园的文化建构与功能庇护究竟如何能在"求同存异"过程中实现价值同步?因为这个问题如果不能获得较为清晰的解读,就会使现象表层的全球性知识与地方知识之间的异质性矛盾无限

---

[1] 马克思:《1844年经济学哲学手稿》,《马克思恩格斯选集》第一卷,人民出版社2012年版,第55页。
[2] 恩格斯:《家庭、私有制和国家的起源》,《马克思恩格斯选集》第四卷,人民出版社2012年版,第194页。

放大，当然在更深层次就会出现"人类精神家园"与"民族精神家园"个体遭遇的本体性紧张甚至冲突，从特定角度而言，无论刚性危言的"引发文明间全球战争的更为危险的因素，就是各文明之间及其核心国家之间均势的变化"①，还是柔性担忧的"全球涌现"与"奇异吸引子"现象②，都将会集中体现为文明结构关系问题或者文化秩序问题，并且会在传统"聚焦论"与"集合论"的异质性方案中，衍生出"文明替代性全球化"的一厢情愿式极端行动路线，而此议之际的问题绽出形式在于，类似普遍状况会不可避免地具身为同样矛盾关系的文艺生存现实境域与文艺问题揭蔽知识域。而我们意欲"澄明"和"解困"的学理指向恰恰就在于，何以一方面强调"中华文化既坚守本根又不断与时俱进，使中华民族保持了坚定的民族自信和强大的修复能力，培育了共同的情感和价值、共同的理想和精神"③，另一方面又强调"我们社会主义文艺要繁荣发展起来，必须认真学习借鉴世界各国人民创造的优秀文艺。只有坚持洋为中用、开拓创新，做到中西合璧、融会贯通，我国文艺才能更好发展繁荣起来"④，因为这在日常性理解维度，极容易产生两者之间逻辑关系模糊的误读，所以也就需要从总体性高度和本体性深度纳入清晰逻辑关系并给予解困指向的澄明性叙事。

---

① [美]塞缪尔·亨廷顿：《文明的冲突》，周琪等译，新华出版社2013年版，第288页。
② 关于对这两种全球复杂性意义系统的清晰理解，可参见约翰·厄里《全球复杂性》，李冠福译，北京师范大学出版社2009年版，第96—130页。而在类似阅读中，尤其要审慎阅读甚至理性反思诸如"诺贝尔奖获得者约瑟夫·罗特布拉特（Joseph Roblat）主张：我们能够，而且必须培育出这样一种情怀，即忠于'人类'更胜于忠于'国家'。而培育出一种类似于普世主义者对'人类'的忠诚而不是对国民身份的认同之关键是：全世界各个国家的人民在全球化中国新平台上的相互依赖关系的确立"。
③ 习近平：《在文艺工作座谈会上的讲话》，人民出版社2015年版，第5页。
④ 习近平：《在文艺工作座谈会上的讲话》，人民出版社2015年版，第26页。

正是基于这样的现场言说需要，我们才在思维具体或者说具议个案中导入一般意义上的"互约论"，由此而将叙事场景转移至当前关注的"文艺互约"，而且是从价值维度出发，学理性地讨论"民族精神家园"与"人类命运共同体"的文艺价值互约，从而使文艺能在这两种积极构建的时代使命中更有效地价值定位与精神发力。实际上，这两者之间的文艺价值互约，之所以具有存在论的学理合法性与生存论的操作可行性，说到底不过是因为"民族精神家园"作为民族历史坚守与活力在场的内在规定性，与"人类命运共同体"构建过程中的总体性人类命运精神偎依和各民族之间的精神互往，不仅能在同质性认同姿态而且能在异质性凝视状态中获得文化在场和解，而这种和解反过来又会给民族生存和人类命运带来存量精神激活效果及增量精神拓殖效果，这一点无疑是既往所谓线性价值比较论者从来未曾意识到的。也就是说，我们站在民族生存与人类命运共同体之间的文艺价值互约立场，以及不同民族生存者在人类命运共同体框架内的文艺价值互约高度，是"聚焦论"与"集合论"价值向度所无法统辖的文艺边界内精神发生事态，当然也就不可能是同一文化事态中作为文艺形态的意义生成过程，尽管它们在另外的维度、另外的界面或者另外的形态中，同样不能排除其精神建构与价值拓殖的文化意义生成可能性甚至必然性。而在递进的叙事角度，之所以"文艺价值互约"较之更为宽泛的"文化价值互约"更具语用指向性，除了此议的目的在于讨论习近平《在文艺工作座谈会上的讲话》的创新点之外，还因为文艺本体复合意义生成与复杂意义状态决定了这种互约性讨论更具举证随机条件，当然更因为文艺存在价值几乎在任何文化背景下，都更加集中地体现为对人类命运和民族生存的文化关怀与精神寄托①，更加集中地体现为与民族和人类的双重面对中自为于"艺术把它的每一个形象都化成千眼的阿顾斯，通过这千眼，内在的灵魂和心灵性在形象的每一点上都可以看得出来"②，更加集中地体现为文艺使命的"它是每一诗之事业和进程的自我实现之所在，精神的辅相，精神借此在自身和他者中再创造"③。由此我们所获得的逻辑线索就是，在文艺的精神本体存在属性前置条件下，实际上既可以基于同质性亦可以基于异质性地对其予以价值审视，审视其与民族个体性的基本价值关系，与人类总体性的基本价值关系，以及同步状态地与民族和人类叠合性的基本价值关系。而就这三种基本价值关系的既有知识域状况来说，那些静态结构定位的种种价值关系命题都存在诸多难以逻辑周延的缺陷④，于是我们也就更有另辟蹊径的知识信心，试图以"互约论"来具体解读所述关系尤其是第三种关系，以求某种以文艺精神建构为事态对象的学理和解，从而在知识创新意义上，精准把握《在文艺工作座谈会上的讲话》对人们有所存疑的矛盾表象予以本体性文艺价值互约的有效解困，从而在全球化时代实现民族生存个体性和人类命运总体性的双重精神支撑，如同建构性后现代论者提出的"作为后现代精神基础的四个原则：（1）精神能量的首要性；（2）具体化的精神；（3）作为精神的外化自然；（4）作为自然

---

① "我们现在把这个原则应用于人，先应用在人的精神生活方面，以及精神生活为对象的艺术，戏剧音乐，小说，戏剧，史诗和一般的文学。"[法]丹纳：《艺术哲学》，傅雷译，人民文学出版社1963年版，第350页。
② 黑格尔：《美学》第一卷，朱光潜译，商务印书馆1979年版，第198页。
③ [德]荷尔德林：《论诗之精神的行进方式》，戴晖译，转引自《荷尔德林文集》，商务印书馆1999年版，第222页。
④ 譬如，习惯性陈述的诸如"愈是民族的就愈是世界的"文艺存在论命题，就多多少少隐存着这样的非逻辑周延性命题陈述缺陷。

精神的人类扩展的社会"①，双重精神支撑的文艺价值互约，同样可以被视为这个时代具有特定文艺问题知识突进意义的中国解困方案。

恰恰由这一知识定位基点出发，接下来我们将具体展开所议文艺价值互约的学理讨论，并择要义项编序：其一，"脚踩大地"与"眼望天空"文艺价值互约；其二，"历史传承"与"面向未来"文艺价值互约；其三，"审美习俗"与"普遍传达"文艺价值互约。

"脚踩大地"与"眼望天空"的文艺价值互约，其象征叙事的意义取向在于，民族绝非"想象的共同体"，而乃血脉相拥的族群及他们垒筑空间飞越时间的生存家园，是精神生存与物质生存并存并重的坚毅身躯与坚实庇护所。这个大地不是一个英雄安泰的力量源泉，而是所有民族生存个体获取个性生存主体性直至族性生存主体性的恒在根基，此时或可间接征用海德格尔所说的"'之中[in]'源自 innan —，居住、habitare、逗留。'any'[于]意味着：我已住下，我熟悉、我习惯、我照料；它有 colo 的含义；habito[我居住]和 diligo[我照料]。我们把这种含义上的'在之中'所属的存在者标识为我自己向来所是的那个存在者"②，或者在日常社会层面直接引用赫尔德持论的"一个民族越是粗犷，这就是说，它越是活泼，就越富于创作的自由……这些唤醒心灵的人们，就必须创作得越具体，他们要抵得住时间的力量和时代的变化"③。总之无论从形而上还是从形而下价值定位出发，具有族性规定性的个体身份作家、艺术家，不仅自

---

① 乔·霍兰德：《后现代精神和社会观》，转引自大卫·雷·格里芬编《后现代精神》，王成兵译，中央编译出版社 2011 年版，第 82 页。
② 海德格尔：《存在与时间》，陈嘉映等译，生活·读书·新知三联书店 1987 年版，第 67 页。
③ 赫尔德：《论鄂西安和古代民族歌谣》，商承祖摘译，转引自伍蠡甫主编《西方文论选》（上卷），上海译文出版社 1979 年版，第 440 页。

身就是民族生存历史的具体产物,并且反过来又成为民族史进程的参与者甚至建构者,而且其文艺作品只能源于这一民族生存的精神血脉,并且反过来又为血脉流注的民族生存延伸虔敬地奉献,由此也就必须真实地立足于民族生存史构筑起的坚实大地,并因这种立足而确立其个体"此在"并且"能在"的唯一可能性。尽管人们很容易用典型个案举证古希腊文艺繁荣与民族生存的特殊价值关系,譬如,歌德认为"我们都惊赞古希腊的悲剧,不过用正确的观点来看,我们更应惊赞的是使它可能产生的那个时代和那个民族"①,温克尔曼甚至不乏极端地认为"大自然在希腊创造了更完善的人种,用波里比阿斯的话来说,希腊人意识到了他们在这一方面和总的方面优于其他民族的"②,但这一长达数百年的流行表达方式,即使其对象判断堪称存在性嵌位,也依然历史悠久地遮蔽了一个更加普遍的世界各民族生存事实及隐存其中的特定生存个体,他们在生存过程中所享有并且实存的精神家园建构的文艺权利及其基本文艺价值关系,与文化繁荣的古希腊人的功能嵌位具有价值一致性,因为他们有自身赖以站立的大地的同时,也以自己的方式在这个大地上实施其精神家园建构。然而在"地理大发现时代"那些殖民者的轻视中,不过是毫无审美意义可言的本能态"原始文化形式",并且"从这些证据中,我们就可以看出艺术的同样原始形式,是和各地带各民族间的同样原始生产方式相对应"③,由此而使"发达民族"那些"亚文化"属性文艺垃圾,也比"落后民族"文化生存挣扎和努力的精神符号更具文艺精神建构性或文艺价值本体性,这显然在价值论维度既外在悖谬于事实,亦内在悖谬于真相。这一悖谬在全球化时代的更

---

① 爱克曼辑录:《歌德谈话录》,朱光潜译,人民文学出版社1978年版,第141页。
② 温克尔曼:《希腊人的艺术》,邵大箴译,广西师范大学出版社2001年版,第108页。
③ [德]格罗塞:《艺术的起源》,蔡慕晖译,商务印书馆1984年版,第31页。

加凸显之处在于，信息扁平、技术扁平直至生存内容和生存方式扁平的建构性后现代社会后果，使得原本踩着大地而且凝视大地的个体性抑或整体性民族生存主体，不仅在交往和外向延展中持续地感受和体验"他者的目光""他者的经验"，以及"他者的智慧"，而且在这样的感受和体验中开拓文化胸襟并且睁大惊奇的双眼，进而站在民族此时所能达到的智慧高度，最大限度地努力触摸、探视和张望人类总体性高度所能达到的想象力天空。这种隐喻叙事的想象力天空，代表着人类向往幸福并且实现自我救赎的文化生存价值指向，甚至极大程度上不过是意识到的未来指向、经验到的可能取向或者想象到的努力方向，是一切必然性有条件征服和无条件超越后人类能够而且必须获得文化自由与命运解放。无论特定民族处在何种生存境遇与想象力位置，或者能否以自身特有的精神方式去努力实现让天空震撼大地的"这是人类以往从来没有经历过的一次最伟大的、进步的变革，是一个需要巨人并且产生了巨人的时代，那是一些在思维能力、激情和性格方面，在多才多艺和学识渊博方面的巨人"[①]，毋须存异的是，都决不会长期沉沦于"末世论"形而上学所作茧自缚的"这时人的自由的作用在弱化，能够体验到被上帝遗弃的感觉"[②]，甚至丹托式末世情绪下所担忧的"艺术会有未来，只是我们的艺术没有未来。我们的艺术是已经衰老的生命形式"[③]，也不会成为那些民族的普遍文艺观念和一般意识形式，因为它们会像任何其他民族一样在"艺术地把握世界方式"中，以人类命运为价值坐标"等待意外"，及其可以无限隐喻叙事的"这些抛物天线就连

---

① 恩格斯：《自然辩证法》，《马克思恩格斯选集》第三卷，人民出版社2012年版，第866页。
② [俄]别尔嘉耶夫：《末世论形而上学》，张百春译，中国城市出版社2003年版，第220页。
③ [美]阿瑟·丹托：《艺术的终结》，欧阳英译，江苏人民出版社2001年版，第97页。

接在传输'世界视角'的巡航卫星上"①。如果我们此时进行共时性截面，就会发现每个民族都在"眼望天空"的自由姿态中努力捕获文艺所能捕获的生存理想，情形仿佛古老的《奥义书》中所终极性指涉的诸如"应该崇拜歌唱为这个发热者。它升起，为众生歌唱。它升起，驱除黑暗和恐惧"②。正因为如此，所谓"天是世界的天，地是中国的地，只有眼睛向着人类最先进的方面注目，同时真诚直面当下中国人的生存现实，我们才能为人类提供中国经验，我们的文艺才能为世界贡献特殊的声响和色彩"③，就是对这种互约关系的必要性及其文艺价值互约驱动力的简明陈述形式。

"传承历史"与"面向未来"的文艺价值互约，不能仅仅从时间线性的理解维度来给予时域对应的事态把握，而是更应基于文艺价值时间生成关联性来深刻理解文艺生存的时间价值形态，即一方面要在今天的文艺中意识到并且体现出"中华优秀传统文化中很多思想理念和道德规范，不论过去还是现在，都有其永不褪色的价值。我们要结合新的时代条件传承和弘扬中华优秀传统文化，传承和弘扬中华美学精神"④，另一方面则要在今天的文艺中意识到并且体现出"传承中华文化，绝不是简单复古，也不是盲目排外，而是古为今用、洋为中用、辩证取舍、推陈出新，摒弃消极因素，继承积极思想，'以古人之规矩，开自己之生面'，实现中华文化的创造性转化和创新性发展"⑤，而这在那些专业文艺理论家的言说习惯里，则是白话文教科书的诸如"继承与革新是辩证的统一。继承是革新的基础和

---

① ［法］保罗·维利里奥：《无边的艺术》，张新木等译，南京大学出版社 2014 年版，第 21 页。
② 《奥义书》，黄宝生译，商务印书馆 2010 年版，第 128—129 页。
③ 习近平：《坚持以人民为中心的创作导向》，《习近平谈治国理政》第二卷，外文出版社 2017 年版，第 320 页。
④ 习近平：《在文艺工作座谈会上的讲话》，人民出版社 2015 年版，第 26 页。
⑤ 习近平：《在文艺工作座谈会上的讲话》，人民出版社 2015 年版，第 26 页。

前提，革新是继承的目的和要求"①，或是古文教科书的所谓："名理有常，体必资于故实；通变无方，数必酌于新声；故能骋无穷之路，饮不竭之源。然绠短者衔渴，足疲者辍途，非文理之数尽，乃通变之术疏耳。"②但问题的引申及这种引申在《在文艺工作座谈会上的讲话》文本中创新性命题隐存，则在于文本中诸多关联叙事，已经超越该议题传统知识框架内的意义蕴涵，并且在所指移位中重点倾斜于传承历史的"传统"文艺价值选择和面对未来的"创新"文艺价值延展，而这种倾斜不仅同步发生在民族精神家园的文艺建构与人类命运共同体的文艺建构的社会叠合与意义互维的全球化时代背景下，而且极其复杂地显示出特定民族生存现场对其意欲文艺价值选择的"传统"呈现出逆向时间线性的"多样化"随机"互往"，以及人类命运共同体文艺构建过程中由此递进出的顺向时间矢量"创新"靶向可能性的"与境性"持续"互商"，于前者就会有事态体验的"最陶醉的是各国各民族人民创造的文明成果"③，于后者则是包括文艺在内整个构建所共同面对的"宇宙只有一个地球，人类共有一个家园"④。很显然，超越后的聚焦处同时也是难点就在于，所有这一切都将面临逆向时间线性与顺向时间矢量两个向度的文艺价值互约，而且是以"文化多样性"作为互约价值原则，在既分存又互维的两种事态界面同步嵌位，甚至在互约过程中文艺价值同质性兼容与异质性博弈，还将衍生出无数非预期格局的千变万化。所有这一切，对民族精神家园的文艺建构抑或对人类命运共同体

---

① 童庆炳编：《文学概论》，武汉大学出版社1989年版，第409页。
② 刘勰：《文心雕龙·通变》，转引自祖保泉《文心雕龙解说》，安徽教育出版社1993年版，第573页。
③ 习近平：《在文艺工作座谈会上的讲话》，人民出版社2015年版，第3页。
④ 习近平：《共同构建人类命运共同体》，《习近平谈治国理政》第二卷，外文出版社2017年版，第538页。

的文艺建构，必然既是价值互约的大好机遇，亦将构成价值互约的严峻挑战。而"传承历史"与"面向未来"的此在情境复杂性在于，历史分存作为需要传承的民族精神记忆，因其分存所以一定显现为异质性远远大于同质性。这一总体性逆向意义回溯事态，不仅体现于相异文艺母题，而且也体现于类同文艺母题，而在全球化时代的跨民族历史窥望及这种张望之后的传承中，"他者智慧"会成为特定民族自身精神意识传承史的"可参照传统"与"可传承历史"，于是"窥望"和"传承"就在"赫尔德预言"已然兑现的今天，衍生出"视角""姿态""要素""合法性"及"取向与指向"等一系列不可回避的现实问题。譬如，各民族创世神话中源建构意义的时间观念，既有能相互识别的同质性亦有彼此难以理解沟通的异质性，《奥义书》的"他说：'将我从死亡带往永生！'……任何人知道娑摩是这样，他就不会担心失去世界"①，其所创建的乃"循环时间"才可实现的"永生"时间崇拜，直接影响到此后佛教"轮回""涅槃"等诸多时间矛盾解决方案，进而在更大的影响范围成为诸多民族的时间价值传统与时间观念历史，但在希腊创世神话中，从一开始就在"暂时"恐惧中将时间创建为"线性时间"，所以直至基督教教义也依然将创世与末世处置为时间对立结构关系，并同样在广大的影响范围产生与此密不可分的时间意识与时间价值关联效应。由此足以说明，全球化时代拥有地方知识传统载荷的任何民族，在其文艺的精神家园建构中所面对的"历史记忆"，是一个既有"他者智慧"历史性融入亦有价值异质性历史选择的传承过程，这个过程显然不是单一民族边界内线性发生的历史传承事态，所以说是"严峻挑战"。与此同时，未来的共时性构想与共向性价值预设，对世界各民族而

---

① 《奥义书》，黄宝生译，商务印书馆2010年版，第26页。

言，无论立足于自身所能意识到的民族精神建构，还是立足于所能意识到的人类命运共同体文明垒筑，这一总体性顺向义项事态，将不仅要求"文艺的民族"或者"民族的文艺"展现出具有未来时间价值的文艺想象力，而且要求各个民族的文艺能够基于"人类的命运"或者"命运的人类"，展现出具有存在解困的文艺理想世界。这实际上也就意味着，我们所处时代的民族文艺，必然是与其他民族文艺一道面向可预见未来、不可预见未来和终极未来寻求人类理想存在价值的精神意识方式，必然会融入人类精神未来与价值走向的"文艺的共同体"或者"共同体的文艺"。对那些全球化理论专业叙事者而言，则其中必然隐存着"在地全球化"与"全球在地化"的文化生存指涉，亦如中国方案所强调的"通过文化交流，沟通心灵，开阔眼界，增进共识，让人们在持续的以文化人中提升素养，让文化为人类进步助力"①。总之，如果对事态的复杂性给予义项梳理，"传承历史"与"面向未来"的文艺价值互约，实际上可以切分出三个维度的互约所指，那就是民族之间对他者智慧中认同性价值传统的传承选择互约，民族自身在其精神家园建构中对逆向性传统与顺向性未来之间的精神链接线性互约，以及各民族汇集而成的人类命运共同体对未来价值指向的总体性

---

① 习近平：《在联合国教科文组织总部的演讲》，《论坚持推动构建人类命运共同体》，中央文献出版社 2018 年版，第 82 页。

精神预期互约。①

"审美习俗"与"普遍传达"的文艺价值互约，其本体叙事较之前述两种叙事，虽然具有所议的事态关联性及其所议因果结构一致性，但是更具身于文艺审美及其所支撑的价值形态，如何在全球化时代实现双重精神家园建构的价值目标。如果说这种追问存在何种知识特性的话，那就在于它更是一种文艺本体追问，因而能够促使其所获取的任何知识后果，都将成为所议议题的直接知识点及其问题靶向穿越，虽然这绝不意味着间接知识点及其问题界面的泛存性解困由此可以价值弱化或减量。文艺作为审美的精神建构，无论对于民族还是对于人类，无论对于个体还是对于整体，无论对于外在观照还是对于内在经验，都是不可替代的精神价值形成或者说以审美为中介的价值实现方式，所以康德强调"美的艺术需要想象力，悟性，精神和鉴赏力"②，而黑格尔也极其看重"艺术美是由心灵产生和再生的美，心灵和它的产品比自然和它的现象高多少，艺术美也就比自然美高多少"③。但是当这一价值延展至价值关系事态的民族精神家园与文明总体性的人类命运共同体，就会由此衍生出如何实现价值关系统一和价值关

---

① "中国方案"在这一议题中价值互约自身诉求，既一般性地呈现为"中国人民在实现中国梦的进程中，将按照时代的新进步，推动中华文明创造性转化和创新性发展，激活其生命力，把跨越时空、超越国度、富有永恒魅力，具有当代价值的文化精神弘扬起来，让收藏在博物馆里的文物、陈列在广阔大地上的遗产、书写在古籍里的文字都活起来，让中华文明同世界各国人民创造的丰富多彩的文明一道，为人类提供正确的精神指引和强大的精神动力"，当然，具体地性呈现为文艺价值互约的"人类文艺发展史表明，急功近利，竭泽而渔，粗制滥造，不仅是对文艺的一种伤害，也是对社会精神生活的一种伤害"。(习近平：《在文艺工作座谈会上的讲话》，人民出版社 2015 年版，第 9 页）或者"当今世界是开放的世界，艺术也要在国际市场上竞争，没有竞争就没有生命力"。(习近平：《在文艺工作座谈会上的讲话》，人民出版社 2015 年版，第 27 页）
② ［德］康德：《判断力批判》（上卷），宗白华译，商务印书馆 1964 年版，第 166 页。
③ 黑格尔：《美学》（第一卷），朱光潜译，商务印书馆 1981 年版，第 4 页。

系均衡的问题,而这一问题在文艺美学知识域的单向审美价值聚焦与双向审美价值互约,就成为全球化时代文艺价值互约审美之维的事态澄明核心所在。就民族精神家园的审美建构而言,不同民族的精神意识史必然存在于文艺演化和发展进程中,当然也就一定会在文艺经验或者审美直觉等文艺生存形态和生活方式中,理性积淀抑或直觉生成出与整个民族精神家园存在规定性相一致的审美习俗,并且在其文艺创造和文艺接受的全部文艺生存界面,得到最集中同时也最意义化的体现,所以瑞士学者H.沃尔夫林几乎在对每种类型的艺术进行风格分析时,都要专门讨论"历史的特征和民族的特征",譬如,专门讨论"在16世纪,意大利处在真正意义上的'纯'线条的高级阶段(hauteécole),而在线条的(图纯的)瓦解中,意大利巴洛克风格从来没有达到北方那样的程度。对意大利人的塑形感来说,线条或多或少总是每一种艺术形式借以显现的要素"①。在这一议题的世界知识状况格局中,几乎各民族都已形成自身的命题知识谱系及其同质与异质异存的各自知识倾向,而在这些命题之间,又都可以捕捉到某种观念共性,那就是民族精神家园构成要素中的审美意识及其基于历史定势衍生出的审美习俗,甚至其内在驱动和审美张力,不仅可以表述为恩格斯所说的"思想、观念、意识的生产最初是直接与人们的物质活动,与人们的物质交往,与现实生活的语言交织在一起。人们的想象、思维、精神交往在这里还是人们物质行动的直接产物。表现在某一民族的政治、法律、道德、宗教、形而上学等的语言中的精神生产也是这样"②,而且还可以表述为伏尔泰所说的"希腊人好像生来就有比其他民族更利于从事艺术的感

---

① [瑞士] H.沃尔夫林:《艺术风格学》,潘耀昌译,辽宁出版社1987年版,第42页。
② 马克思、恩格斯:《德意志意识形态》,《马克思恩格斯选集》第一卷,人民出版社2012年版,第151页。

官,虽然他们在奥吉杰斯时代还是个蛮族。他们有一种天生的、一种无以名状的更细腻、更敏锐的气质"①。于是迫使人们给予正面回答的跟进问题就是,这些对民族文化乃至民族生存带来审美精神守护或者审美习俗滋养的文艺,或者反过来说在民族文艺发展进程中逐渐形成的审美习俗,能不能够抑或何以能够获得其他民族的审美价值认同,乃至这种认同之后的可接受性抑或可分享性,否则我们就难以在人类命运共同体的精神生活现场,互约异域民族能够肯定姿态的价值确证"中华美学讲求托物言志、寓理于情,讲求言简意赅、凝练节制,讲求形神兼备、意境深远,强调知、情、意、行相统一"②,当然也就难以实现我们自身价值确证后果的"现代以来,我国文艺和世界文艺的交流互鉴就一直在进行着。白话文、芭蕾舞、管弦乐、油画、电影、话剧、现代小说、现代诗歌等都是借鉴国外又进行民族创造的成果"③,而一旦诸如此类价值确证事态的文艺审美互约缺失,就一定会出现负面后果而且审美自闭的"一个民族的戏剧、绘画、音乐,如果仅仅自己爱好,而为其他文明民族所排斥,那它就永远不应对自己天生的鉴赏力自鸣得意"④。但是形而上学知识域康德关于"审美普遍可传达"命题及"鉴赏二律悖反"解困方案的"在共通感觉这一名词之下人们必须理解为一个共同的感觉的理念,这就是一种评判机能的理念,这评判机能在它的反思里顾到每个别人在思想里先验地表现样式,以便把他的判断似乎紧密地靠拢着全人类理性"⑤,实际上在本体论层面打通了人类社

---

① 伏尔泰:《风俗论》(上册),梁守锵译,商务印书馆1997年版,第108页。
② 习近平:《在文艺工作座谈会上的讲话》,人民出版社2015年版,第26页。
③ 习近平:《在文艺工作座谈会上的讲话》,人民出版社2015年版,第26页。
④ 伏尔泰:《风俗论》(中册),梁守锵译,商务印书馆1997年版,第515页。
⑤ [德]康德:《判断力批判》(上卷),宗白华译,商务印书馆1964年版,第137页。

会各民族之间审美价值互约的知识通道，而这种纯粹理性范畴的知识通道的可能性与现实性，不仅被各民族文艺交流交往与影响传播的无数活生生案例充分实证，而且还被一系列常规科学知识域的大量关联性实践理性知识充分解释。前者如跨文化文艺审美经验认同后果的"印象主义的历史并不会不只是法国一枝独秀。正如美国艺术评论家诺玛·布罗德在其主编的《国际印象派运动：1860年至1920年》一书中所展示的那样，印象主义是欧洲的，更是全球的。印象主义发端，其先决条件和环境并不只有法国而已，而且，要不是类似的风潮已经在别处出现，其在国际上的迅速传播也就解释不通了"①，后者如跨学科文艺审美价值互约后果社会学陈述方式的"全球化理论同样引起了艺术诠释方式理论或消费方式理论的思考，集中在对全球产品的接受，以及无数个体如何将文化产品糅合成一种独特的方式。它引用后现代的思考方式来看待幻象和景观。其他的研究则更积极，希望通过某种方法衡量艺术品的全球流通"②。这类举证对"充分实证"与"充分解释"所涉对象的事态关联，不过在于强调康德"普遍传达"命题对审美价值互约的有效性，进而也就可以延伸至所拟"审美习俗"与"普遍传达"可转换关联关系对文艺价值互约的本体性审美支撑。唯有这种支撑，我们才能站在中华民族精神家园时代建构的使命位置，与世界共同着命运地价值远眺到"在欧洲文艺复兴运动中，但丁、彼特拉克、薄伽丘、达·芬奇、拉斐尔、米开朗琪罗、蒙田、塞万提斯、莎士比亚等文艺巨

---

① [德]英戈·沃尔特：《印象主义艺术（1860—1920）》，王绍祥等译，北京美术摄影出版社2018年版，第16页。
② [英]维多利亚·D.亚历山大：《艺术社会学》，章浩等译，江苏美术出版社2013年版，第191页。

人，发出了新时代的啼声、开启了人们的心灵"①，而且恰恰因为这种民族精神视野高度开放的价值远眺，将使得中国文艺的今天和明天，更有希望为构建人类命运共同体提供源自中华民族精神创造的驱动伟力。

五

高科技突飞猛进正在本体性地改变人类社会栖居方式，高度交往的世界格局正在全球化过程中改变各个民族文明的存在地位与存在关系，高速发展的中国正在中华民族伟大复兴的生存之变中全方位地从边缘走向中心，但是，面对百年未有之大变局，面对可以预期乃至未可预期的各种机遇与挑战，人类命运的缰绳此刻就紧握在世界各国人民的手中。人类未来命运的走向，还需要"聚焦论"的进一步深化，还需要"集合论"的进一步延展，但更需要"互约论"的进一步弘扬。民族生存与人类生存任何时候须臾不可断裂和悖离，全球治理格局由垂直结构向扁平结构社会转型，正成为霸凌主义和单边主义无法阻挡的天下大势，于是不同文明形态或不同民族将在全球形态场的每一个方位包容互鉴，平等对话，共商当前利益与未来理想世界大计。这种全新的文明格局，既迫切要求各民族在自身发展过程中，民族精神主体性强大建构，更迫切要求立足于民族精神主体间性之上的人类总体性与整体性全面互约。互约的议题千千万万，互约的形式万万千千，文艺价值互约说到底不过是千千万万与万万千千中的特定议题与特定方式，却是其他议题和其他方式无法替代之所在。基于此，崛起的中国，复兴中的中华民族，必然因其"中国方案"的使命担当，在民族

---

① 习近平：《在文艺工作座谈会上的讲话》，人民出版社2015年版，第5页。

精神建构、时代精神建构和人类命运共同体的精神建构中，实现文艺的精神意识形式最大限度的价值互约，从而为民族与人类的未来理想提供源源不断的精神驱动能量和赖以存在的精神家园。正因为如此，民族精神家园与人类命运共同体的文艺价值互约，是我们这个时代敏锐感触到的文艺学创新知识点与必须面对的文艺实践使命担当。

（原载《文艺论坛》2020年第1期）

文明通鉴与普惠文明：人类命运共同体的文明路径

刘洪一

文学是人类的伴侣、文明的精华，她能超越种族、信仰、文化，将人类的精神世界联通在一起。从文学比较走向文明通鉴，从文明通鉴、思想通约走向普惠文明，在当前人类应对超级智能隐忧、生态危机、单边主义、贫富差距、物奴现象、后物质主义和异化不确定等各种挑战时，比较文学应能超越文学文本的规限，聚焦人类困境，集合人类智慧，在人类命运共同体的文明演进中肩负起更伟大的使命。

一、文明通鉴：十字路口上的必然选择

纵观人类文明史，可以发现其中隐含着若干重大的历史节点。日本史学家宫崎正胜在八千年人类文明历史中极简化地归结出六大转折：文明的起源（四大古国）、文明的形成（轴心时代）、文明的融合（欧亚交流）、文明的探索（大航海）、文明的进击（工业革命）、文明的延伸（信息革

命）。① 对于我们今天所处的时代，与其说是处于文明的转折点，不如说是处于人类文明发展的"关键点"——之所以用"关键点"而不用"转折点"，是因为实在不能确定人类社会将会往哪里转？怎么转？抑或转不转？即使不转，又会以怎样的方式、怎样加速的冲力，发生怎样不确定的状况。

但可以确定的是，人类从未像今天这样面临着史无前例的挑战，人类命运从未像今天这样紧密地连接在一起，人类文明的车轮从未像今天这样来到了一个极端重要的十字路口。一方面物质和精神成果的累积给人类带来了从未有过的丰裕供养，另一方面文明自身的发展遇到了巨大的问题，日益凸显出严重的"文明病"症状：超级智能隐忧、基因技术隐患、生态危机、地缘政治与单边主义、文明割裂、思想隔绝、逻辑变异、秩序丧失、物奴现象与后物质主义并存，以及人性的退化、心智的弱化，等等。物奴现象在今天不仅体现为人的拜金主义、拜物教，也包括手机控、人工智能控等，而随着人工智能、基因技术、生物技术、大数据技术等的突飞猛进，随着万物感知、万物互联、万物智能时代的到来，人越来越附庸化、符号化、条码化，人的主体性、能动性、人文性被快速剥夺、挤压，加之不同文明思想的割裂和极端化，人类未来是走向正面乌托邦还是走向反乌托邦，抑或是在正反两界困顿中踟蹰前行，都亟须以人类命运共同体的理念做出整体性思考。

一百多年以来，世界各地的文学家就一直在思考这一重大问题。1921年捷克作家恰佩克出版了著名的文学作品《罗素姆的万能机器人》。那个时候机器人还没有成为现实，只是在文学世界成为一个预言。此外，恰佩

---

① 参见［日］宫崎正胜《人类文明史》，顾晓琳译，海南出版社2018年版。

克的《鲵鱼之乱》(1936)、扎米亚京的《我们》(1921)、赫胥黎的《美丽新世界》(1931)等,这些被称为"反乌托邦文学"的作品,实际上都是在透视文明的变异、文明的转型问题,作品立足现时、远眺未来,体现出作者对世界、对人类前行前景的关注,显现出现代先知书与启示录的叙事特质。

对于世界和人类的整体性思考,中外思想史上源远流长。中国古代最有代表性的哲学理念当以道家之"道"、儒家之"仁"为代表。《道德经》有云:"有物混成,先天地生。寂兮寥兮,独立而不改,周行而不殆。可以为天下母,吾不知其名。字之曰道,强为之名曰大。"《道德经》把"道"和"大道"作为万物之肇始的"天下母",并以"人法地,地法天,天法道,道法自然"之逻辑,演绎呈现了"天人合一"的思想。与道家学说多关注天地自然及其与人的形上关系有所不同,儒家思想更多关注人自身及人与人的关系,以"仁"为核心,仁、义、礼、智、信、恕、忠、孝、悌等系列思想理念都深刻地包含了"仁爱""和合""天下一家"的思想内核。《论语·颜渊》所言"己所不欲,勿施于人"成为中国人倡导的道德底线;孟子"老吾老,以及人之老;幼吾幼,以及人之幼"的思想,给出了人相处的理想方式;《礼记·礼运》所谓"大道之行也,天下为公",蕴含了对道家、儒家思想的融合要求,不仅建构出家国天下的整体性思维图式,更是试图揭示人类社会应有的普遍规则。

在希伯来犹太—基督教传统中,《创世记》的第一句话是"起初,上帝创造天地"。这里要特别强调的是,《圣经》的原文是用"巴拉"(bara)这个词来表述"创造"的,这个词不是一般的天地创造,而是包括了人类和人类灵性的创造①，用我们今天的话讲，不仅包括了硬件的创造，也包括了软件系统的设计和创造。犹太—基督教思想体系具有突出的神学特点，故其对世界和人类的整体性思考是建立在它的一神论思想之上的。希腊哲学从一开始就表现出对世界整体性思考的浓厚兴趣，特别表现在它对世界本原问题的关注，如泰勒斯（Thales）认为水是万物本原，赫拉克利特（Heraclitus）则认为火是万物的本原，德谟克利特（Demokritos）从物质结构的角度提出万物的本原是原子和虚空，毕达哥拉斯（Pythagoras）把万物的本原归为数，认为数的数量与形状决定了一切自然物体的构成和形式。这些先哲无不凭借整体性思维，以具象的物质或抽象的概念来把捉世界本原问题上的整一性特征。

在现时代人类文明的十字路口，面对百年未遇之大变局，中国政府提出了人类命运共同体的发展理念。2011年《中国的和平发展》提出：不同制度、不同类型、不同发展阶段的国家相互依存、利益交融，形成"你中有我，我中有你"的命运共同体；2012年中共十八大报告正式提出"人类命运共同体"理念；2013年3月习近平在莫斯科国际关系学院发表演讲指出"人类生活在同一个地球村里，生活在历史与现实交汇的同一个时空里，越来越成为你中有我、我中有你的命运共同体"；2015年9月在联合国成立70周年系列峰会上习近平全面论述人类命运共同体的主要内涵；2016年9月习近平在B20峰会开幕式上呼吁国际社会树立人类命运共同体意识，以全球伙伴关系应对挑战；2017年1月习近平在联合国日内瓦总部万国宫发表主旨演讲，阐释为什么、什么样、怎么做的中国方

---

① 参见［美］沃顿《古希伯来文明：起源和发展》，李丽书译，华东师范大学出版社2017年版，第183页。

案。人类命运共同体理念得到国际社会的高度认可,先后载入第55届联合国大会决议、安理会决议、联合国人权理事会决议。当然,作为一种整体性思维,人类命运共同体的理念并不是无源之水、无根之木。这个源头活水包括马克思的"自由人联合体"的思想,包括中华优秀文化传统中的"道""和合""大同"思想,也包括世界各地的优秀文化要素。

文明通鉴是人类命运共同体的内在要求和实现方式,文明之病需要文明之药,文明之药只能在文明通鉴中淬炼提取。通鉴者,有其特定内涵:《周易·系辞传》曰"往来不穷谓之通",故"通"不是一般简单的比较;鉴,即盛水器,盛水以为镜。文明通鉴是指以文明整体观为认知框架,对不同的文明体系、文明阶段、文明形态和文明思想等要素进行贯通参照,求同存异,集合优质要素,从而构建一种普惠文明的新体系。

文明通鉴有特定的理论要求和内涵。一是文明整体观,即要对不同文明要素实现全方位的贯通和镜鉴,这些要素包括不同文明体系、不同文明阶段、不同文明形态、不同文明价值;二是科际整合与贯通参照的方法论,即强调突破学科边界,综合各学科的理论积累——包括不同学科、流派、方法、理论体系,进行全方位、无界限的贯通比照;三是求同存异的通鉴策略,即充分尊重不同文明的差异化传统;四是集合优质要素的实现路径,即以文化互化、文化采借、文化融合等方式,集合融会异质文明的优质要素;五是构建普惠文明的通鉴目标,这也是文明通鉴的根本宗旨与目标。

二、普惠文明:人类命运共同体的目标路向

普惠文明(universally beneficial civilization)的理想是在尊重文明差异

化的前提下，努力消融不同文明间的精神藩篱和相互抵牾，调适不同文明间的界分差异，寻求最大文明公约数，构建全人类共通共享共惠的文明新体系，这也是人类命运共同体的基本路向和目标。

普惠文明的认知基础建立在对世界差异化本质的判断上。人类前行中的分化不仅是几千年文明发展的客观史实，亦在哲学认知上存有必然。对于世界差异化的本质属性，东西方哲学均有不同方式的表述。古希腊哲学毕达哥拉斯学派认为："万物的本原是一。从一产生出二，二是从属于一的不定的质料，一则是原因。从完满的一与不定的二中产生出各种数目。"① 这里是从数的角度解说从本原的一到变化的二、再到多样化的各种数目的必然逻辑；古希腊哲学还试图从水、火、气、土"四根说"来归纳世界构成的多样化原理。中国古代哲学则试图用金、木、水、火、土的"五行说"来解释世界从一到多的构成逻辑。《两界书》表达了万物以界为本的"界本论"思想，界即界分、差异，认为差异化是世界的本质属性，没有界分和差异就没有世界万物——包括族群和文化，世界之所以存在并有生命力，界分和差异是其根本理据和不竭动力。②

异质文明间的冲突是客观史实，但绝非文明前行的方向和趋势。即使在壁垒森严的宗教之间，亦不乏兼容并蓄的努力。19世纪中叶由巴孛（Bab）和巴哈欧拉（Bahaullah）创立的巴哈伊教（Bahai）试图融合犹太教、基督教、伊斯兰教、佛教、印度教、道教、锡克教、耆那教，宣扬"上帝唯一""宗教同源""人类一体"，成为迅速兴起的一种新宗教，以信徒分布国家计（250多个国家和地区）成为世界上分布第二广泛的宗

---

① 北京大学哲学系外国哲学史教研室编译：《西方哲学原著选读》（上卷），商务印书馆1981年版，第24页。
② 参见士尔《两界书》，商务印书馆2017年版。

教，信徒约千万，圣典译成 800 余种文字。① 巴哈伊运动的努力有一定成效，但两个局限显而易见：一是巴哈伊试图以一种新宗教涵括其他多种宗教——这不仅不能包含世界上的众多教派教义，而且在理论和实践上都存有明显障碍；二是巴哈伊教力图构建新的世界文明，但实际上并未超越宗教范畴而上升为整体文明的思想和体系。

普惠文明的理想是在尊重文明差异化的前提下，建构一种兼容并蓄、贯通世界、普惠全人类的文明新体系。普惠文明有其特定内涵：一是充分尊重文明差异化的传统，以平等的心态对待不同文明体系；二是消融异质文明间的精神藩篱和相互抵牾，使之成为互通互联、开放共生的文明生态圈；三是以吸纳、采借、融合为方式，集合异质文明间的优质要素；四是寻求最大"文明公约数"，即寻求不同文明间的共通性文化因素和文化普遍性，寻求文化的普同模式（universal pattern of cultural）；五是建构全人类共通共享共惠的文明体系，让全世界不同文明、不同族群、不同发展阶段的人类整体，均能普遍共享人类创造的文明成果。在这里，开放的文化心态至关重要。

文明是人类社会物质与精神发展的历史进程，其中不同文明体系所内含的思想、观念、思维方式及其价值观，是最具核心力的文明要素。因此，相较于物质层面的交流互通，超越既有文明体系尤其是思想体系的惯性制约、盲目模仿和非此即彼的对立思维，沟通、互鉴和融汇人类有代表性的文明成果及其思想智慧，就成为能否真正超越旧时代、走向普惠文明新时代的关键。

---

① Alan Bryson, *Seeing the Light of World Faith*, Sterling Publishers Private Limited, 2001. Helen Bassett Hornby, *Lights of Guidance*, Bahai Publishing Trust, 1988.

三、思想通约：构建普惠文明的关键路径

在人类文明极其丰富的历史积淀中，不同的文明体系衣钵相传，呈现了迥然有异的形貌、理念和规制，但在对世界的认知、认知方式乃至价值判断上，实际上存有超越了单一文明传统的相通性、互补性的形上精神、思想观念、思维方式。不同文明虽然衣钵有异，但可以殊途同归、相互补充，比如，在形上精神上对真善美的共同追求，在思维方式方法上感性与理性的互补等。发现、融汇和建立相通性、互补性的认知思维和形上精神，走思想通约之路，才有可能真正找到应对人类危机的求解方式。

人类创造了难以尽数的思想宝藏，其中具有关键影响力和代表性的思想理念，可概括为道观、约观、仁观、法观、空观、异观等六大观念。这六大观念和思想方法在人类思想史、精神史和文明的演进中发挥了巨大、无以替代和相互补充的重要作用。

第一，"道"的观念，即道观。在认知宇宙万物的本体原理、根本规律和至上规则上，不同文明及其思想体系都追求一种"道"的思想，"道"代表了贯通世界、至高无上的律则与权威。

《道德经》第25章曰："有物混成，先天地生。寂兮寥兮，独立而不改，周行而不殆。可以为天下母，吾不知其名。字之曰道，强为之名曰大。"在这里，"道"与"大道"不仅是万物之肇始，且是万物之主宰，"道者，万物之奥"；《道德经》第42章曰"道生一，一生二，二生三，三生万物"，《系辞上》又称"一阴一阳之谓道"。以此为代表，中国文化坚守"道"的至高无上，并呈现三个显著特点：一是"道"的至高无上，道的统纳意义；二是从"天道"到"人道"的延伸和融通，不仅在宇宙自然层面有统摄一切的普遍规则，而且在人类生命中亦有共通性的道德伦常

和人情人性,且天道与人道具有内在的合一性、统一性;三是"道"与"技"(术、艺)的层分,道是形上的意识理念,技、艺、术等皆为具体具象的行为,服从于"道",受"道"的指引,故《论语·述而》中的"志于道,据于德,依于仁,游于艺"成为中国人的人生指南和理想范式。

古希腊哲学的核心概念是"逻各斯"(logos),赫拉克利特认为有一种隐秘的智慧充斥于世界中,它是世间万物变化的微妙尺度和内在准则,这个隐秘的智慧和内在准则就是逻各斯。柏拉图强调"理念",其实质内涵与逻各斯有相通之处,柏拉图也认为宇宙万物之中必定存有一个理性秩序和必然规则。犹太—基督教文化以上帝的言辞(words)为"道",这里的"道"显然是神学性的,但它的普遍性、规则性和权威性是明确和绝对的。

无论何种思想体系,道观显示的普遍逻辑是:道为世界至上规则、最高秩序,道统天下,无所不在。

第二,"约"的观念,即约观。在认知人类的社会属性、建构人类的精神与社会秩序上,不同文明以不同方式呈现了"约"的重要观念。"约"的思想作为人类文明的一种本质性标识,不仅使人类区别于一般动物群体,也使得人类社会处于有序状态成为可能,可以说,约观是人类文明共同崇尚的社会价值。人类社会中的一切关系都是特定的"约"和"契约"的关系:夫妻之间、同事之间、上下级之间、各种相关体之间的个体关系如此,群体之间、族群之间、国家之间的整体关系更是如此,所有的际界关系及其活动都是以特定的"约"和"契约"的形式紧密相连,所有的混乱和无序,都是"约"的缺失和失效。

"约"的概念很早就在近中东地区出现,起初应是在原始的贸易交换中被应用。作为一种形而上的思想观念,犹太—基督教思想体系中的"约"在世界思想领域具有广泛影响。希伯来《圣经》对近中东地区很早出现的"契约"观念进行了宗教性的转化,创设了上帝与人之间的订约。犹太—基督教思想以上帝之约为核心,全部神学思想体系乃至文化结构,均建立在"约"的基石之上,即便基督教与犹太教分离另立"新约","约"的思想对西方文化的关键作用和指引意义也不受任何消减。

在美索不达米亚文明中,《汉谟拉比法典》关于"契约"(riksatum,阿卡德语)的内容相当丰富,不仅形成了契约法,而且包含了国与国之间、公民之间、家庭成员之间的各种契约,涉及缔结盟约、物品买卖、人力雇佣乃至婚姻等方面,"美索不达米亚的契约法并没有要求任何特定具体的有效格式,相反,契约——尤其是买卖契约——其形式多种多样……然而在特定的历史时期,很多契约包含有共同的元素和模式"[①]。

在中国、印度、波斯、伊斯兰等文化中,"约"或"信约"的思想不仅有丰富的体现,而且各具特点,呈现出繁复多样的内涵形式,既有物物交换的贸易之约、早期的部族之约,也有演进中的人神之约、集团之约、国家之约、国际公约等,并以盟约、条约、律法、规范、制度乃至社会伦理、道德、乡俗、民约、个人信誉等形式出现,像《论语·颜渊》"民无信不立"之谓,已成为中国文化的核心价值之一。

"约"和"契约"的观念是人类文明共同的社会价值,它对建立公平、正义和通约性的社会规范和社会秩序至关重要。

第三,"仁"的观念,即仁观。在人的道德标准和伦理价值上,人类不同文明共同彰显出以"仁爱""仁慈""善"等为内核和要求的价值追求,以此规范人性、调适人际、引导人的正向发展,形成普适性的伦理价值。

---

① 于殿利:《巴比伦法的人本观:一个关于人本主义思想起源的研究》,生活·读书·新知三联书店 2011 年版,第 216—226 页。

东方儒家思想在此方面有重要贡献和影响。《论语·里仁》曰"德不孤，必有邻"；《孟子·离娄下》曰"仁者爱人"。中国文化格外重视"人"自身和"人与他人"的关系，在仁、义、礼、智、信所谓"五常"之中，"仁"最重要、最有统领意义，有谓"五常仁为首"。《论语·季氏》"见善如不及，见不善如探汤"，《国语·周语下》"从善如登，从恶如崩"，都是教诲人们要趋善避恶。

西方的仁爱（benevolence，仁慈）思想自然有其宗教内涵，如《圣经·新约》所谓"爱心"（charity），既指爱人之心，更指爱上帝之心（保罗书信等），但两者并不矛盾，反而被认为是内在一致的，并把爱上帝和爱他人作为基督教的两条"最大的诫命"（马太福音第22章），"爱邻舍如同自己"——好撒玛利亚人（good Samaritan）是基督教世界的文化符号，并被视为通往永生的路标（路加福音第10章）。在两河流域、南亚等地区，爱和仁慈的思想亦有各种突出的表现。

《两界书》"教化"篇讲述了一个"双面人"的故事：人有双面，是因身有双心，一心向善，一心向恶，故人要扬善弃恶；"问道"篇详尽讨论了"何为人"的问题，倡导"仁为人所在"，提出"以仁为善，无善不爱，无爱何生家邦"。

人类不同的文明体系都对"仁""爱""善"表现出共通性的道德追求，应该看到，尽管不同文明及其思想的逻辑起点、思想依托甚至内涵指向不尽相同，但其基于人性善恶的基点相同、标准相通、取向一致，终极目标都是试图建立友善的社会结构。"仁"作为人类文明基本和共通的伦理价值，应得到充分的张扬和维护。

第四，"法"的观念，即法观。法的理念和法的精神是人类文明的重大成果，此处所谓"法观"，不仅指法理逻辑和社会秩序的律法形式，还指各种显性的制度规范赖以建立和存续的理性精神、理性原则，指人类认知世界时以理性、逻辑、秩序为特点的思维方式和思想方法。

法的理念及制度不仅源远流长，而且在世界文明中有不同形式的表现载体。在美索不达米亚文明中，法律文明是其最重要和最显著的特征之一，乌尔第三王朝的《乌尔纳姆法典》被认为是迄今发现的人类最早的成文法典，内容涉及社会伦理、婚姻家庭、土地所有、司法诉讼等[①]，实际上美索不达米亚的立法传统可以追溯到苏美尔城邦拉伽什的统治者乌鲁卡基那（前2378—前2371）时期。其法律文明影响了整个古代近东地区，形成了影响广泛的楔形文字法体系，并被古希腊罗马文明借鉴利用，进而还影响了后续的西方法律文明的发展。[②] 它的一个重要特点是与契约文明密切相关，巴比伦《汉谟拉比法典》等都有明显体现。希伯来法显然也与两河文明不无渊源联系，但希伯来法自成体系，其显著特征是以上帝为主导、以神学为依托、以摩西律法为核心，律法内容涵括神学信仰、道德规范、世俗生活的各个方面，包括物业财产、饮食起居、个人卫生等。神学戒律与律法规范的相互嵌入、神性信仰与世俗约束的奇妙结合，是希伯来法的一大特点。

古希腊有着极其深厚发达的法的思想，这与古希腊哲学的相关理念有密切关系，尤其古希腊哲学关于"正义"和"秩序"的思想，与古希腊法的思想有重要关联。关于世界的本原，哲学家阿那克西曼德（Anaximander）超越了火、水之说，虽未提出组成世间万物的根本元素是什么，却明确认为所有的元素必然达到一种平衡世界才能存续，这种平衡

---

① 参见于殿利《巴比伦与亚述文明》，北京师范大学出版社2013年版，第288—289页。
② 参见于殿利《巴比伦法的人本观：一个关于人本主义思想起源的研究》，生活·读书·新知三联书店2011年版，第210页。

就是"正义"。毕达哥拉斯学派以数为世界的本原，认为宇宙是一个有内在秩序、内在规律的世界，秩序意味着安排和结构的完善，早期思想家们用"科斯摩斯"一词表示"秩序"，约公元前五世纪初期"科斯摩斯"之意更多地被用来表述"宇宙""世界"，故在古希腊哲学中，世界和秩序不仅一致，而且存有内在必然。人类社会也是自然秩序的一部分，古希腊思想家认为自然的秩序和法则是人类社会的最高法则和普遍尺度，这种法则和尺度和谐适当并应用于城邦，自然正义就会在人类社会中得以体现。可以说，古希腊哲学"正义""秩序"的思想，为古希腊法的思想奠定了坚实基础，并直接成为其沃土。柏拉图强调法律的重要，称"统治者"为"法律的仆人"，并在《法律篇》中说："在法律服从于其他某种权威，而它自己一无所有的地方，我看，这个国家的崩溃已为时不远了。但如果法律是政府的主人，并且政府是它的奴仆，那么形势就充满了希望。"① 可见古希腊时代法的地位和意义。此外，古埃及从习惯法、成文法到法典化，印度的《摩奴法典》等，无不以其特定的方式，呈现特定的法的理念与形制。

中国古代有关法的思想十分丰富，及至春秋战国时期，形成以管仲、李悝、吴起、商鞅、慎到、申不害等为代表的刑名之学——法家学派，经战国末韩非的总结综合（《韩非子》），形成了一整套的法律理论和方法，对秦汉乃至后世的法律体制产生了重要影响。不仅如此，中国古代关于法的思想与中国文化的其他核心理念并不隔离，而是形成了具有兼容性的思想理念，比如"德""礼""刑""治"等观念，不仅蕴藏了丰富的法的思想，也呈现了中国文化特有的内涵。

---

① ［古希腊］柏拉图：《法律篇》，张智仁、何勤华译，商务印书馆 2016 年版，第 123 页。

人类文明史上法的理念或曰"法观",内涵意义极其丰富,从本质上讲,代表了人类对世界和社会秩序的理性追求,体现了人类的理性精神和理性价值。诚如《两界书》所言:以法为治,无治不理,无理何生伦序?

第五,"空"的观念,即空观。"空"的概念源自佛学,与色空、轮回、因缘、顿悟等一系列思想密切相关,在佛学中表现最为集中,且有十分复杂的内涵;但作为对人与世界之关系、物我之关系等问题的一种认知,实质上包含着对个体与世界、有与无、得与失、现象与本体、生命之价值、生命之意识等基本问题的认知。其理念内涵、思想方式在儒释道哲学及其他思想体系中,均有某些相似相通的表现。

佛教认为,万物皆由缘起,因缘所生,缘起性空;空是本体本质,色是现象虚妄;世上本无一物,因缘而生,自会因缘而灭,"菩提本无树,明镜亦非台;本来无一物,何处惹尘埃"[1]。佛教之"空"含义丰富,然化用为对世事万物的具体态度,即认为世界本来就没有什么可得,是因受了外相的迷惑而以为有所可得,身外之物生不带来、死不带去;同时,"空"亦不是"断灭",不是空无所有、虚无消极,而是要人放下偏见、成见、执着。佛教"空"的观念显然是一种与其他哲学体系有别的世界观,也是一种独特而有代表性的人生观、生活观和修行方式。

世俗人生均要面对物我问题,以及得失、舍得问题。老子在《道德经》中提出"圣人不积,既以为人,己愈有;既以与人,己愈多",强调先人后己,看淡得失;庄子在《庄子·外篇·山木》中提出"君子之交淡若水,小人之交甘若醴",强调君子淡以相交;诸葛亮在《诫子书》中提出"非淡泊无以明志,非宁静无以致远",强调淡泊可明志;儒释道的

---

[1] 尚荣译注:《坛经》,中华书局2013年版,第23页。

"舍得观"是一种关于"得失"的人生观和世界观,佛教以舍为得,得即是舍,舍即是得;道教中的舍有"无为"之意,得含"有为"之意;孔子罕言利,儒家强调舍恶以得仁,舍欲以得圣;"舍利成义""计利当计天下利",也都是中国文化所倡导的。

在两河文明、犹太—基督教文化中(如《约伯记》等),对物我关系、人与世界、生命价值等问题,亦有与中国老庄哲学、汉化佛学、禅宗学说相通的认知取向或认知方式。《两界书》之"空先"作为六先之一,对生而为何、何为人等根本问题均有系统阐述,并概曰:以空为有,无有不在,无在何生世界?

第六,"异"的观念,即异观。在自然界和人类社会中,相较于人们通常习惯和熟悉的物事,始终有一种"逆逻辑""逆通则""逆惯例"的异类现象出现,表现出形形色色的不寻常和变异。在甲骨文中,"异"是一个戴着面具、手舞足蹈的人,暗喻一个与常不同的变异的人,或人的变异。异,异变,异化,本质上标识了人和世界的多样性、差异性、不定性、无常性和神秘性。"异"之为异,是以相对恒常的框架为参照,而历史地看,"异"不仅是自然界和人类社会的"常",还是自然和社会赖以存续发展的一种力量、能量,甚至呈现了自然和社会历史中的一种普遍性原理。同理,在认知世界的方式方法、思想取向上,人类思想史上也存有众多的差异性、非正统的"他者"视角、方式和理论——诸如神秘主义、不可知论、怀疑论及形形色色的非理性主义认知等,这不仅应对了世界存有的非常态、变异性、未定性,也对弥补人类既有的逻辑思维和理性意识的种种局限、补充人类在宇宙世界威力之下的认知需求和情感需求不无作用。因此,"异观"代表了人类认知世界的差异化价值,在人类应对复杂繁复特别是众多未知领域和不确定因素的物理与精神世界时,其作用、意义应得到足够的重视,这也是人类文明和思想包容价值的应有体现。

《易经》中关于易、化、自化、道化的思想,《庄子》中关于"吊诡驱异"的述论,以及《山海经》《淮南子》《搜神记》《世说新语》《太平广记》《聊斋志异》等大量典籍,都以不同形式表现出对"异"的关注;两河文明、埃及、希腊、印度等文明关于神、怪、鬼、魔、巫的演绎,体现了"异"在不同文明中占有的特殊地位;希伯来文化把神、异象的概念运用到了极致,其神学体系和神学思想的建构,离不开对神、异象的操作;佛教关于无常(anitya)的思想及各种神秘主义(mysticism)、不可知论(agnosticism)等,包括印度的瑜伽文化,都以特定的形式蕴含了"异"的元素和思想。至于为人熟知的伊甸园的撒旦、但丁的《神曲》、歌德的浮士德和靡非斯特等,也都是"异"的具体表征、表现。"异"的复杂性还在于它不仅体现在以常规为参照的"他异",还体现在对自身本原的悖逆而发生的种种"自异"。

"异"是世界和人类生活中的一种极其重要的现象,有着复杂的内涵和浓烈的未知性、不定性。各种"异"的观念和"异"的思想,本质上都是以特定方式对世界和人类社会的感悟和认知,在人类漫长历史中所发挥的重大作用值得高度重视,而且这种作用在人类应对未来的挑战和不确定中,可能会表现得越来越突出。

道观、约观、仁观、法观、空观、异观代表了人类文明史上有代表性和影响力的几种思想认知,当然,在人类精神史和思想史上,有着极其丰富复杂的思想内容和思想方式,难以尽述。就其主要特征而言,道观执着于对宇宙万物的本体原理和根本规律的追究,寻求统摄世界和人类的至上规则,是一种宇宙和世界的本体论;约观执着于人类精神与社会秩序的建立,试图建立人类通约的价值体系和价值标尺,是一种基于人类群体精神与群体结构而建立契约关系的社会论；仁观旨在规范人性、提升人性修养和调适人际伦理，是一种以道德论为核心的思想体系；法观强调人类和社会的法理逻辑秩序，强调认知世界的理性原则、治理社会的法治精神，是一种典型的逻辑理性主义；空观执着于个体与世界、有与无、本体与现象等关于生命意识、生命价值的基本问题，以感悟的方式达致对世界和人类本体、生命本质的顿悟通达和认知判断；异观体现了对世界和人类"不寻常"部分和未知领域的特别关注，以灵悟、神秘主义、不可知论、形形色色非理性主义认知等，来探寻"异"的本原，探寻未知世界的隐秘。道、约、仁、法、空、异六观，体现出人类思想史上认知世界的不同视角、不同侧重、不同方式、不同认知逻辑和认知体系，亦即不同的世界观念。需要特别指出的是，每种观念自身皆有其丰富的内涵和复杂的体系，不同观念之间既有显著的差异性也有一定的相通性，从人类思想史的整体来看，不同观念的差异性正是其互补性所在，这也正是思想通约的根本要求、根本理据和文明价值所在。

人类文明发展至今，思想观念的差异和界分不仅是客观事实，而且有本质意义，将续存并成为文明发展的动力。但这并不意味着观念隔绝、思想对立的绝对必然性和历史永续性，人类必须认识到，极端化的观念隔绝、思想对立是文明危机问题的根源所在。思想通约是不同观念的互通兼容，是形上观念价值的优化集合，是思维方式、思想方法的相互补充，是人类思想宝藏智慧结晶的融会共享，是对差异化思想价值进行的必要调适，是文明通鉴的核心内容和关键要素。《礼记》曰："万物并育而不相害，道并行而不相悖。"克服思想的隔绝、观念的傲慢、文明的偏见，人类才有希望，未来才有前途。显然，萧伯纳说的交换思想远比交换苹果重要，这个简单的道理由于狭隘的阻滞尚未得到广泛认同。

总之，在以差异化为本质特征的文明碰撞中，在历史性的大变局面前，应对"文明病""文明危机"，文明通鉴是当前文明处于十字路口的必然选择，构建全人类共通共享共惠的普惠文明新体系，是人类命运共同体的目标路向，而融汇全人类的思想智慧、努力达致人类文明的思想通约，则是调适文明界分、构建普惠文明的关键路径和关键所在。文明通鉴、普惠文明、思想通约三位一体，构成了人类命运共同体的实现方式、目标路向和关键路径，也昭示了人类命运共同体作为文明进程的内在要求和历史必然。

（原载《深圳大学学报（人文社会科学版）》2019年第5期）

建设人类命运共同体的文化构想

李梦云

十八大报告中倡导"人类命运共同体意识","人类只有一个地球,各国共处一个世界"。2015年4月,习近平在亚非领导人会议中,提出"推动建设人类命运共同体",更好地造福亚非人民及其他地区人民。文化即人化,是在"人化自然"和"自然人化"的双重建构中所形成的文化,从这个意义上说,文化的境遇反映了人的命运。立足"人类命运共同体"视野,对未来文化进行构想,通过倡导新的文化创造,推动"人类命运共同体"的建构,是一个必须认真研究的课题。

一、"人类命运共同体"形成的历史脉络

马克思指出:历史是人的真正的自然史。马克思在《1844年经济学哲学手稿》中写道:"正像一切自然物必须形成一样,人也有自己的形成过程即历史。"[①] 同理,人类命运共同体的形成经历了一个历史辩证发展过

---

① 《马克思恩格斯全集》第三卷,人民出版社2002年版,第326页.

程。自然辩证法与历史辩证法相辅相成，自然的辩证法就是生命进化的辩证法，社会辩证法或历史辩证法就是人类命运的辩证法，人类社会的历史是人与自然交互作用、相互制约的历史，是人化自然的生成和发展过程决定的人类命运的演进史，是人类在展示自我、表现自我过程中铸就自身命运的辩证发展史。马克思主义创始人真正从人类命运共同体存在的世界历史视野，来考察人类命运的辩证发展过程。马克思、恩格斯将共同体描述为边界不断扩展变化、内涵不断丰富的人群集合体，经由"天然的共同体"到"虚幻的（冒充的）共同体"再到"真正的共同体"的发展过程。这个过程，也是个体自由逐渐展开并得以真正确立的过程。《共产党宣言》对社会主义的界定正是集中提出了这样一个命题："代替那存在着阶级和阶级对立的资产阶级旧社会的，将是这样一个联合体，在那里，每个人的自由发展是一切人的自由发展的条件。"[1]

（一）从"天然的共同体"到"虚幻的共同体"

恩格斯在《家庭、私有制和国家的起源》中揭示出，从蒙昧时代到文明时代，是不断超出家庭血缘关系的范围，进展到更广泛的交往范围的历史过程："文明时代是社会发展的这样一个阶段，在这个阶段上，分工、由分工而产生的个人之间的交换，以及把这两者结合起来的商品生产，得到了充分的发展，完全改变了先前的整个社会。"[2]

马克思、恩格斯在《德意志意识形态》中，从历史唯物主义的角度，历史地考察了"天然的共同体"即以血缘关系为纽带的共同体的演进过

---

[1] 《马克思恩格斯选集》第一卷，人民出版社1995年版，第294页。
[2] 《马克思恩格斯文集》第四卷，人民出版社2009年版，第193页。

程。最初,在家庭共同体(也是家庭所有制)中,"妻子和儿女是丈夫的奴隶。家庭中这种诚然还非常原始和隐蔽的奴隶制,是最初的所有制"①;然后是部落所有制,它以部落共同体为基础;继而是古典古代的公社所有制和国家所有制,它以公社和城邦国家共同体为基础,即"由于几个部落通过契约或征服联合为一个城市而产生的"②;再者是封建的或等级的所有制,"这种所有制与部落所有制和公社所有制一样,也是以一种共同体为基础的。但是作为直接进行生产的阶级而与这种共同体对立的,已经不是与古典古代的共同体相对立的奴隶,而是小农奴"③。在此之后,才发展出资本主义早期的工场手工业共同体,并逐渐形成了大工业共同体,进而产生现代意义的国家共同体。

"天然的共同体"瓦解之后,人的命运在现代社会得到改变。在现代社会,伴随着主体性的觉醒,人类共同体中的个体才能真正思考、反思自身的命运。对于这种主体性的乐观而又深邃的描述,以黑格尔《精神现象学》为典型。他揭示出生命不是无差别的、僵死的"实体",而是产生差别、克服差别、重建自身的同一性的"活的实体",是自我实现、自我认识和自我发展着的主体。现实世界是生命发展历程的外化,人类的自我觉解要经历一条"螺旋式"上升的道路:"先前有过的然而又是从知识中新产生出来的定在——是新的定在,是一个新的世界和一个新的精神形态。……在实际存在中,这样形成起来的精神王国,构成一个前后相继的系列,在这里一个精神为另一个精神所代替,并且每一个精神都从先行的精神那里接管(精神)世界的王国。这种代替和接管过程的目标是'秘奥'的启示,而

---

① 《马克思恩格斯文集》第一卷,人民出版社 2009 年版,第 536 页。
② 《马克思恩格斯文集》第一卷,人民出版社 2009 年版,第 521 页。
③ 《马克思恩格斯文集》第一卷,人民出版社 2009 年版,第 522 页。

这种'秘奥'就是绝对概念；因此，这种启示就是绝对概念的'秘奥'的扬弃，或者说，就是绝对概念的广延，即这个在自身内存在着的'我'的否定性……唯有'从这个精神王国的圣餐杯里，他的无限性给他翻涌起泡沫'。"①这个"精神王国"就是自在性与自为性相统一的"自由王国"，黑格尔表达出用"理念"不断改变自身命运的思想："生命的理念不仅必须从任何一个特殊的直接的个体性里解放出来，而且必须从这个最初的一般的直接性里解放出来。这样，它才能够达到它的自己本身，它的真理性。从而，它就能进到作为自由的族类为自己本身而实存。"②

这个"自由王国"，在黑格尔那里不过是"变戏法"的主观幻象。思想启蒙随之而来的是恶性竞争，以及消费社会的陷阱。正如法兰克福学派代表人物霍克海默曾归纳过的"启蒙辩证法"：倒退寓于进步之中，野蛮伴随文明而来；进步越大，倒退愈甚；文明越发展，野蛮的威胁也就愈大——"今天，人性的堕落与社会的进步是联系在一起的。经济生产力的提高，一方面为世界变得更加公正奠定了基础，另一方面又让机器和掌握机器的社会集团对其他人群享有绝对的支配权。在经济权力部门面前，个人变得一钱不值。社会对自然的暴力达到了前所未有的程度。一方面，个体在他使用的机器面前消失不见了，另一方面，个体又从机器那里得到了莫大的好处。随着财富的不断增加，大众变得更加易于支配和诱导。社会下层在提高物质生活水平的时候，付出的代价是社会地位的下降，这一点明显表现为精神不断媚俗化。精神的真正功劳在于对物化的否定。一旦精神变成了文化财富，被用于消费，精神就必定会走向消亡。精确信息的泛

---

① 黑格尔：《精神现象学》(下卷)，贺麟、王玖兴译，商务印书馆1979年版，第275页。
② 黑格尔：《小逻辑》，贺麟译，商务印书馆1980年版，第409页。

滥，枯燥游戏的普及，在提高人的才智的同时，也使人变得更加愚蠢。"①由此可见，启蒙思想家精心策划并论证的"理性王国"，不过是资产阶级的"虚幻的共同体"。

因此，人类命运共同体在资本主义社会并未真正形成。如果说在真正人类社会的"史前时期"，个体自由总是受到不同程度的限制；那么在资本主义社会，"被分工"是人不可抗拒的命运。马克思在《1844年经济学哲学手稿》（笔记本Ⅲ）中深刻指出，资本的使命决定人生命运："共同性只是劳动的共同性以及由共同的资本——作为普遍的资本家的共同体——所支付的工资的平等的共同性。相互关系的两个面被提高到想象的普遍性：劳动是为每个人设定的天职，而资本是共同体的公认的普遍性和力量。"②

（二）从"资本的共同体"到"自由人联合体"

当资本的触角延伸到世界每个角落之时，依靠个人力量无法消灭分工，只有个体联合才能重新驾驭宰制个体自由的物质力量。因此，资本的全球化既在最大范围内支配着个体的命运，又为资本受全部个体支配创造着条件，也就为"真正的共同体"创造着条件，为个体在"联合支配"中获得真正的自由创造着条件。可见，在"以物的依赖性为基础的人的独立性"的社会发展阶段，普遍的交换关系一方面为人的自由创设了物质前提，另一方面也造成了人的片面性，造就了"类特性"被压抑的"单向度的人"。在"个体独立性"阶段，每个个体以"物"的形式占有社会权力；在接下来的阶段，应当从"物"那里夺取这种权力，应当赋予人支配

---

① ［德］马克斯·霍克海默、西奥多·阿道尔诺：《启蒙辩证法：哲学断片》，渠敬东、曹卫东译，上海人民出版社2003年版，第4页。
② 《马克思恩格斯文集》第一卷，人民出版社2009年版，第184页。

"物"的权力。

人掌握了支配"物"的权力，才能作为"类"掌握自己的命运。马克思在《1844年经济学哲学手稿》（笔记本Ⅲ）中指出，个体和社会、个体生活和"类生活"是统一的，"应当避免重新把'社会'当作抽象的东西同个体对立起来。个体是社会存在物。因此，他的生命表现，即使不采取共同的、同他人一起完成的生命表现这种直接形式，也是社会生活的表现和确证。人的个体生活和类生活不是各不相同的，尽管个体生活的存在方式是——必然是——类生活的较为特殊的或者较为普遍的方式，而类生活是较为特殊的或者较为普遍的个体生活"①。恩格斯在《社会主义从空想到科学的发展》中提出"消除商品生产"，乃是对从"种特性"提升为"类特性"做出应然假设，对人类改善自身命运做出科学构想："一旦社会占有了生产资料，商品生产就将被消除，而产品对生产者的统治也将随之消除。社会生产内部的无政府状态将为有计划的自觉的组织所代替。个体生存斗争停止了。于是，人在一定意义上才最终脱离了动物界，从动物的生存条件进入真正人的生存条件。人们周围的、至今统治着人们的生活条件，现在受人们的支配和控制，人们第一次成为自然界的自觉的和真正的主人，因为他们已经成为自身的社会结合的主人了。"②"个体生存斗争停止"标志着个体自由的真正实现，这种实现过程也就是"类特性"的展开过程。随着"三个阶段"的更替，随着社会关系日益丰富，个体自由才能在范围不断扩大、内容更加真实的"类特性"中确立，从而在个人全面发展和他们共同的社会生产能力成为他们的社会财富这一基础上，形成"自

---

① 《马克思恩格斯文集》第一卷，人民出版社2009年版，第188页。
② 《马克思恩格斯文集》第三卷，人民出版社2009年版，第564页。

由个性"——这就是人类历史演进到"真正的共同体"的"第三阶段"。

(三)"人类命运共同体"是"真正的共同体"

马克思和恩格斯的文本中蕴含着深刻的"人类命运共同体"思想。在《共产主义信条草案》中，恩格斯在回答什么是共产主义的目的时，明确指出："把社会组织成这样：使社会的每一个成员都能完全自由地发展和发挥他的全部才能和力量，并且不会因此而危及这个社会的基本条件。"① 马克思、恩格斯在《德意志意识形态》中，用"共同存在物"(ge-meinwesen)标志古代共同体，用"市民社会"(buergliche gesellschaft)或异化的"社会"(gesellschaft)标志"虚假共同体"，用"共同体"(gemeinschaft)标志共产主义社会。在"冒充的共同体"中，个体自由实质是作为阶级中的一员的自由，只是对那些在统治阶级范围内发展的个人来说是存在的。马克思、恩格斯指出："从前各个人联合而成的虚假的共同体，总是相对于各个人而独立的；由于这种共同体是一个阶级反对另一个阶级的联合，因此对于被统治的阶级来说，它不仅是完全虚幻的共同体，而且是新的桎梏。"② 马克思把克服了这种"一个阶级反对另一个阶级的联合"的共产主义社会称为"真正的共同体"，在这个条件下，各个人在自己的联合中并通过这种联合获得自己的自由。这种联合把个人的自由发展和运动的条件置于他们的控制之下。"共产主义和所有过去的运动不同的地方在于：它推翻一切旧的生产关系和交往关系的基础，并且第一次自觉地把一切自发形成的前提看作是前人的创造，消除这些前提的自发

---

① 《马克思恩格斯全集》第 42 卷，人民出版社 1979 年版，第 373 页。
② 《马克思恩格斯文集》第一卷，人民出版社 2009 年版，第 571 页。

性，使这些前提受联合起来的个人的支配。"① 只有"共在"，才能结成真正的"人类命运共同体"。

二、建构"人类命运共同体"的哲学致思

萨特在《辩证理性批判》中讲道，在17—20世纪之间有三个"著名的时代"——笛卡尔和洛克的时代、康德和黑格尔的时代及马克思的时代。当今时代，常规意义上的时间已进入21世纪。然而，人类的生存命运依然需要从总体上改善。在"商品拜物教""货币拜物教"依然还有市场的时代，在尚未彻底消除"异化"所导致的人与人、人与自然关系疏离的时代，我们应该有这样的自觉：这个时代并没有根本超脱马克思主义创始人的语境，"回到马克思"需要"理解马克思"。面对"存在时代"的"无家可归"状态，正在发生的"革命"，必将是从物质到精神、从外向内的"存在革命"。其旨归如马克思所言，在于使世界认清本身的意识，使它从迷梦中惊醒过来。面向未来，我们不应再用"经济决定论"曲解、用物质生产"客观规律"描述历史唯物主义了，而必须从存在论革命的本质渊源中洞察历史唯物主义："人的自我异化之本质乃是用出自而后脱离感性存在的思想的实体——主体来遮蔽并规约人的感性的历史生存，而这个本质属于人与自然关系的历史命运。"②

总之，"存在时代"乃是在全球化的时代，从注重物质生产到注重精神生活的时代，从注重外在追求到内在觉醒的时代，是在历史时间中从主

---

① 《马克思恩格斯文集》第一卷，人民出版社2009年版，第574页。
② 吴晓明、王德峰：《马克思的哲学革命及其当代意义》，人民出版社2005年版，第223页。

体性进展到主体间性的时代。

"我们到底要以什么样的方式生存"是面对命运问题发出的终极追问。建构"人类命运共同体"应彰显"类存在"。人天生并不是"类"的动物，人类在与自然关系的历史命运辩证发展中，才渐次展露其"类存在"属性。"人与自然关系的历史命运"，展现在生命进化及文化发展图式中，历经从低级到高级、从局部到整体的一次次革命，科学技术的变革发挥着至关重要的作用。恩格斯在《反杜林论》中讲道："人对一定问题的判断越是自由，这个判断的内容所具有的必然性就越大；而犹豫不决是以不知为基础的，它看来好像是在许多不同的和相互矛盾的可能的决定中任意进行选择，但恰好由此证明它的不自由，证明它被正好应该由它支配的对象支配。因此，自由就在于根据对自然界的必然性的认识来支配我们自己和外部自然；因此它必然是历史发展的产物。最初的、从动物界分离出来的人，在一切本质方面是和动物本身一样不自由的；但是文化上的每一个进步，都是迈向自由的一步。在人类历史的初期，发现了从机械运动到热的转化，即摩擦生火；再到目前为止的发展的末期，发现了从热到机械运动的转化，即蒸汽机。而尽管蒸汽机在社会领域中实现了巨大的解放性的变革——这一变革还没有完成一半，但是毫无疑问，就世界性的解放作用而言，摩擦生火还是超过了蒸汽机，因为摩擦生火第一次使人支配了一种自然力，从而最终把人同动物界分开。蒸汽机永远不能在人类的发展中引起如此巨大的飞跃，尽管在我们看来，蒸汽机确实是所有那些以它为依靠的巨大生产力的代表，唯有借助于这些生产力，才有可能实现这样一种社会状态，在这里不再有任何阶级差别，不再有任何对个人生活资料的忧虑，并且第一次能够谈到真正的人的自由，谈到那种同已被认识的自然规律和谐一致的生活。"①

如果说"摩擦生火""蒸汽机"改变了人类生存命运，那么"互联网+"则是对人类存在命运的又一次重塑。美国学者威廉·哈拉尔（Halal）在其一文中对世界的未来预测道："到了2050年，世界发展到'成熟'水平，从而具有以下特征：地球人口达到90亿左右的高峰，虽然其中少部分处于工业社会甚至农业社会，但大多数生活在知识社会；强大的信息系统对全球文明进行调控，从而避免信息过载，促进知识更新，推动技术持续变革；工业化将发生5次飞跃，尽管仍会出现环境破坏的情况，但技术—经济系统将在人与自然之间建立起良性关系；局部战争、犯罪及其他暴力仍然存在，但社会将致力于矫正人们追求有限的成功；大多数国家属于'功能性全球共同体'（functioning global community）成员，但一种'去中心化'的治理方式会滋养出异彩纷呈的多样性文化；而跨文化的国际文化又会对文明之间的差异予以整合，在对共同的行为标准、共享的价值观体系认同的基础上，世界联合成一'功能性整体'（a functioning whole）。到那时，90亿有教养的人将以集体协作的方式，凝聚在全球IT网络中。巨大的智慧合力向着同一方向，去发现万事万物的深层秘奥，从而激发人类生命在宇宙中拓展。"②

"人类命运共同体"既然是作为"类"而存在的共同体，就应超越各种族群的视差。有学者指出："我国现代化建设将由以经济建设为中心转入以人的现代化为核心的总体现代化建设时期。"③21世纪的现代化是以人

---

① 《马克思恩格斯文集》第九卷，人民出版社2009年版，第121页。
② Halal W.E.,"World 2000: an international planning dialogue to help shape the new global system", *Futures*, Vol.25, No.1, 1993.
③ 丁立群：《文化哲学何以存在》，《求是学刊》1999年第1期。

为本、关照人之命运的总体现代化。在这种现代化背景下，建构"人类命运共同体"，就是既根植各自文化传统又具有世界文化眼光的"总体现代化"构想。

三、建构"人类命运共同体"的文化构想

生命辩证发展到当代，"全球""知识"及"网络"的叠加，终于使得人类整体觉醒具有必要性、具备可能性。在对"人类命运共同体"进行哲学致思的基础上，我们有理由、有必要从建构"人类命运共同体"的视野对未来文化作出构想。

未来的文化将是实现人类幸福的文化。自"轴心时代"以来，伟大的精神导师们从不同角度破解人的命运问题。然而，在"民族文学""地方文学"还没有成为"世界文学"的时代，人类命运问题尚未提上议事日程。资本主义的扩张，使人类命运前所未有的勾连起来。然而，正如马克思在《资本论》（第四卷）中指出：资本主义生产就同某些精神生产部门如艺术和诗歌相敌对。继其之后，尼采针对西方文明提出"重估一切价值"。"强力意志"的价值标准、"超人"的理想人格，并未找到归宿，"尼采在形而上学的范围之内不能找到摆脱无家可归的痛苦的其他出路，只有把形而上学倒转过来。却是无出路状态之完成"[1]。在资本扩张到全球的时代，"今天世界最大的危机就是人类命运的危机和人的幸福危机"[2]。摆脱此种现代人的命运危机，需要新的文化转型。

---

[1] 海德格尔：《海德格尔选集》（上卷），孙周兴选编，生活·读书·新知三联书店1996年版，第381页。

[2] 赵汀阳：《论可能生活》（第2版），中国人民大学出版社2010年版，第7页。

弗里特约夫·卡普拉（Fritjof Capra）的《大转折》（*The Turning Point*）一书中，呈现出一种"新文化"替代"旧文化"的文化图景。19世纪60年代和19世纪70年代的社会运动代表着上升的文化，现正在通往"太阳时代"（the solar age）。然而，"当这种转换发生的时候，没落的文化却拒绝变革，仍然固守着陈腐的观念。其把持的社会机构，也并不情愿让渡领导权。但是，新文化的上升与旧文化的没落是不可抗拒的历史潮流，新文化终以领导角色的身份出现"[①]。20世纪80年代早期，美国科学家乔纳斯·索尔克博士（Jonas Salk）用从"A纪元"到"B纪元"的范式变迁对此进行了刻画。前半部分占据的时代为"A纪元"（epoch A），后半部分占据的时代为"B纪元"（epoch B）。"A纪元"的价值取向是独立、竞争和权力争夺，这是注重个体自由之彰显的文化发展阶段；"B纪元"的价值取向是合作、依赖和协商一致，这是注重群体德性之发育的文化发展阶段。

从"A纪元"到"B纪元"，从"铁器时代"到"太阳时代"，就是重建创造性的文化。曾经造就现代文明的工业文化，应该也必将被新的文化替代。"较低价值的文化就是具有工业化倾向的，即可以按某种模式批量生产和再生产的文化。这种文化本质上是对自身模式的不断重复、复制，或者说是在不断地自身抄袭。"[②] 而具有较高价值的文化，是一种蕴含着较大创造余地的、为人类创造精神留出广阔自由空间的、更能激发并保持人类创造性的文化。

人类生命活动、生命复制和生命演化的自我超越，就是要实现从

---

① Capra F., *The Turing Point*, London: Wildwood House, 1982, p.466.
② 赵汀阳：《论可能生活》（第2版），中国人民大学出版社2010年版，第201页。

"文化复制者"到"文化创意人"的转变。发端于西方并渐趋风行世界的"CC族"[①]，可谓推动这种文化转型的代表。美国学者保罗·雷（Paul Ray）和心理学者谢里·罗斯·安德森（Sherry Ruth Anderson）在经过15年的市场调查、焦点小组和民意测验后，提出一种不同于当下主流文化的新文化，这种文化正在西方世界形成，尽管它目前还是一种"潜文化"（subculture）状态。他们还区分了三种文化人：1. "传统文化人"（traditionals），即"传统人士"，这群人士已逐渐凋零；2. "现代文化人"（moderns），这个群体的人视成功与金钱为优先考量，主流商业价值观表达了他们的思维方式；3. "文化创意人"（cultural creatives，即"cc族"），这种人一方面重视对群体生活的参与，倾向于担当社会正义和社会责任；另一方面，向往自然、追求有灵性的生活。

文化创意不是"独善其身"去捡拾残简断片，而是要具备"兼济天下"之胸怀。东西方文化均需在超越"己身"与"他者"时一道关怀命运，需要以"海纳百川"之气度自觉进行东西汇通。"爱"一切生命，尊重宇宙中所有"存在"。

具备此种担当的文化，才有资格去承受建构"人类命运共同体"的"天命"。中华文化具有"水"文化的包容，因此应引领世界文化转型过程中的复合建构。我们可以用斯宾格勒在《西方的没落》中所勾勒的图景来描绘："我看到的是一群伟大文化组成的戏剧，其中每一种文化都以原始的力量从它的土壤中勃兴起来，都在它的整个生活期中坚实地和那土壤联系着；每一种文化都把自己的影像印在它的材料，即它的人类身上；每一

[①] "CC族"（cultural creatives，"文化创造族"，或译"文化创造者""文化创意人"），源自美国学者保罗和谢里合著的《"CC族"：5000万人如何改变世界》（*The Cultural Creatives: How 50 Million People are Changing the World*）。

种文化各有自己的观念，自己的情欲，自己的生活、愿望和感情，自己的死亡。这里是丰富多彩，闪耀着光辉，充满着运动的，但理智的眼睛至今尚未发现过它们。在这里，文化、民族、语言、真理、神祇、风光，等等，有如橡树与石松、花朵、枝条与树叶，从盛开又到衰老，但是没有衰老的'人类'。每一种文化都有它自我表现的新的可能，从发生到成熟，再到衰落，永不复返。世上不止有一种雕刻、一种绘画、一种数学、一种物理学，而是有很多种，在其本质的最深处，它们是各不相同，各有生存期限，各自独立的，正和每一种植物各有不同的花、果，不同的生长与衰落方式是一样的。这种种文化是纯化了的生活精髓，它们和田野间的花儿一样无终极目的地生长着。它们和动植物一样属于歌德的活生生的自然，而不属于牛顿的死板板的自然。我把世界历史看成一幅无止境地形成、无止境地变化的图景，看成一幅有机形式惊人地盈亏相继的图景。"①

因此，我们必须"返回自身"、返本开新地从事文化总体重建，这就意味着自觉地将个体意识根植于"人类命运共同体"中。正如后结构主义女哲学家朱迪思·巴特勒（Judith Butler）认为："人类只有进行文化反省才有未来。毫无疑问，'新的人类'将在我们始料未及处'返回'自身，在其脆弱处和能力极限内生发出意义。"② 澳大利亚学者彼得·伊利亚德（Peter Ellyard）使"飞船文化"（spaceship culture）与"牛仔文化"（cowboy culture）相对，并提出从"牛仔文化"到"星球文化"的 10 大价值变迁：从民族、部落优先性到星球优先性，从个体主义到共同体主义，从独立性到相互依赖性，从独裁到民主，从人类征服自然到人类属于自然，从不稳

---

① 斯宾格勒：《西方的没落》(上册)，齐世荣等译，商务印书馆 1963 年版，第 39 页。
② Judith B., *Precarious Life: The Powers of Mourning and Violence*, London & New York: Verso, 2004, p.151.

定的生产、消费及发展方式到稳定的生产、消费及发展方式，从父系家长制到性别平等，从文化、宗教之间的冲突敌视和不宽容到文化、宗教之间的和谐共生和宽容，从通过对抗、斗争的方式解决冲突到通过合作、协商的方式化解冲突，从通过自我防御自保到通过集体安全自保，等等。[①] 人类同在一艘"宇宙飞船"上的隐喻，意味着人类同处一个星球、人类居于宇宙星球之一。人类"诗意"地栖居于星球，就是试图超越囿于狭隘文化视野的"单一的颜色""凝固的时空""存在的空虚""喧嚣的孤独"及"彻底的空白"。

只有自觉把捉到"天命"，顺应生命进化及文化演进之规律，才能从文明相通、文化相融的视野建构"人类命运共同体"。在共同营造家园的文化范式中，人真正成为文化的核心，人不再受神与物的压迫，而是成为神与物的主人——"人的文化一旦彻底取代神的文化与物的文化，就不是人围绕着神与物旋转，而是神与物围绕着人旋转。那时，人类自身的完善与发展，将成为一切文化形式的目的"[②]。

（原载《哲学研究》2016年第3期）

---

① Ellyard P., "Designing 2050: imagining and building a global sustainable society", *Journal of Future Studies*, Vol.15, No.3, 2011.
② 高清海、胡海波、贺来：《人的"类生命"与"类哲学"——走向未来的当代哲学精神》，吉林人民出版社1998年版，第412页。

习近平关于文明的重要论述探析*

李毅红　邱华宇

　　文明，一般是指人类历史发展整体或者某一领域中的进步状态或成果。文明是马克思主义的重要范畴，虽然马克思、恩格斯没有对文明问题做系统的论述，但是他们对文明问题的思考始终贯穿于他们创立唯物史观的进程之中。马克思主义的文明观，就其根本来说，"是实践的事情，是一种社会品质"[①]。文明的进步是全人类共同的价值追求，也是中国特色社会主义建设重要的价值目标。习近平始终高度重视文明的建设，曾在国内外多个场合阐述关于促进文明进步的思想。学习研究习近平的这些思想，对于更好地把握文明的深刻内涵、实现文明的价值，具有重要的理论意义和现实意义。有鉴于此，本文尝试从世界、国家和个人三个层面，对习近平关于文明的重要论述做一番探析。

---

* 本文系国家社科基金重点项目"马克思主义基本原理的学科对象与理论体系"（项目编号：13AKS001）的阶段性成果。

① 《马克思恩格斯全集》第一卷，人民出版社1962年版，第666页。

一、世界层面：促进人类文明的发展进步

习近平始终站在人类命运共同体的高度看待文明在世界层面的发展。人类文明从低级向高级的发展，是以生产力的发展为根本决定要素的人类社会的整体进步。在当代，人类社会越来越成为一个休戚与共的命运共同体，各个国家、各个民族相互联系、相互依存，解决文明发展难题、推动人类文明进程需要各国扩大合作、共同发力，需要不同文明在和合共生的环境中为人类提供正确的精神指引和强大的精神动力。

（一）构建有助文明进步的人类命运共同体

"我们从哪里来、现在在哪里、将到哪里去？"这是习近平2017年1月在联合国日内瓦总部的演讲中所指出的认识当今世界首先要弄清楚的最基本的问题，也是他关于人类文明的思想中的一条重要的逻辑线索。首先，习近平以马克思主义者的理论自觉，指出人类几千年来"从蒙昧走向文明，从游牧文明走向农业文明、工业文明，走向信息化时代"①，概括总结了人类文明从低级到高级的发展历程。马克思主义认为，生产力与生产关系、经济基础与上层建筑之间的矛盾是人类社会的基本矛盾，这两对基本矛盾相互联结、相互作用，构成了以生产力发展为最终动因的整个社会基本矛盾的辩证运动。社会基本矛盾的运动使人类社会的发展呈现出一个辩证否定即扬弃的过程，人类文明也因此而不断实现从低级向高级的进步。其次，习近平深刻地分析了人类文明的发展现状，指出一方面"人类

---

① 习近平：《让工程科技造福人类、创造未来——在2014年国际工程科技大会上的主旨演讲》，《人民日报》2014年6月4日。

正处在大发展大变革大调整时期",世界各国在全球化的大背景下创造着前所未有的物质和精神财富,另一方面"人类也正处在一个挑战层出不穷、风险日益增多的时代"①,人类文明面临诸多挑战。最后,习近平创造性地提出了"构建人类命运共同体,实现共赢共享"的中国方案,为在当前形势下促进人类文明进步贡献了中国智慧。习近平指出"人类文明进步历程从来没有平坦的大道可走,人类就是在同困难的斗争中前进的","遇到了困难,不要埋怨自己,不要指责他人,不要放弃信心,不要逃避责任,而是要一起来战胜困难"②。构建人类命运共同体,就是要世界各国合作解决共同面临的发展、安全、生态等重大问题,促进生产力的发展,增进人民福祉,共同推动人类文明向着更高的阶段进步,"让和平的薪火代代相传,让发展的动力源源不断,让文明的光芒熠熠生辉"③。

(二)坚持多彩、平等、包容的文明观

世界多极化、文明多样化已成为不可逆转的大趋势,不同国家、不同民族的历史文化和发展模式不尽相同,不同文明之间如何相处的问题变得日益突出,秉持怎样的一种文明观,将直接决定对待文明相处的态度和做法。2014年3月,习近平在联合国教科文组织总部发表的演讲中曾揭示文明的三个特征,这一文明观作为对世界文明的基本把握,对现实具有重要的指导意义。首先,"文明是多彩的"④。任何一个国家、一个民族都是在文明的承先启后、继往开来中走到今天的,不同地区的人们因其从历史

---

① 《习近平谈治国理政》第二卷,外文出版社2017年版,第538页。
② 《习近平谈治国理政》第二卷,外文出版社2017年版,第487页。
③ 《习近平谈治国理政》第二卷,外文出版社2017年版,第437页。
④ 习近平:《在联合国教科文组织总部的演讲》,《人民日报》2014年3月28日。

中继承的客观的物质精神条件不同、现实情况不同，其创造的文明成果也必然不同。坚持文明的多样性，有助于促进不同文明的交流合作，"让各国人民享受更富内涵的精神生活、开创更有选择的未来"[①]。其次，"文明是平等的"[②]。文明是人类创造的积极的、进步的成果，是世界各国各地人民在具体的历史的条件下生产生活智慧的结晶，因而不可能存在放之四海而皆准的衡量和判别标准，不同的文明之间只有特色之分而没有优劣之别。坚持文明的平等观，在对待不同文明时秉持谦逊、尊重和礼敬的态度，才能真正领略文明的真谛、促进文明的发展。最后，"文明是包容的"[③]。古人云："海纳百川，有容乃大。"一种文明要想具有持久的生命力，就必须不断地与其他文明进行交流，在交流中取长补短、推陈出新。人类迄今为止所创造的灿烂辉煌的文明，无论是古代的还是现代的，无一不是在流动和开放的环境条件和背景中生成和发展起来的。中华文明是尤其具有包容性的文明，它在几千年的形成过程中不断吸纳其他文明的优秀成分，其精髓也为其他文明所学习借鉴，从而深刻地影响了人类文明的创造与发展。坚持文明的包容观，能够最大限度地提升文明的魅力、减少文明的冲突、促进文明的和谐、实现文明的进步。

（三）倡导不同文明的交流互鉴

习近平多次强调："文明因交流而多彩，文明因互鉴而丰富。"文明的交流互鉴对于文明的发展至关重要。文明的交流传播与人类交往关系的扩大是相伴随的。马克思研究人类文明问题的一个关键点，是始终站在世界

---

① 习近平：《在联合国教科文组织总部的演讲》，《人民日报》2014年3月28日。
② 习近平：《在联合国教科文组织总部的演讲》，《人民日报》2014年3月28日。
③ 习近平：《在联合国教科文组织总部的演讲》，《人民日报》2014年3月28日。

历史的高度，强调交往关系对于生产力发展的重要影响。他指出："某一个地域创造出来的生产力，特别是发明，在往后的发展中是否会失传，完全取决于交往扩展的情况。"① 马克思曾正面评价资本主义文明的历史进步性，认为它使"一切民族甚至最野蛮的民族都卷到文明中来了"，"过去那种地方的和民族的自给自足和闭关自守状态，被各民族的各方面的互相往来和各方面的互相依赖替代了。物质的生产是如此，精神的生产也是如此。各民族的精神产品成了公共的财产。民族的片面性和局限性日益成为不可能，于是由许多种民族的和地方的文学形成了一种世界的文学"②。作为人类最高文明形态的共产主义文明，更是以生产力的普遍发展和与此相联系的世界交往为前提。只有生产力高度发展，人们作为"世界历史性的而不是地域性的存在"③ 成为现实，共产主义才可能真正建立。正因为文明是在交往、传播中发展进步的，文明的交流互鉴才成为必然和必需。自习近平创造性地提出"一带一路"倡议以来，我国大力传承和弘扬以和平合作、开放包容、互学互鉴、互利共赢为特征的丝绸之路精神，本着顺应当今时代潮流、适应社会发展规律、符合各国人民利益的原则，积极开展与"一带一路"沿线国家和地区人民的经济文化往来，致力于相关各方之间的政策沟通、设施连通、贸易畅通、资金融通、民心相通，相信这必将会有力地促进人类文明的发展进步。但是学习其他文明的长处优点，并不意味着放弃自身的特色。习近平在倡导不同文明交流互鉴的同时，始终强调"进行文明相互学习借鉴，要坚持从本国本民族实际出发，坚持取长补短、择善而从，讲求兼收并蓄，但兼收并蓄不是囫囵吞枣、莫衷一是，而

---

① 《马克思恩格斯文集》第一卷，人民出版社 2009 年版，第 559 页。
② 《马克思恩格斯文集》第二卷，人民出版社 2009 年版，第 35 页。
③ 《马克思恩格斯文集》第一卷，人民出版社 2009 年版，第 538 页。

是要去粗取精、去伪存真"①。只有在学习借鉴人类创造的一切文明成果的基础上更好地发展自己的文明，才能实现各个国家、各个民族文明的和合共生，以及人类文明的整体进步。

二、国家层面：坚持社会主义的文明方向

习近平指出："中华民族，具有5000多年绵延不绝的文明历史，为人类文明进步作出了不可磨灭的贡献。但是，由于封建制度的腐朽没落，中国在近代被世界快速发展的浪潮甩在了后面。"②20世纪初，马克思主义传入中国。中国共产党以马克思主义为指导，选择了社会主义作为救亡图存、振兴中华的道路，将人类社会迄今为止最先进、最科学的文明形态作为不懈追求的目标。中国特色社会主义进入新时代，中国共产党带领全国各族人民致力于实现中华民族伟大复兴的中国梦。习近平指出："实现中国梦，是物质文明和精神文明均衡发展、相互促进的结果。没有文明的继承和发展，没有文化的弘扬和繁荣，就没有中国梦的实现。"③文明是社会主义的内在要求，也是社会主义现代化国家的重要特征。在我国，从国家层面促进文明的进步，就是要坚持社会主义的文明方向、大力发展社会主义文明。具体而言，就是通过建构中国特色社会主义文明体系、建设社会主义精神文明、培育社会主义文明价值观这三个层面，层层落实、逐步

---

① 习近平：《在纪念孔子诞辰2565周年国际学术研讨会暨国际儒学联合会第五届会员大会开幕会上的讲话》，人民出版社2014年版，第11页。

② 习近平：《在纪念毛泽东同志诞辰120周年座谈会上的讲话》，人民出版社2013年版，第2页。

③ 习近平：《出席第三届核安全峰会并访问欧洲四国和联合国教科文组织总部、欧盟总部时的演讲》，人民出版社2014年版，第16页。

展开。

(一) 建构中国特色社会主义文明体系

中国特色社会主义文明体系是广义的文明,是对中国人民在中国特色社会主义时期所创造的所有积极成果的综合和概括。中国共产党向来高度重视文明建设,早在《新民主主义论》中,毛泽东就指出:"我们不但要把一个政治上受压迫、经济上受剥削的中国,变为一个政治上自由和经济上繁荣的中国,而且要把一个被旧文化统治因而愚昧落后的中国,变为一个被新文化统治因而文明先进的中国。"① 改革开放初期,由于偏重物质文明建设,对精神文明的建设相对重视不够,我国曾一度出现"一手硬、一手软"的状况。为了实现两个文明的协调发展与相互促进,邓小平反复强调精神文明建设的重要性,明确指出:"我们要在建设高度物质文明的同时,提高全民族的科学文化水平,发展高尚的丰富多彩的文化生活,建设高度的社会主义精神文明。"② 党的十六大明确提出了"政治文明"的概念,把发展社会主义民主政治、建设社会主义政治文明确定为全面建设小康社会的重要目标。随后,十六届六中全会提出了构建社会主义和谐社会的重大战略任务,强调要"推动社会建设与经济建设、政治建设、文化建设协调发展"③,这就在实际上提出了"社会文明"的建设问题。社会文明是"社会主义物质文明、精神文明、政治文明发展到一定阶段后的必然结果和时代要求,也是中国特色社会主义文明体系在质上的又一次

---

① 《毛泽东选集》第二卷,人民出版社 1991 年版,第 663 页。
② 《邓小平文选》第二卷,人民出版社 1994 年版,第 208 页。
③ 《中共中央关于构建社会主义和谐社会若干重大问题的决定》,人民出版社 2006 年版,第 5 页。

新飞跃"①。随着对社会主义文明的认识的进一步深化，党的十七大又提出了"生态文明"的概念，指出我国要"建设生态文明，基本形成节约能源资源和保护生态环境的产业结构、增长方式、消费模式"②。在党的十九大报告中，习近平充满信心地提出，到 21 世纪中叶，我国的物质文明、政治文明、精神文明、社会文明和生态文明将得到全面提升，"全体人民共同富裕基本实现，我国人民将享有更加幸福安康的生活，中华民族将以更加昂扬的姿态屹立于世界民族之林"③。"五个文明"相互协调、相互制约、相互促进，与中国特色社会主义事业"五位一体"的总体布局相统一，是社会主义文明在中国特色社会主义历史时期的具体展开。"五个文明"的提出，极大地丰富了社会主义文明的内涵，标志着中国特色社会主义文明体系的形成。

（二）建设社会主义精神文明

社会主义精神文明是中国特色社会主义文明体系的重要组成部分。习近平总书记指出："实现中华民族伟大复兴的中国梦，物质财富要极大丰富，精神财富也要极大丰富。我们要继续锲而不舍、一以贯之抓好社会主义精神文明建设，为全国各族人民不断前进提供坚强的思想保证、强大的精神力量、丰润的道德滋养。"④改革开放以来，我们党始终将建设社会主

---

① 段鹏飞：《从"两个文明"到"五个文明"——论中国特色社会主义文明体系的历史演进》，《燕山大学学报（哲学社会科学版）》2008 年第 4 期。
② 胡锦涛：《高举中国特色社会主义伟大旗帜　为夺取全面建设小康社会新胜利而奋斗——在中国共产党第十七次全国代表大会上的报告》(2007 年 10 月 15 日)，《人民日报》2007 年 10 月 25 日。
③ 习近平：《决胜全面建成小康社会　夺取新时代中国特色社会主义伟大胜利——在中国共产党第十九次全国代表大会上的报告》(2017 年 10 月 18 日)，《人民日报》2017 年 10 月 28 日。
④ 《习近平谈治国理政》第二卷，外文出版社 2017 年版，第 323 页。

义精神文明作为重要的战略任务。党的十二大第一次提出了"社会主义精神文明是社会主义的重要特征"的著名论断,指出:"社会主义精神文明是社会主义的重要特征,是社会主义制度优越性的重要表现。"① 在党的十三大上,党中央明确提出将"文明"作为社会主义现代化建设在文化方面的目标,指出要建设"富强、民主、文明"的社会主义现代化强国。1991年,党中央提出了"有中国特色社会主义的文化"的概念,并在党的十五大报告中做了明确的界说:"有中国特色社会主义的文化,就其主要内容来说,同改革开放以来我们一贯倡导的社会主义精神文明是一致的。"② 而中国特色社会主义文化建设,用习近平的话说就是"以马克思主义为指导,坚守中华文化立场,立足当代中国现实,结合当今时代条件,发展面向现代化、面向世界、面向未来的,民族的科学的大众的社会主义文化,推动社会主义精神文明和物质文明协调发展"③。改革开放40年来,我国的物质文明建设取得了令世人瞩目的巨大成就,精神文明建设尽管成绩不小但仍有很大的提升空间。在近些年来我国发生的重大社会焦点事件中,有很大一部分折射出国民道德水平、公共意识等文明素质亟待提高的现实。在新的历史起点上,习近平指出:"只有站在时代前沿,引领风气之先,精神文明建设才能发挥更大威力。"④ "站在时代前沿",就是要关切人民群众不断增长的精神文化需求,回应当代社会发展的重大理论和现实

---

① 胡耀邦:《全面开创社会主义现代化建设的新局面——在中国共产党第十二次全国代表大会上的报告》,《人民日报》1982年9月8日。
② 江泽民:《高举邓小平理论伟大旗帜 把建设有中国特色社会主义事业全面推向二十一世纪——在中国共产党第十五次全国代表大会上的报告》,《人民日报》1997年9月13日。
③ 习近平:《决胜全面建成小康社会 夺取新时代中国特色社会主义伟大胜利——在中国共产党第十九次全国代表大会上的报告》(2017年10月18日),《人民日报》2017年10月28日。
④ 《习近平谈治国理政》第二卷,外文出版社2017年版,第324页。

问题，创新社会主义精神文明的内容和载体，改进精神文明建设的方式和方法，使精神文明建设始终充满生机与活力；"引领风气之先"，就是要发挥中华优秀传统文化、革命文化、社会主义先进文化的精神引领作用，大力加强党风政风、社风家风建设，让社会主义文明风尚普遍形成。

（三）培育社会主义文明价值观

社会主义核心价值观是当代中国精神的集中体现，培育社会主义核心价值观是社会主义精神文明建设的重要内容。作为社会主义核心价值观在国家层面对于文化的价值目标，文明是社会主义现代化国家文化建设的应有状态，是对"面向现代化、面向世界、面向未来的，民族的科学的大众的社会主义文化"的概括，将文明作为目标进行价值观建设，将在更具体的层面促进我国精神文明的发展和国家文明的整体进步。培育社会主义文明价值观，应从广度、长度、深度三个维度加以注意。首先，从广度上说，要将文明的价值观念融入社会主义建设的方方面面。一方面，文明是整体性的价值诉求，文明的价值观念关系到个人的全面发展、社会的整体进步和民族的伟大复兴，本就贯穿于社会主义核心价值观建设的始终，因而不能将它仅仅视为国家文化方面的价值要求；另一方面，"一种价值观要真正发挥作用，必须融入社会生活，让人们在实践中感知它、领悟它"[①]，这就要求在培育过程中将文明的价值观念融入中国特色社会主义经济建设、政治建设、文化建设、社会建设、生态文明建设的全过程，如此才能使人们在全面的社会生活中更好地习得和强化文明的价值观念。其次，从长度上说，要形成文明建设的长效机制，重在建设，贵在坚持。任

---

① 《习近平谈治国理政》第一卷，外文出版社2014年版，第165页。

何一种思想观念、文化风气的形成都不是一日之功,而是日积月累的结果,因此必须加快建立和完善相关的制度,在制度的保障下持续推进文明价值观的建设,使文明逐渐成为人们的一种思想观念和行为习惯从而扎下根来。最后,从深度上说,要重点关注人的发展。党的十九大对于社会主义核心价值观建设的一个新发展,就是把"培育什么样的价值观"同"培养什么样的人"更加紧密地结合起来,进一步明确了社会主义核心价值观建设的出发点和落脚点,可以说这是抓住了核心价值观建设的根本。培养具有良好文明素质的公民、促进人的全面发展,一则可使社会主义文明价值观在具体的实践主体身上得到充分的、深入的落实,二则可在人们实现自身发展的同时推动文明的进步、充分发挥人民群众作为历史创造主体的作用,从而使文明价值观得到最大的彰显。

三、个体层面:提升公民的文明素质

国家文明与社会个体文明是内在统一的。国与国之间文明的较量,归根结底是各个国家中公民个体之间文明素质的较量。公民个体的道德品性、精神风貌、行为习惯等,是国家文明最生动的体现。因此,虽然文明是社会主义核心价值观在国家层面的价值目标,但它的实现必须要落实到个体层面,重在提升每个公民个体的文明素质。

提升公民个体的文明素质必须发挥教育的作用。习近平指出:"要积极发展教育事业……让教育为文明传承和创造服务。"[1] 促进文明的传承和

---

[1] 习近平:《出席第三届核安全峰会并访问欧洲四国和联合国教科文组织总部、欧盟总部时的演讲》,人民出版社2014年版,第16页。

创造，不仅要通过教育使人们具有较高的科学文化知识，而且要通过教育让文明的价值观念深入人心，使人们内化于心、外化于行，自觉地以文明的价值要求进行持续的自我教育。在中国特色社会主义新时代，通过教育培育公民的文明价值观念、提升公民的文明素质，必须要以培养担当民族复兴大任、促进文明进步的时代新人为根本着眼点。具体说来应着重从以下几方面着手。

（一）坚定理想信念

理想信念对于每一个社会个体都至关重要，一个人只有拥有坚定的理想信念，才能明确人生的奋斗目标，沿着正确的发展道路努力拼搏，实现人生价值；才能在遇到挫折时始终不渝、百折不挠，以惊人的毅力战胜困难、成就事业；才能始终对自我提出严格的要求，不断追求卓越，超越"小我"、成就"大我"。而一旦理想信念这个"总开关"松动了，不能坚守正确的价值观、是非观、义利观，不仅可能会浑浑噩噩、碌碌无为，更有可能在多元选择、不良诱惑面前迷失方向，做出出轨越界、违法违规的事情。因此，要通过教育，使人们认识到理想信念的重要性；认识到共产主义理想的科学性和崇高性；认识到只有投入到为人类谋幸福的社会实践中才能使个体有限的生命实现最大的价值；认识到中国梦是全国各族人民的共同理想、是应该牢固树立的伟大理想，中国特色社会主义是实现中国梦的正确道路、是应该牢固确立的人生信念，从而自觉锤炼意志品质、锻造过硬本领，通过脚踏实地的艰苦奋斗，在建设中国特色社会主义的伟大事业中实现个人价值与社会价值的统一。

（二）涵养爱国情怀

在中华民族几千年绵延发展的历史中，爱国主义始终是激昂的主旋律，激励着炎黄子孙奋发有为、自强不息，是各族人民宝贵的精神财富。一个人在世间生存和发展所必需的物质条件、精神支持，首先是国家为其提供的，没有国家的安定与繁荣，就没有个人的生存与发展，因此，爱国是每个公民对国家应尽的责任和义务。习近平总书记精辟地指出："我们常讲，做人要有气节、要有人格。气节也好，人格也好，爱国是第一位的。"① 对自己的祖国及民族和文化怀有认同感、尊严感与责任感，是一个人成就高贵气节、高尚人格的根基。要通过教育让爱国主义精神在人们心中牢牢扎根，引导青年学生坚持爱国、爱党和爱社会主义相统一，激励社会各阶层人们在自己的岗位上涵养爱国情怀、致力实干兴邦，以理性认知和实际行动表达爱国的深厚情感。

（三）培养道德品质

拥有良好的道德品质，不仅能使个人不断追求向上向善的精神境界，自觉进行自我完善，更好地实现全面发展，而且能使人与人的关系更加和谐融洽，是使社会获得良序运行的重要保障。修德不仅要立意高远，又要立足平实；既要培养为国为民的大德，也要从小事做起、管好小节，"踏踏实实修好公德、私德，学会劳动、学会勤俭，学会感恩、学会助人，学会谦让、学会宽容，学会自省、学会自律"②。培养道德品质，要善于从中华优秀传统文化中汲取养分。中华优秀传统文化中有大量关于道德修养

---

① 习近平：《在北京大学师生座谈会上的讲话》，人民出版社2018年版，第11页。
② 《十八大以来重要文献选编》（中卷），中央文献出版社2016年版，第7页。

的智慧，比如"太上立德，其次立功，再次立言"，将"立德"视为人生"三不朽"之首，以及"吾日三省吾身：为人谋而不忠乎？与朋友交而不信乎？传不习乎""见贤思齐焉，见不贤而内自省也"等道德修养的具体内容和方法。要通过教育，引导人们向往和追求讲道德、尊道德、守道德的生活，遵守社会公德、职业道德和家庭美德，继承和弘扬中华民族优良道德传统，成为一个"明大德、守公德、严私德"[①]的人。

（四）增长知识见识

知识是人类进步的阶梯，文明的发展离不开知识变革和思想先导。一个具有较高文明素质的公民必然是接受过良好教育、具有较高科学文化水平的人。个人既要通过不断的学习掌握事物发展规律、了解不同文明的价值，多知其所以然，又要将所学内化于心，形成自己的见解，树立正确的世界观、人生观、价值观。习近平尤其关心领导干部和青年人的学习问题，曾在多个场合反复强调领导干部要加强读书学习，"加快知识更新，优化知识结构，拓宽眼界和视野，着力避免陷入少知而迷、不知而盲、无知而乱的困境，着力克服本领不足、本领恐慌、本领落后的问题"[②]；多次勉励青年人要将学习作为首要任务，"增强知识更新的紧迫感，如饥似渴学习，既扎实打牢基础知识又及时更新知识，既刻苦钻研理论又积极掌握技能，不断提高与时代发展和事业要求相适应的素质和能力"[③]。要通过教育传播知识、传播思想、传播真理，推动建设学习型社会，不断提高全体公民的科学文化素质。

---

① 《十八大以来重要文献选编》（中卷），中央文献出版社 2016 年版，第 7 页。
② 《习近平讲故事》，人民出版社 2017 年版，第 113 页。
③ 《十八大以来重要文献选编》（上卷），中央文献出版社 2014 年版，第 279 页。

（五）优化生活方式

文明素质的提高离不开健康文明的生活方式。具有健康的身心不仅是每个人实现幸福生活的重要基础，也是全面建成小康社会、实现国家文明进步的重要内涵。因此，必须树立健康第一的教育理念，引导公民以有益于维护身心健康和社会文明为原则优化个人生活，培养健康的生活情趣。践行健康文明的生活方式，一是要重视体育锻炼。习近平指出："体育在提高人民身体素质和健康水平、促进人的全面发展，丰富人民精神文化生活、推动经济社会发展，激励全国各族人民弘扬追求卓越、突破自我的精神等方面都有着不可替代的重要作用。"① 因而要推动全民健身、全民健康。二是要倡导绿色消费。消费已经成为现代人重要的生活内容之一，并直接影响生态环境。习近平指出"要倡导推广绿色消费"，因为"生态文明建设同每个人息息相关，每个人都应该做践行者、推动者"②。要通过教育强化公民的环境意识，使公民形成节约适度、绿色低碳、文明健康的消费模式，以个人的绿色生活助力国家的生态文明。

文明的进步是人类亘古不变的价值追求。中华民族具有5000多年悠久灿烂的文明，为人类文明的发展做出了重要的贡献。中国共产党始终将文明作为领导中国人民进行革命和建设的价值追求，在马克思主义的指引下，继承中华古代文明的精华、借鉴外来文明的优秀成分，不断探索建设社会主义文明的道路，开拓了中国特色社会主义的伟大事业，为人类文明的进步提供了宝贵的经验和财富。当前，我国已进入中国特色社会主义新时代，这一新的历史方位对文明的发展程度提出了更高的要求。习近平关

---

① 《习近平关于社会主义文化建设论述摘编》，中央文献出版社2017年版，第191页。
② 《习近平谈治国理政》第二卷，外文出版社2017年版，第396页。

于文明的重要论述涵括世界、国家和个人三大层面,我们必须深化对它的学习和研究,深刻领会习近平关于文明的重要论述的时代背景、理论内涵、科学体系、实践要求,促进文明价值在中国特色社会主义新时代的全面实现。

(原载《理论学刊》2019年第2期)

文化哲学视域下的人类命运共同体研究

邹广文　刘文嘉

随着全球交往的深入拓展,世界政治格局中主体国家的主权观念空前强化,世界各民族间的文化冲突与融合日趋加剧。如何在世界多极化、经济全球化、文化多样化趋势中确立民族发展的精神向度,如何在基于对人类命运深刻思考的前提下形成一种健康的未来发展意识,这是中国和世界都必须面对的时代课题。

2013年3月,习近平主席在莫斯科国际关系学院演讲时首次向世界传递了对人类文明未来走向的中国判断:"这个世界,各国相互联系、相互依存的程度空前加深,人类生活在同一个地球村里,生活在历史和现实交汇的同一个时空里,越来越成为你中有我、我中有你的命运共同体。"此后,从博鳌亚洲论坛2013年年会的主旨演讲,到2015年纪念中国人民抗日战争暨世界反法西斯战争胜利70周年大会上的讲话;从2015年在联合国《携手构建合作共赢新伙伴　同心打造人类命运共同体》的演讲,到2016年G20杭州峰会开幕式上"携手构建人类命运共同体"的倡议,习近平主席数次在国内国际多种场合表达、强调了人类命运共同体的发展理念,呼吁全世界各国面向人类未来树立"人类命运共同体意识"。

如果将这些分别针对不同问题、切合不同场合、着重不同阐述角度的讲话组合起来，便形成了一个论述体系，全面凸显了人类命运共同体的内涵、意义、价值目标与实现方式。一方面深刻呈现了"中国梦"与"世界梦"的辩证关系，在"共同体"视野下提炼了世界文明交流互鉴原则；另一方面拓展和延伸了"中国梦"的内涵，正将中国故事升华为"共同体"层面的人类经验。

一、理解人类命运共同体的几个维度

近代以来，伴随着"历史也就越是成为世界历史"[①]的进程，基于不同理解、不同文化的各种全球性观念也应运而生。以往的全球观，都是以某一种文化形态为本位框定全球关系，人类命运共同体则试图超越民族国家与意识形态的叙事层面，寻求每个民族平等的生存发展机会和人类文明整体上的安全和进步。这个理念的形成，有其深刻的历史文化支撑。

从历史上看，它是人类在普遍交往背景下所形成的价值共识。基于对资本全球扩张的历史判断，马克思、恩格斯曾在《德意志意识形态》当中勾勒了交往发展为普遍交往、历史成为世界历史的进程，并用"共同体"或"联合体"等概念，表达了一种扬弃阶级对立的共产主义理想。1848年，他们又在《共产党宣言》中深刻指出，资本主义"挖掉了工业脚下的民族基础"，与经济全球化所开启的"世界历史"相伴随的将是一种"世界的文学"[②]。这种"世界的文学"，指称的就是因人类现代性历史实践所

---

① 《马克思恩格斯选集》第一卷，人民出版社1995年版，第88页。
② 《马克思恩格斯选集》第一卷，人民出版社1995年版，第276页。

带来的世界历史多元一体的文化景观。马克思在这里已说明，随着市场经济及资本的扩张，必然带来全球范围内社会全方位的沟通与交流，使得这个世界愈来愈呈现为你中有我、我中有你的广泛的文化交流局面。

一个半世纪后的今天，不同文明形态间的交往已经更加深入和紧密。随着资本的全球扩张和科技的迅猛发展，粮食安全、环境污染、气候变化、恐怖主义、核武器威胁等人类整体性困境同时出现，其影响是全球性的，其解决也必须有赖于一个整体性的方案，需要各民族国家坚持求同存异、和而不同，努力把握人类利益和价值的通约性，在国与国关系中寻找最大公约数。习近平主席对未来人类文明将走向"命运共同体"的判断，既与马克思、恩格斯提出的文明交往理论有着内在的逻辑关联性，又是着眼于未来人类和平与发展所做出的时代新诠释，对人类普遍交往形成的价值共识进行了中国表达。其中所承载的文化意蕴可以具体从三个方面予以阐释。

第一，从本质上看，它是超越了种族中心主义叙事的全球观。不同国家利益、不同宗教信仰、不同意识形态、不同社会制度的分歧甚至对立亘古有之，与之相伴的则是各种种族中心主义的观念和行为。这种观念以自身文化的价值和理念为"取景框"，以此评判文化优劣，并试图将自身价值强加于其他人群、组织、民族、共同体或文化形态。漫长的历史中，它从深层影响了各民族国家处理国际关系、地区关系的立论点，间接或直接导致了近代之后世界纷争和冲突不断。两次世界大战之后，尤其是晚近以来，几乎成为偏见和曲解代名词的种族中心主义不断被反省，和平共处、有序竞争成了国际秩序的主流，维护人类共同价值、以人类理性选择世界的未来，已经成为文明发展的诉求。人类命运共同体，内含着对民族国家和意识形态的超越、对"高下""优劣"文化评判框架的超越、对种族中心主义叙事的超越，正是应时顺势而生的全球观。

第二，从特征上看，它是依托中国文化面向世界文明的文化哲学表达。面对人类的全球性困境，长久以来，世界上很多有识之士已经意识到，"弱肉强食"的社会达尔文主义及"他者是敌手"的冷战思维，只能导致对抗、挑动战争，并不能给人类带来美好未来。只是，形成文化哲学意义上的、既能平衡民族利益又能深刻观照人类命运的理论，需要深厚的文化渊源和长久的历史经验做支撑。中国地域广阔，民族与宗教多元并存，在数千年文明史中，虽履险而能如夷、经百折而犹向前，始终保持着统一、和平发展的主基调。维持这种多元一体、差异相融文明格局的凝聚力，来自中国哲学中"天人一体"的宇宙观、"天下一家"的世界观、"民胞物与"的人类观、"和而不同"的中道智慧。而其内含的"道法自然""天下为公""为政以德""革故鼎新"等理念，则为今天全球意义上的生态保护、社会治理、民族交往、道德建设等方面提供了重要启示和方法论。以习近平同志为核心的党中央，正是在充分吸收、提炼中国文化价值精神的基础上，面向世界文明提出了"人类命运共同体"理念。

第三，从实践上看，它是具有自律性和非强制性的价值范导。中国文化精神的特征，决定了在实践和操作层面上，"人类命运共同体"是靠共识和自律来达成的。其本质和特征决定了它的约束力来自人们对解决问题最优途径的认可，决定了它要依靠自律、反省、互相监督等软性方法来维系，而不是靠硬性手段贯彻执行。全球交往的历史证明，一旦用强制性手段推广"普遍性"的价值，就等于使一些强势文化成了执行者和法官的角色，从而隐性地取消了各个文化传统之间对等的地位，使得霸权主义再度有可乘之机。在历次讲话中，习近平主席提出了人类命运共同体的实现途径和具体体现。总结起来即是，要建立平等相待、互商互量的伙伴关系，营造公道正义、共建共享的安全格局，谋求开放创新、包容互惠的发展前景，促进和而不同、兼容并蓄的文明交流，构筑尊崇自然、绿色发展的生态体系。这些都要靠各民族国家的协商、交流和自律来完成。

中国正是这种自律的践行者和表率者。当前，中国经济虽然面临着下行压力，但依然贡献全球经济增量的三分之一，居世界首位。在经济全球化发展大势中，中国致力于公平、互惠的全球贸易规则的达成，致力于地区合作的共赢；在全球治理体系重构大势中，中国积极参与巴黎气候峰会、核安全峰会、G20峰会、世界互联网大会等会议，并在其中发挥了关键性作用，担当了推动全球治理制度转型的改革者角色。有赖于这种不懈努力，人类命运共同体理念正在广泛凝聚国内国际共识，在彰显民族文化主体性的同时，日渐形成关于人类未来发展的、成熟的"中国蓝图"，并已经开始对文化实践、地缘政治、大国关系、地区合作、全球治理产生实质性影响。

二、在"共同体"视野下提炼文明交流互鉴原则

人类命运共同体言简义丰，作为超越民族、国家和意识形态的文化观，它肩负着两个功能：一方面推进各文化形态的健康交流与平等对话，另一方面保证各民族文化的个性和资源不致丢失、不被同化、继续传承。正是在这两个方面的张力中，文明交流互鉴的原则得以生成。

2014年3月，在联合国教科文组织总部的演讲中，习近平主席指出了推动文明交流互鉴需要秉持的"正确的态度和原则"："第一，文明是多彩的，人类文明因多样才有交流互鉴的价值。""第二，文明是平等的，人类文明因平等才有交流互鉴的前提。""第三，文明是包容的，人类文

明因包容才有交流互鉴的动力。"同年9月24日，在纪念孔子诞辰2565周年国际学术研讨会暨国际儒学联合会第五届会员大会开幕会上的讲话中，习近平主席以中国文化"和而不同""己所不欲，勿施于人"等思想渊源为依归，再一次提出了文明对话的基本遵循，即"维护世界文明多样性""尊重各国各民族文明""正确进行文明学习借鉴""科学对待文化传统"四个方面，与在联合国教科文组织总部的讲话形成了呼应和互补。

多彩、平等、包容，勾勒出了文明交往的基本框架。这里面有在民族文化交往进程中积累的经验，有在全球化和现代化的大浪淘沙中提炼的共识，有对中华优秀传统文化的提炼和总结。其中，多彩表达了"共同性""多样性"的对立统一，平等消解了"强文化""弱文化"的狭隘语境，包容则指向了一种成熟的文化心态。这些规则符合人类共同的伦理原则和理性精神，避免了文明对话陷入传统的"文化霸权主义"或"文化保守主义"两个极端态度，以"文明和谐"取代了"文明冲突"的认识框架，依托中国文化为世界文明对话提供了"中国方案"。反向说来，人类历史披沙炼金，为今天留下的每一种文明都是相对成熟的文化形态，都有着坚固的宗教、哲学、伦理、习俗、制度构架。如果在21世纪的今天，仍然偏狭地以自身传统为本位批判其他民族的文化形态和道路选择，与数百年前那种把中国人看作"异教徒"的观点、把西方人看成"夷狄"的观念，逻辑又有何不同？

中国提出的文明交往原则，是对人类文明认识框架的改变，实质上将文明交往的模型由"主体—客体"关系变为了主体间性的问题，其延伸出来的命题是，一种民族文化，尤其是传统意义上长期处于弱势地位的民族文化如何在这种新的文明交往框架下自处？抑或说，多彩、平等、包容的文明交往规则内含着怎样的民族文化发展思路？

当代中国的文化实践给出了示例。众所周知，党的十八大之后，培育文化自信、传承中华优秀传统文化、挺立中华文化主体性的理论创新和实践创新都非常显著。值得注意的是，培育文化自信、阐扬中华优秀传统文化的过程，同样是中国积极投身世界、塑造"学习大国"的进程。2014年5月，习近平主席在与外国专家的座谈会上强调，任何一个民族、任何一个国家都需要学习别的民族、别的国家的优秀文明成果。"中国要永远做一个学习大国，不论发展到什么水平都虚心向世界各国人民学习，以更加开放包容的姿态，加强同世界各国的互容、互鉴、互通，不断把对外开放提高到新的水平。"同年9月，在印度世界事务委员会的演讲中，习近平主席再次指出："我一直强调中国要做学习大国，不要骄傲自满，不要妄自尊大，而是要谦虚谨慎、勤奋学习，不断增益其所不能。"自改革开放以来，中国就一直在积极融入世界，"学习大国"这样的自我定位，则从文化交往角度透露出了中国发展观和文化观的成熟。

理论指引实践。近年以来，从引进高层次人才，到创造宽松的投资环境，从建设国际化的智库，到高频次的官方、民间人文交流活动，中国正将"学习大国"由理念变成现实，彰显了一个政党的执政能力和价值情怀，培育了一个社会的创新意识和人文精神，同样也塑造着一个国家的历史观念和世界视野。数据显示，"十二五"时期，我国引进外国专家近200万人次，其中高层次创新人才40多万，为中国现代化建设带来了大量的智力资源。

由此可以看到，"推动中华文明创造性转化和创新性发展"[①]与"虚心向世界各国人民学习"相辅相成，彰显出了一种文化自觉：中国文化的发

---

① 习近平：《在中央政治局第十二次集体学习时的讲话》，《光明日报》2014年1月1日。

展，必须要把握民族性与时代性的张力，达成推进世界文明互鉴与巩固民族文化主体性的统一；打造中国特色、中国风格、中国气派的理论话语体系，与提高话语体系国际融通能力的统一；"保持对自身文化的自信、耐力、定力"[①]与"中国要永远做一个学习大国"的统一。由此，在新的历史条件下推进了中华民族思想自我的塑造，也展现了人类命运共同体与共同体成员之间的应有的张力和良性互动。

三、将中国故事升华为"共同体"层面的人类经验

从历史成为世界历史以来，在西方中心论的框架下，中国优秀传统文化与中国独特的现代化道路一直处于"他者"的角色，等待被重新评价。而作为超越民族国家与意识形态的文化观、全球观，"人类命运共同体"理念的提出给予了中国文化公正的地位，使更多人经由对多样性文化的理解达成对多样性道路的尊重。在此基础上，中国正积极作为，通过对中华文化精神的全面阐扬和对中国特色的学术话语体系的全面建设，将中国故事升华为"共同体"层面的人类经验。

第一，坚守中华文化立场，传承中华文化基因，展现中华审美风范，将中国优秀传统文化转变为应对人类发展困境的资源。西方文化一直有一种二元论的思维方式。在这种思维方式下，人们偏好把万事万物划分成两个对立方面，并使这两个方面处于一种非此即彼的紧张关系当中。从20世纪下半叶以来，这种二元线性思维在处理生态保护、全球治理、文明对

---

① 习近平：《同德国汉学家、孔子学院教师代表和学习汉语的学生代表座谈》，《光明日报》2014年3月30日。

话等很多方面展现出了弊端，增加了不同民族间的对立情绪和发生冲突的可能性。因此，东西方学者不约而同地把眼光投向了具有悠久传统和丰富资源的中国文化，认为其"和而不同""求同存异""克己复礼""己所不欲，勿施于人""万物并育而不相害，道并行而不相悖"的原则在解决人类面临的困境上提供了更好的思路。

在2014年9月纪念孔子诞辰2565周年国际学术研讨会暨国际儒学联合会第五届会员大会开幕会上的讲话中，针对贫富差距持续扩大、物欲追求奢华无度、个人主义恶性膨胀、社会诚信不断消减、伦理道德每况愈下、人与自然关系日趋紧张等当代人类面临的难题，习近平主席按照生态保护、社会治理、行政伦理、民族交往、道德建设等几大类，深刻梳理了中国文化和哲学中的启示。正如其所言，以共同体为视野，中国优秀传统文化的丰富哲学思想、人文精神、教化思想、道德理念，正在为人类发展和全球治理提供着重要的资源。

在哲学方面，近年来除了尼山世界文明论坛、世界儒学大会等中国主场的国际会议致力于将儒家传统与当代价值对接，以中国文化滋养人类命运共同体实践，传统上一直为西方所主导的哲学会议也开始重新审视中国哲学的角色。五年一届的、被称为哲学界奥林匹克的世界哲学大会，自1900年以来一直由西方哲学唱独角戏。但在2013年的雅典世界哲学大会上，中文不仅被作为永久性工作语言，中国更是获得了2018年第24届世界哲学大会的承办权。经历了"新心学""新理学""新仁学"等创新性发展的中国哲学，在世界最高哲学舞台迎来自己的主场。这是一种东方价值"在场"的展现，也是中华优秀传统文化经历创造性转化、创新性发展后成为共同体资源的重要象征。

在文学艺术方面，中国当代文艺创作在面向全人类共同审美向度的同时，更加注重确立自己的基本话语、构建自己的命题学说，呈现了若干中国文化"走出去"的经典例子。2014年8月，国际译联将"北极光"杰出文学翻译奖授予中国著名翻译家许渊冲，这是国际翻译界的最高奖项第一次把目光投向中国。2015年8月，中国科幻作家刘慈欣的作品《三体》获得雨果奖最佳长篇小说奖，创造了中国科幻文学作品获得世界级奖项的纪录。中华美学精神的阐扬及以其为核心的话语系统建构，正在由纯理论学术问题透入鲜活的日常实践，潜移默化地改变着中外文化交往的生态，润物无声地将中国文化上升为"共同体"实践中的重要资源。

第二，构建中国特色哲学社会科学，将中国道路上升为人类现代化经验。当代中国正经历着我国历史上最为广泛而深刻的社会变革，也正在进行着人类历史上最为宏大而独特的实践创新。这种前无古人的探索和实践，给理论创新、学术繁荣提供了强大动力和广阔空间。党的十八大以来，以推进中国马克思主义话语体系建设、推进中国特色社会主义话语体系创新来全面阐释中国道路，成为中国学术界和文化界研讨的核心命题。

话语体系是思想理论体系和知识体系的外在表达形式，是理论发展到一定阶段的产物，是成熟的标志、是实力的象征、是自信的体现，也是话语权的基础。基于这一视野，习近平主席在2016年5月召开的哲学社会科学工作座谈会上提出："要按照立足中国、借鉴国外、挖掘历史、把握当代，关怀人类、面向未来的思路，着力构建中国特色哲学社会科学，在指导思想、学科体系、学术体系、话语体系等方面充分体现中国特色、中国风格、中国气派。"具有中国气派的哲学社会科学话语体系的建立和成熟，将极大地推动中国经验的提炼、中国道路的阐述、中国精神的弘扬，中国力量的凝聚。

百余年来，在中国革命、建设、改革的洪流中，根植于中国社会发展历程的马克思主义哲学中国化创新成果直接作用于中国人的生活实际，形成了中国风格的话语体系，成为现代中国人主体意识觉醒的精神动力。实事求是、为人民服务、共同富裕等概念深入人心，正确解决人民内部矛盾、实践是检验真理的唯一标准、科学技术是第一生产力等命题引起了广泛的社会关注，科学发展观、和谐社会、以人为本、协商民主、公平正义等话语凝聚了价值共识，而中国梦、"四个全面""四个自信"等思想和理念正成为激励中华儿女实现中华民族伟大复兴的强大精神动力。这个全面反映中国独立、解放、建设、改革实践的话语体系，对内夯实了全国各族人民团结奋斗的思想基础，对外则不断说明着中国道路的独特历史境遇和普遍启示意义。

进一步说，从"共同体"角度看，面对世界多极化、经济全球化及文化多样化的复杂情境，积极推进具有中国气派的哲学社会科学话语体系的建立和成熟，并促进中国学术对"中国故事"进行自觉的文化表达和科学说明，必将极大丰富人类对多样性现代化道路的认知，坚定以本民族文化为本位完成现代转型的信念，提供非西方国家在全球化背景下的现代化样本，由此将"中国经验"上升为"共同体"意义层面的理念体系和知识范式。无论是中国在G20杭州峰会上担当的"全球治理改革者"的角色，还是在"一带一路"重大倡议中践行的"共商、共建、共享"理念，都在具体实践中传递出了"中国经验"和"中国价值"对共同体的深刻影响。可以想见，"人类命运共同体"的理论和实践会进一步呼唤这样的学术表达，这种日渐成熟的学术表达也将成为连接中国道路和人类命运的重要桥梁。

第三，从人类整体性文化诉求出发，妥善解决与人类的生存发展密切相关的问题。面对人类新文明在未来的生成，中国20世纪末期的文化实践实现了一个伟大的转变,即使中国文化进入了世界文化的总体发展格局。进入21世纪,中国文化不再是要不要与世界文化接轨的问题,而是如何在这个格局中确立自身文化的价值并展示新文明辉煌的问题。改革开放的伟大实践,把中国真正带入世界范围的现代化发展潮流。站在新的历史起点上,需要我们从全球性角度着眼,把中国的社会与文化发展置于世界文化背景下予以审视,在宏观坐标中对中国现代化予以定位,并制定出合理的社会文化发展战略。

  基于这种共识,21世纪人类文化的发展与实践,应该注意通过下列文化意识的培养以真正实现新文化的价值重建:第一,树立全球文化发展意识。当今世界正日益成为一个整体,全球化进程将是未来世界不可逆转的发展趋势。从全球性文化发展要求来看,未来世界各国应加强国际合作,并在一系列全球性问题上采取一致行动,以保证文化的持续、协调发展。世界是一个复杂的系统,未来的人类发展必然是融社会、经济、科学和文化等各种因素于一体的综合发展,不但发展的目标与过程是综合的,而且在发展过程中诸多因素是相互作用的。这要求我们必须开放视野,确立人类共同进步的整体性思维,认识到现时代一个国家的发展绝不只是其自身内部的经济起飞与文化进步,而是对世界文化的一种现代化的认同。第二,倡导文化间的理解与宽容。宽容性原则是文化一体化时代不同文化间理解与沟通的起码准则。随着绝对理性主义时代的终结,21世纪人类进入了普遍的"相对主义时代"发展阶段,当代世界现代化进程深刻地改变了人们的文化价值观念,随之出现的将是文化的多元化发展。文化的多元发展必将带来理性的活跃和思想的解放,而不同文化间的宽容恰恰体现了人类理性的自由。因为宽容即是提倡在平等基础上的对话——承认他者文化的合理性存在价值。唯有宽容,才有文化的繁荣与人类的进步。那种把他者文化视为异端，只将本位文化定于一尊的时代必将终结，新世纪人类将在宽容的心态下体认各种文化的生动性内涵。第三，敬畏生命、崇尚自然。21世纪是人类拯救地球、拯救自己的机会，人类必须调整自己的文化方向，调整我们对自然的态度，对待自然应该是：敬畏生命、崇尚自然。地球是人类赖以栖息的故乡，也是文化赖以回归的家园。地球上的一切生命都是整体生命循环系统的有机环节，有其存在的合理性。因此，着眼于人与自然的统一，人类必须深刻反省我们对自然的态度，认同自然，顺应自然，未来人类文明只有实现与自然的真正和解，我们才会真正拥有可持续的现代文化与社会生活。

（原载《人民论坛·学术前沿》2017年第12期）

中国传统和合文化与人类命运共同体＊

张立文

中国传统和合文化的"和合"一词，首见于《国语·郑语》："商契能和合五教，以保于百姓者也。""和合"作为一种理论思维形态，是指"自然、社会、人际、心灵、文明中诸多形相和无形相的相互冲突、融合，与在冲突、融合的动态变易过程中诸多形相和无形相和合为新结构方式、新事物、新生命的总和"[①]。和合学的生命就在于它是化解全球化时代人类所共同面临的人与自然、社会、人际、心灵、文明冲突带来的生态、人文、道德、精神、价值危机的理念、学说、原则；它是诊断、治疗人类痛苦、忧愁、焦虑的药方，是使人摆脱精神痛苦、心灵灾祸，谋求美好生活的选择；它是谋求天地万物、人类万事协调、和谐、平衡发展，使各国、各民族、各宗教都能"以他平他谓之和"相处，达到"万物并育而不相害，道并行而不相悖"的最高原则；它是人类爱智求真、智能求善、摒弃假恶丑、追求真善美的精神家园的普适良方。

＊ 本文系中国人民大学科学研究基金重大项目"江户时代日本朱子学的发展与演变"（项目编号：18XNL006）的阶段性成果。

① 张立文：《和合学》，中国人民大学出版社2006年版，第58页。

一、为什么要讲中国传统和合文化

中国优秀传统文化是中华文明的标识、记忆和载体。一个民族的文明是这个民族的智慧创造,中华民族是善于创造、富于智慧的民族,表现为七个世界之首。第一,中华民族数千年的文明史有世界上最丰富的文字记载,是认识、理解中华文明的载体,如现存的殷周时的甲骨文15万片,还有众多金文,其数量之大、内容之丰富是世界上其他民族所没有的。第二,中华民族有修史的优良传统,后来朝代必为前朝修史,故有二十四史,加《清史稿》为二十五史,还有多种"志"即多种制度,包括人物列传、历史事件、治国理政的状态等,为世界所无。印度就没有修史的习惯,印度一些历史、地理信息是根据玄奘《大唐西域记》确定的。第三,有对治国理政的经验教训的总结,《春秋》是鲁国的编年史,详细记载了鲁国重大历史事件;《春秋》使乱臣贼子惧;后有《群书治要》、司马光的《资治通鉴》、毕沅的《续资治通鉴》、朱熹的《资治通鉴纲目》等,都详细记载了各个朝代的兴衰成败,也为世界所无。第四,中国的四大发明:火药、指南针、造纸术、印刷术,后来传遍世界各地,极大地提升了人类文明。第五,中华民族首创笔墨纸砚、琴棋书画,不仅独具特色,而且与整个中国传统文化融为一体,使中国文化具有厚重感和丰富性。第六,实行文官制度和以科举考试为主的官吏选拔制度,这在世界古代史上不仅是绝无仅有的,也是当时最为先进的。第七,首先使用纸币,南宋商业繁荣,开始以纸币代替铜钱,两淮的交子、东南会子、四川的川引等,可以进行兑换。如上七个方面,是中华文明不可磨灭的标识、记忆和载体。认清自己文化的独特创造、价值理念、鲜明特色,有助于增强我们民族的文化自信与价值自信。

中华优秀传统文化是中华民族的根与魂、本与体。中华魂、民族根，蕴含在中华传统文化之中。民族精神，精神命脉，像江河一样长流不息。民族精神是一个民族之所以生存、发展繁荣的根本。中华民族精神是中华文化之所以数千年不曾间断的源泉，是中华民族克服千难万险、风吹浪打而奋勇前进的动力，是多民族、多宗教互相学习借鉴、和睦团结相处、统一而不分裂的凝聚力，是全世界华人认祖归宗、落叶归根的生命力、向心力、亲和力的源泉，是激励中华儿女维护民族独立、反抗外来侵略的原动力，也是中华民族的精神家园和精神命脉。

中华优秀传统文化的根本精神是什么？中华优秀传统文化"尚和合"，倡导和合，推崇和谐，强调合作，追求和平。《尚书·尧典》评价帝尧"克明俊德，以亲九族，九族既睦，平章百姓，百姓昭明，协和万邦，黎民于变时雍"。朱熹弟子蔡沈注曰："雍，和也。此言尧推其德，自身而家，而国，而天下。"尧治理天下，强调和谐、和睦。他选拔任用德才兼备的人才，使人民群众能够亲密团结起来，表彰善于治国理政的官员，协调和顺各诸侯国之间的关系，从而实现了天下和平。尧是中国历史上倍受推崇的君主。尧之所以受到推崇，根本原因就在于他倡导和谐，并实现了和平。中华民族自古以来推崇并追求和谐、和睦与和平。《礼记·礼运》中说："大道之行也，天下为公，选贤与能，讲信修睦。故人不独亲其亲，不独子其子，使老有所终，壮有所用，幼有所长，矜、寡、孤、独、废疾者，皆有所养。男有分，女有归。货恶其弃于地也，不必藏于己；力恶其不出于身也，不必为己。是故谋闭而不兴，盗窃乱贼而不作，故外户而不闭，是谓大同。"这是中国古代至圣先贤的价值理想和价值目标。"天下为公"，天下是天下人的天下，非一人之所能为私也。因为天下为公，所以，货"不必藏于己"，社会财货为全体社会成员所公有。"人不独亲其亲，不独子其子",就是说,人人不单独亲爱自己的亲人和子女,对他人也像对自己的亲人、子女一样,从而使"老有所终,幼有所长",使"矜、寡、孤、独、废疾者",也就是所有社会弱势群体,皆有所养。《大学》讲修身、齐家、治国、平天下。"身修而后家齐,家齐而后国治,国治而后天下平。"中国人追求的社会理想是"大同",是"天下平",是和谐、和睦与和平。"大同"社会的根本不是"同",而是"和",是天下和谐与和平。所以,"大同"社会就是"大和"社会,也就是"太和"。《周易·乾卦》彖辞曰:"乾道变化,各正性命,保合太和,乃利贞。""太和"之"太",既是极致,也是"大"的意思。"太和",也是"大和",不仅是人与人,而且是人与物、人与整个世界的和谐与和睦。张载《西铭》说:"民,吾同胞;物,吾与也。"就是说,普天下所有的人民,都是我的兄弟姐妹;天地间一切物类、一切生灵,都是人类亲密的伙伴。王阳明说:"大人者,以天地万物为一体者也,其视天下犹一家,中国犹一人焉。"[1]万物一体,天下一家,这是中国传统文化对待人、物的基本态度。

中国传统文化强调和追求"和",也强调和推崇"合"。"和"是和谐、和睦、和平,"合"是结合、合作、和解。和谐、和睦、和平是以结合、合作、和解为基础的。没有合作,就没有和谐;没有和解,就不可能有和平。孔子在《论语·雍也》中讲"己欲立而立人,己欲达而达人",在《论语·卫灵公》又讲"己所不欲,勿施于人"。要把他者真正当成人,而不能把他者当成自己的敌人;要设身处地的替别人想,而不是把别人当成可利用的工具。如此,才有合作,才有和解。《周易》特别强调"交"。"交"是交往、交流、沟通的意思。因为交往、交流,事物之间的矛盾、

---

[1] 《王阳明全集》,上海古籍出版社 2011 年版,第 1066 页。

隔阂才得以消除，事物之间才得以建立合作的关系。《泰·象》曰："天地交而万物通也，上下交而其志同也。"泰卦之所以"泰"，正是因为"交"。"天地交而万物通"，因交而通，因交而顺，因交而达；"上下交而其志同"，上级与下级真诚相待，无往而不通。程颐解释《泰》卦曰："阳气下降，阴气上交也。阴阳和畅，则万物生遂，天地之泰也。以人事言之：大则君上，小则臣下，君推诚以任下，臣尽诚以事君，上下之志通，朝廷之泰也。"[①] 有交才有泰，无交则不泰。否卦之所以为"否"，正是因为不交。《否·象》曰："天地不交而万物不通也，上下不交而天下无邦也。"天地不交，故万物不通；不通，则事物无以生存，无以发展。

中国人强调"和"，中国人也强调"合"。"和合"是中国传统文化的真精神，是中国传统文化的核心价值。

二、为什么要讲人类命运共同体

人类向何处去？这是有关人类命运的大问题。当今世界正处在大发展大变革大调整的关头，有一些地方还处在动乱、战争的灾难之中。世界不稳定、不确定因素在增加，人们对未来既充满期待，又深感困惑。人类的"诺亚方舟"将驶向哪里？是继续战争、动乱、零和博弈，奉行丛林冷战思维、霸权主义、单边主义、对抗、非此即彼、二元对立、你死我活、唯我独尊，还是和平、发展、合作、对话、共赢、不对抗、不冲突；是"道不同而不相为谋"，还是"道并行而不相悖""仇必和而解"；是通过制裁而压迫对方，还是谋求共同发达？人类必须做出选择。

---

① 程颢、程颐：《二程集》，中华书局 2004 年版，第 753 页。

人类要获得安全、发展与稳定，要在五个方面着力建设：1. 要建设一个对话协商、持久和平的世界。世界是多元的，不同国家政治理念、经济状况、文化艺术、制度和价值观念、伦理道德、宗教信仰、风俗习惯各不相同，由此而带来冲突甚至危机。要消除冲突与危机，必须通过对话协商，相互信任，相互尊重，相互包容，才能化解冲突，消除危机。2. 要共建共享普遍安全的世界。当今世界并不和平安全，要消除各种不安全因素，必须依靠世界各国人民、各国政府的共同努力，共建和平与安全，才能共享和平与安全。3. 要建设合作共赢、共同繁荣的世界。共建应该以立己立人、达己达人为基础。每个国家有各自不同的国情，有各自不同的经历，因此有不同的发展道路、不同的发展模式。各国之间要真诚互助，平等相待，谋求共同发展，而不是我赢你输，也不是你赢我输。4. 要建设一个交流互鉴、开放包容的世界。共商、共建，离不开合作互鉴，真诚合作是前提。老子在《道德经》第八十一章说："既以为人己愈有，既以与人己愈多。"全力帮助他人，自己反而更充足；给予他人愈多，自己反而更丰富，这是真诚合作互鉴的精神。5. 要建设一个绿色低碳、清洁美丽的世界。天地万物是人类赖以生存的自然环境，戕害自然就是戕害人类自己，毁坏自然就是毁坏人类自己。儒家讲"仁民爱物"，热爱自然界的一切，与天地万物为一体，还自然界以青山绿水。这五个方面建设好，人类才会有美好的未来；这些方面的问题处理不好，人类就会处于动乱、混乱以至于战争之中。一切零和博弈、冷战思维、霸权主义、单边主义、对抗、战争、动乱，都是残杀人类宝贵生命、使世界走向覆灭的罪恶活动。

为什么要讲人类命运共同体？这是信息智能革命和全球化发展的必然趋势。在互联网、物联网、大数据、云计算、神经技术、基因技术飞速发展的今天，万物联通、交感相应，世界是一个命运共同体。在世界的大网络中，一个人、一个国家、一个民族，只是这个大网络上的一个纽结、一个交叉点。这个纽结、交叉点是与其他的纽结、交叉点连接在一起的，一个纽结、交叉点坏了，就会使整个网络失效，犹如渔网破了，鱼就从破网的纽结处跑了。这也犹如地球村、太空船，船若漏水了、翻了，整艘船上的人都会落水，就有生命危险。这就是你中有我、我中有你，一荣俱荣、一损俱损。中国是在近百年来帝国主义不断欺辱、压迫下奋斗出来的，抗战 14 年中国人民也挺过来了，美国想利用贸易战再压中国，中国能屈服吗？现实告诉我们，中国人要靠自己，核心技术不能靠别人，别人是靠不住的。要把自己国家建设好，要真正成为世界强国，我们还有很长的路要走。

为什么要讲人类命运共同体？这是构建中国话语权的需要，在国际舞台上要有中国声音，反映我们的诉求。在古代，中华民族有强大的、强有力的话语权，在东亚形成儒家文化圈，或曰汉字文化圈，朝鲜、日本、越南都用汉字，朱子学成为其主要的意识形态。近代我们落后了，在坚船利炮面前，丧失了话语权。1939 年，英国现实主义者卡尔认为，世界权力格局可分为三类：军事权的胁迫力、经济权的收买力、话语权的舆论控制力。约瑟夫·奈把前两者称为硬实力，把话语权称为软实力。其实，有无话语权是与军事、经济、制度相联系的。在旧中国，上海的一个公园门口写着"华人与狗不能入内"，中国人被称为"东亚病夫"，在此情境下，哪有话语权？只有强大的国力，才是话语权的后盾。经济是基础，制度是保障，要提升我们的综合国力，国家强大了，中国的声音才有人听、才有人信，"一带一路"倡议才有人积极响应，中国倡导的亚洲基础设施投资银行才有人积极参与。联合国社会发展委员会第 55 届会议主席菲利普·查沃斯说："当前世界各国之间相互依存程度日益提高，人类面临各种各样的严峻挑战。在这样的形势下，构建人类命运共同体理念体现了中国人着眼于维护人类长远利益的远见卓识。""中国向联合国提供了可以普及全人类的公共产品，这是中国在联合国这个世界最重要的多边外交舞台上有效争得话语权的成功例证。"① 联合国决议首次写入了"构建人类命运共同体"的理念。

为什么要讲人类命运共同体？这是推动全球治理体系变革的需要和大势所趋。第二次世界大战以后，世界治理的各种规则是美英等强国制定的，标准是他们确定的，是代表资本主义利益的，对不发达国家是罔顾的。但第二次世界大战以后，特别是20世纪各地民族解放运动，以及发展中国家、新兴国家的崛起，越来越显示出现行全球治理体系已不适应时代发展的要求，国际社会对变革全球治理体系的呼声越来越高，国际治理体系应坚持共商共建共享原则，要加强对网络、极地、深海、外空等新兴领域规则的制定，要加大对教育交流、文明对话、生态建设等领域合作机制和项目的支持力度。坚持要合作不要对抗，要双赢、多赢、共赢而不可单赢，不断寻求最大公约数，扩大合作面，引导各方形成共识，加强协调合作，共同推动全球治理体系变革。要推动践行正确的义利观，推进构建以合作共赢为核心的新型国际关系，打造人类命运共同体，建构遍布全球的伙伴关系网络。要提倡共同、综合、合作、可持续的安全观。要提高我国参与全球治理的能力，着力增强规则制定能力、议程设置能力、舆论宣传能力、统筹协调能力，等等。打破美国的垄断霸权，他们以其符合自身利益的规则强加于人，制裁、扼制不发达国家，甚至以美国的国内法凌驾

---

① 顾震球：《未经表决就获通过！在这个联合国决议草案中，一句中国理念亮了》，《国际先驱导报》2017年2月20日。

于国际法之上,这种不合理、不公正、不平等的霸道做法必须打破,否则发展中国家永无抬头之日,永远不能有效维护自己国家和世界人民的利益。因此,要在人类命运共同体的引领下,变革全球治理体系,使其符合世界人民利益和需要。

三、中国传统文化与人类命运共同体的和合

构建人类命运共同体,中国传统文化的许多思想观念具有重要的指导意义。构建人类命运共同体,要树立五种基本观念。

(一)人类命运共同体的天下观

《礼记·礼运》曰:"大道之行也,天下为公。""天下为公"是人类命运共同体的思想基础。天下是天下人的天下,非一人、一国所得而私也。天下最大的事情是什么?是平安、是天下太平。儒家的最大追求就是"修身、齐家、治国、平天下"。张载曰:"为天地立心,为生民立命,为往圣继绝学,为万世开太平。""为万世开太平",是"立心""立命""继绝学"之归宿。《周易》讲:"乾道变化,各正性命,保合太和,乃利贞。首出庶物,万国咸宁。""乾道"即天道,天道变化,生育万物。万物各正其性命,故而利,故而贞,故而万国皆得安宁,故而"保合太和",维持延续太和、至和。故宫最大的殿堂是太和殿,此外还有中和殿、保和殿,还有乾清宫、坤宁宫、交泰殿。乾清、坤宁,而交泰,如此才太和,如此才天下太平。如何实现"太和"?如何实现天下太平?《周易》强调"交","天地交,泰"。因为交,才会泰,才会安泰,才会和平。《尚书》强调"协和万邦",就是协调亲和各个邦国,要以平等、协商、友好、合作、共赢、

互利的姿态妥善处理各国间的关系，以平等的姿态谋求各国的共同发展、共同繁荣。只有各国人民共同发展，才是真发展；只有世界共同繁荣，才是真繁荣。"天下为公""天下一家"，每个人都应该胸怀天下，每个国家都应该胸中有天下。

（二）人类命运共同体的伙伴观

《论语·颜渊》载孔子学生子夏之言曰："四海之内皆兄弟也。"荀子在《荀子·议兵》中说："四海之内若一家。"在古代，人与人之间、国与国之间，其交往毕竟有限，中国人尚有如此之认识，在当今互联网时代，人与人、国与国的交往日益密切，我们更应当申明并坚守这一观念。不仅人与人之间、国与国之间应当建立不可分离、无法分离的伙伴关系，人与物之间也应当建立这样一种伙伴关系。庄子在《庄子·秋水》中说："以道观之，物无贵贱；以物观之，自贵而相贱；以俗观之，贵贱不在己。"物是物，人也是物，人只是天地万物中的一物。作为天地之一物，人并不比其他任何物更为高贵。天地间大多数事物，都比人更早来到这个世界。人类不能以拥有、占有他物的态度来对待其他事物，更不能以征服、毁坏的方式对待他物。老子在《道德经》第八十一章中说："天之道，利而不害。"所谓"天之道"，是天地间最根本的准则、法则，是人类必须奉行与遵守的根本法则，而这一最根本的法则在老子看来就是"利而不害"，就是利万物而不是害万物。张载说："民，吾同胞；物，吾与也。"自然界的一切本来是现成的，是内在和谐的，人类为了自身的利益而破坏了自然界的秩序，破坏了自然界固有的生态平衡与生态和谐，人类应当对自己过去的所作所为做彻底的反省。人类对待自然物的态度应当从"自私其生"转化为"利而不害"。人类面对自然界，应当真正把自然界的一山一水、一草一木当成自己的伙伴，当成人类的朋友。国与国之间、民族与民族之间，没有贫富贵贱，没有高低、大小、优劣之别。中国倡导为人类命运共同体提供平等、公正、正义的平台，积极努力构建总体稳定、均衡发展的大国关系，积极同美国发展新型大国关系，同俄罗斯发展全面战略协作伙伴关系，同欧洲发展和平、增长、改革、文明伙伴关系，同金砖国家发展团结合作的伙伴关系。中国将继续正确的义利观，深化同发展中国家务实合作，实现同呼吸、共命运、齐发展。

（三）人类命运共同体的仁爱观

儒家的核心思想观念是"仁"，仁的根本是"爱人"，是把他者真正当人看，设身处地关心他人、爱护他人。孟子在《孟子·离娄上》中说："仁，人之安宅也；义，人之正路也。旷安宅而弗居，舍正路而不由，哀哉！"仁是人类最安全的居所，义是人类最正大的道路。放着安全的住宅而不住，舍弃正大的道路而不走，实在是悲哀啊！孟子还在《孟子·梁惠王上》中讲："老吾老，以及人之老；幼吾幼，以及人之幼。"每个人都懂得亲爱自己的老人，应当把这种对老人的亲爱扩大到所有老人；每个人都懂得爱护自己的小孩，应当把这种爱护扩大到所有小孩。墨家代表人物墨子提倡"兼相爱"，在《墨子·兼爱中》中提道："今诸侯独知爱其国，不爱人之国，是以不惮举其国以攻人之国。今家主独知爱其家，而不爱人之家，是以不惮举其家以篡人之家。今人独知爱其身，不爱人之身，是以不惮举其身以贼人之身。"这是说，因为人只知道爱自己而不爱他人，所以有了人与人之间的相贼相残；因为人只爱自己的国而不爱他国，所以有人与人、国与国之间的冲突与战争。要消除人与人、国与国之间的冲突与战争，就要提倡"兼相爱"，亦即《墨子·兼爱中》中的"视人之国若视其国,视人之家若视其家,视人之身若视其身"。要建立人类命运共同体,就要破除本国优先、本国利益至上、唯我独尊的思想观念,树立普遍的仁爱观念。中国传统仁爱观是人类命运共同体的精神灵魂。

(四)人类命运共同体的和合观

中华文明历来崇尚以和为贵,坚持"和而不同"。和合、和谐、和平,早已融入了中华民族的血液中,成为中国人的"文化基因"。和合学倡导和生、和处、和立、和达、和爱五大原理。1. 和生原理。"和生"是"天地之大德曰生"精神的体现,遵循的原则是"万物并育而不相害"。自然、社会、人类都是有生命、有情感的存在,也都有生存的权利,人要尊重、容纳他者的生存或存在。即使是竞争、冲突的双方,也不应以"你死我活"、消灭对方为目标,而应以和谐、协调、融通而和合为价值导向,即共生。和合共生即和生。2. 和处原理。"和处"是"君子和而不同"精神的体现,遵循的原则是"道并行而不相悖"。虽然自然、社会、人际、心灵、各文明的情态各有不同,不同国家、民族、种族人们的价值观念、思维方式、风俗习惯、宗教信仰各有不同,总括之,可谓"道"不同,但为了人类社会的共同福祉,为了人类社会的共同发展,可以"和而不同",可以"并行而不相悖",即和平共处,共富共荣。3. 和立原理。"和立"是"己欲立而立人"精神的体现。人类曾陷溺于非此即彼、"不是东风压倒西风,就是西风压倒东风"的二元对立思维之中,蔽于以征服对方以至消灭对方为"立己"的表征,导致战争不断,致使自然、社会、人际、心灵、文明遭受毁灭性破坏,使社会动乱失序、人际紧张、道德沦丧、精神崩溃、文明冲突。"和立"是以多元开放的"自作主宰"的精神、宽容的胸怀,承认、接纳自然、社会、人生、心灵、文明按其适合自己特性的生存方式、模式而立于天地、世界之林，根据适合自己的实际的发展道路来建立自己的制度、模式，舍弃二元对立，不搞一律，而是多元共存，多样和立。4. 和达原理。"和达"是"己欲达而达人"精神的体现。达己、达人是指人与自然、社会、人际、心灵、文明的通达和发达。人类曾蔽于人之不达才使己达，而大搞殖民活动，直至当今世界，仍有发达与不发达国家的分别，有贫与富、先进与落后国家的分别，相互冲突，这是造成国家或国际社会动乱的根源之一。因此，国际社会要共同发展、发达，要共同富裕、繁荣，人类与自然也要共同发达、共同繁荣。5. 和爱原理。"和爱"是"泛爱众""兼相爱"精神的体现。和生、和处、和立、和达的基础是和爱，和爱生发为和生、和处、和立、和达。人不仅要爱己，而且要推而广之，爱人、爱物、爱自然。人不能与自然、社会、他人、他心灵、他文明仇恨到底，仇恨使人失去理智，仇恨造成奸淫烧杀、恐怖与战争；仇恨湮灭了人性，湮没了良知。当今社会要重新呼唤和爱，和爱是人类和平、安全、发展、文明的源泉，是和生、和处、和立、和达的活水。

（五）人类命运共同体的发展观

我们提倡创新、协调、绿色、开放、共享的发展理念，主张并坚持各国经济社会的协同进步，通过发展解决不平衡等问题，缩小发展差距，促进共同繁荣。孔子在《论语·雍也》中讲："夫仁者，己欲立而立人，己欲达而达人。"绝不以己之立而阻碍别人、别国之立；绝不以己之达而扼制别人、别国之发展、发达。中国始终坚持走和平发展道路，无论中国发展到哪一步，发展到何种程度，中国永远不称霸，永远不扩张，永远不谋求霸权，永远不谋求势力范围。中国永远秉持开放、融通、互利、共赢的合作观，永远秉持和平发展观。我们相信：只有和平安宁才能繁荣发展，坚持践行共同、综合、合作、可持续的安全观，摒弃"冷战"思维，实现普遍安全；坚持平等、互鉴、对话、包容的文明观，以文明交流超越文明隔阂，以文明互鉴超越文明冲突，以文明共存超越文明优越；坚持共商、共建、共享的安全治理观，不断完善全球治理体系，推动各国携手建设人类命运共同体。中国传统的发展观是人类命运共同体生生不息的生命动力。

旧学新知，智能创新，中国优秀传统文化的天下观、伙伴观、仁爱观、和合观、发展观，在新时代发出新的光辉，在与人类命运共同体的和合中，更加鲜活、灿烂，在世界舞台上成为一颗璀璨的指路明灯。

（原载《中国人民大学学报》2019年第3期）

"打造人类命运共同体"与中华优秀传统文化

张岂之

一、"打造人类命运共同体"的重要意义

2014年，习近平总书记在阐述中国特色外交理念时提出了"打造人类命运共同体"的理念。2015年9月28日，在出席纽约第七十届联合国大会一般性辩论时，他对这个理念做了系统的论述。习近平总书记说："在联合国迎来又一个10年之际，让我们更加紧密地团结起来，携手构建合作共赢新伙伴，同心打造人类命运共同体。"

1848年，马克思、恩格斯在《共产党宣言》中对"科学社会主义"做了系统论述。他们期待在西欧，特别是法国和英国的无产阶级进行推翻资本主义统治、建立社会主义新社会制度的大革命。马克思、恩格斯将无产阶级的奋斗目标定为建立社会主义社会和共产主义社会，这是一个"人的自由全面发展"的社会。我们对此并不陌生，早在秦汉之际的《礼记》一书中就记载了前人理想的"大同"社会，并认为只有从衣食不愁的"小康"才能进入"天下为公"的"大同"世界。

19世纪的英法没有发生无产阶级革命，也没有进入社会主义。1917

年，俄罗斯发生了十月社会主义革命。

当世界从1848年推进到2013年，时间过去了165年。习近平总书记在2013年3月访问俄罗斯期间提出全世界"构建人类命运共同体"的理念，强调和平、发展、合作、共赢是时代潮流。2015年10月16日，习近平总书记在世界减贫与发展高层论坛上发表主旨演讲，主张"消除贫困是人类的共同使命"，他向世界各国呼吁，应凝聚共识，同舟共济，不断深化减贫工作，携手共建没有贫困、共同发展的人类命运共同体。

总之，马克思、恩格斯创立的科学社会主义，其基本精神和目标没有过时，因为它符合全人类的共同发展要求。但是实现这个伟大的理想，必须与时俱进。可以预见，中国马克思主义提出的同心打造人类命运共同体，是实现世界和平、发展、繁荣、公平、正义的康庄大道。我们中国人实践社会主义核心价值观，不能离开对全人类命运的关怀和思考。因此，我们应当在同心打造人类命运共同体的过程中，贡献更大的力量，努力使之实现。

二、维护世界文化的多样性，传承中华优秀传统文化

在我们没有谈到人类"共同价值"之前，就应认识并维护世界文化的多样性这一客观事实。人类文化的特殊性与普遍性辩证地联系在一起，不能割断。

每年5月21日联合国各国都开会纪念"世界文化多样性促进对话和发展日"。世界各国都有具有自己民族特色的文化，正是因为文化具有鲜明的民族性，才愈益彰显出世界性。文化的多样性使世界文化之林百花齐

放、绚烂多彩。文化的共同性在多样性中才便于交流和合作，否则，共同性便会转化为单一性，反而阻碍事物的创新和发展。

强调文化的多样性，也就是在强调文化的民族性和特殊性。对中华优秀传统文化而言，其本身的独特优势集中地体现在若干核心理念上。几年前，我和学术合作者尝试这样去表述：天人之学——天人和谐的探索精神，道法自然——顺应自然的辩证法则，居安思危——安而不忘危的忧患意识，自强不息——生生不息的奋斗精神，诚实守信——进德修业的立身之本，厚德载物——做人做事的根本原则，以民为本——中国古代政治的根本原则，仁者爱人——实现社会和谐的基本出发点，尊师重道——传道授业解惑的教育理念，和而不同——博采众长的会通精神，日新月异——与时偕行的革新精神，天下大同——指向未来的理想之光。

这些理念与孔子在春秋末期开创的儒学联系在一起。儒学是中华民族古代共同价值观的体现。孔子以前及其同时期，许多人讲"仁"。"仁"必涉及人与人的关系。《论语》多处为"仁"规定界说。孔子不赞成把"亲亲"与"爱人"对立起来，认为"亲亲"是"爱人"的起点；同时，讲"仁"不能离开"亲亲"，也不应局限于此。《论语·颜渊》记载樊迟问"仁"，孔子回答："爱人。"一方面是"己所不欲，勿施于人"，另一方面是"己欲立而立人，己欲达而达人"，应将这两方面加以结合。孔子所说的"仁"是各种德目的总称。他曾提出其他德目，如恭、宽、信、敏、惠，认为"能行五者于天下为仁矣"。孔子非常重视孝道，认为人们心里尊敬父母才是真正的孝；如果没有孝心，赡养父母和饲养犬马又有什么区别呢？

战国中期，儒学传承发展者孟子曾说：君子身处富贵温柔之乡，不能丧失志向；身处贫贱困苦之地，不能改变人格；身处强暴威胁之时，不能丢掉气节，这才是真正的"大丈夫"。在他看来，君子有了这样宏大的志愿，就有了充塞天地之间的"浩然之气"，再伴以扎扎实实的行动，这就是实现"人"的价值的历程。

孔子、孟子关于"君子"的共同价值观的论述，是中华民族子孙们宝贵的精神财富。春秋战国时期产生的"百家之学"都为中华民族共同价值观做出了贡献。其中的儒学对中华古代价值观的影响更大。

儒学不是"神"的文化，而是以"人"为核心的道德文化，讲如何做人，做有道德、有理想、有作为的人；与人讲诚信，讲相互尊重，讲"己所不欲，勿施于人"。儒学不是宗教，而是人文文化，但它吸取了佛、道宗教中的某些优秀成分，加以改造，使自身更加充实。

儒学是讲爱心的文化，爱家乡、爱国家、爱大众、爱一草一木，即所谓"泛爱众而亲仁"。儒学是重视"民本"的文化，主张以民为本，继承了西周以来"明德保民"的政治思想。其特色是将道德和政治相结合，提倡"重民""爱民""保民"等。儒学是充满忧患意识、毫不懈怠的思想文化。"忧患"一词，最早见于《周易·系辞下》："《易》之兴也，其于中古乎？作《易》者，其有忧患乎？"忧患意识，也就是"安不忘危"或"居安思危"的意识，提醒人们身处太平顺达的境遇不忘记危险祸患，时常警戒，避凶趋吉。儒学是引导人们追求社会与自然和谐的文化，并鼓励人们营造人与人、人与自己内心的和谐，主张用和谐取代社会冲突。儒学不排斥中华传统文化中的其他优秀文化，主张"和而不同"，倡导博采众家之长的文化会通精神。儒学重视人才培养，主张经过努力人人都可以成才，它不是少数天才的文化，而是代表中华民族整体的文化。儒学是追求思想文化"活水源头"、与时俱进的文化。宋明时期的理学既保留了儒学的基本原则，又增加了许多新内容。

总之，儒学给中华儿女留下了许多宝贵的文化基因，需要代代守护，又要推陈出新。

三、中华优秀传统文化的会通精神

"会通"一词，最早见于《易大传·系辞上》。《易大传》是秦汉之际儒者们研究《周易》的成果，《系辞》是对其中理论宗旨的说明。《系辞上》说：不同历史时期的典章制度，其中有融会贯通之处；"圣人"研究典章制度，其中有融会贯通之处；"圣人"是研究典章制度融会贯通有成就的人，因而"会通"可以被认为是高深的学问。

从战国末到秦、汉，再到魏晋时期，有600多年，主要是儒学与道家学说的会通，由此产生了魏晋玄学。从唐至北宋有600多年，经过五代十国，又有儒学与佛教、道教的会通，从而产生了北宋时期开始的儒学新形态，称之为"宋明理学"。

中华文化不仅有国内各民族间的文化会通，而且重视对外域文化的研究；不仅重视语言文字的翻译，还侧重思想内容的介绍与阐释，以便从整体上加以理解，使之成为中华思想文化的有机构成部分。比如，自两汉之际传入中国的印度佛教文化，学者便从整体上加以研究，在唐代完成了佛教中国化的历程。13世纪，在印度，佛教已式微，但印度佛教的许多教派和经典仍然可以在中国找到它的源头，这是我国佛教学者全面整理印度佛教文化的结果。我国佛教学者对东方文明和西方文明都做出了贡献。

值得注意的是，唐代开始的儒释道"三教"的会通，并没有取消或阻碍各自的发展，反而促进了彼此新的发展，形成了新的思想文化形态与学术流派。这反映了会通的独特创造力和思想文化的传承与发展的法则。这种学术和思想文化的会通精神，在中国近代仍然得到不断传承和发展，从而产生了"中西融汇"的学术大家。

四、古丝绸之路与 21 世纪"人类命运共同体"

西汉时期，中国西部玉门关和阳关以西的地域，即今天新疆乃至中亚地区，称为"西域"。当时，汉王朝遭到匈奴的侵犯，住在敦煌、祁连山之间的大月氏，以及祁连山下的乌孙等，都曾受到匈奴袭击。汉武帝为保卫国土，派遣在宫廷担任郎官的汉中城固人张骞从长安出发，出使西域，历尽千辛万苦，用了 13 年时间，使中原人获得了前所未有的西域知识，并说服西域的一些国家共同抗击匈奴。

张骞两次出使西域，开辟了陆上丝绸之路，即从长安出发，经新疆，到中亚、西亚各国，再到意大利的威尼斯，全长 7000 余千米，在中国境内有 4000 余千米。

古丝绸之路在今天获得了新的巨大活力，正在为人类命运共同体服务。2013 年 9 月，习近平主席出访中亚五国，访问哈萨克斯坦时，在纳扎尔巴耶夫大学演讲，他深情地说："我的家乡中国陕西省，就位于古丝绸之路的起点，站在这里回顾历史，我仿佛听到了山间回荡的声声驼铃，看到了大漠飘飞的袅袅孤烟。这一切，让我感到十分的亲切。"习近平主席在出访期间提出了建设新丝绸之路的倡议，得到中亚五国的赞同。

还要谈到海上交通。唐代虽国力强盛，却没有大规模远行出使记录。事实上，随着海上贸易往来的发展，出现了从今天福建泉州出发的"海上丝带"。明清之际，尽管官方采取了"海禁"政策，但民间的海上交往并未停止。在郑和下西洋以后,中国的一些商人和平民,经过海上交通往来贸易,甚至到东南亚及世界各地定居,成为今天海外华人的祖先,他们为中华文明远播做出了贡献。

习近平主席访问哈萨克斯坦时还提出,用创新的合作模式共同建设"丝绸之路经济带",以点带面,从线到片,逐步形成区域大合作。经过几年的努力,大家可以清楚地看到,世界上已有几十个国家响应这一倡议,使"打造人类命运共同体"的理念得以落实。这正如习近平主席所说"'一带一路'的倡议旨在同沿线各国分享中国发展机遇,实现共同繁荣","中国对外开放,不是要一家唱独角戏,而是要欢迎各方面共同参与;不是要谋求势力范围,而是要支持各国共同发展;不是要营造自己的后花园,而是要建设各国共享的百花园"。

人类共同价值是有的,世界上不同国家与民族的人民都想过上幸福的生活,这是大家共同追求的理想。这个理想如何实现?习近平主席提出的"打造人类命运共同体"具有重要的理论和实践意义。归结到一点上,就是这个重大战略构想,既要有中华优秀传统文化,又要有世界上各国各民族的优秀文化的支撑,才能够真正实现。

作为祖国优秀传统文化的学习者、研究者和传播者,我们今天和未来需要从时代的要求出发,用我们专业的研究成果为"打造人类命运共同体"提供精神营养,从而实现我们的理想。

(原载《山东社会主义学院学报》2017年第1期)

理解习近平文明交流互鉴重要论述的四重维度*

陈明琨

"交流互鉴是文明发展的本质要求。"① 文明因交流而多彩,文明因互鉴而丰富。党的十八大以来,习近平立足时代要求,以全球视野审视世界文明发展大势,多次谈到文明交流互鉴问题,对人类文明发展进步进行了一系列新思考,做出了一系列新论断,提出了一系列新理念,在国际社会产生了广泛影响。深入研究和把握习近平关于文明交流互鉴的重要论述,对于缓和化解当前矛盾冲突,促进中华文化对外交流和人类文明发展进步,具有重要作用。

一、理论建构:致力于打造人类文明交往的新范式

习近平围绕文明交往问题,提出一系列重要论述,致力于打造以相互尊重、平等相待为基础,以开放包容、互学互鉴为路径,以和谐共生、美

---

* 本文系中国人民大学 2018 年度拔尖创新人才培育资助计划的阶段性成果。
① 《人民日报》2019 年 5 月 16 日。

美与共为目标的新型文明交往范式。

（一）倡导相互尊重、平等相待

相互尊重是指不同文明要尊重彼此的历史、现状和特点。一切文明成果都是人类创造的产物，"每个国家、每个民族不分强弱、不分大小，其思想文化都应该得到承认和尊重"①，不应该独尊某一种文明或者贬损某一种文明，"不要看到别人的文明与自己的文明有不同，就感到不顺眼，就要千方百计去改造、去同化，甚至企图以自己的文明取而代之"②。不同社会制度、不同发展模式是不同文明的具体表现形式，是不同国家和民族自主选择的结果，必须受到其他国家和民族的尊重，因为"一个国家的发展道路合不合适，只有这个国家的人民才最有发言权"③，所以在文明问题上，自认为高人一等，"执意改造甚至取代其他文明，在认识上是愚蠢的，在做法上是灾难性的"④。

平等相待是指不同文明地位平等，"没有高下、优劣之分，只有特色、地域之别"，因为"不同历史和国情，不同民族和习俗，孕育了不同文明"⑤，而不同文明凝聚着不同民族的智慧和贡献，使世界更加绚丽多姿。文明之间固然有差异，但"各种人类文明在价值上是平等的，都各有千秋，也各有不足"⑥。在这个世界上，既不存在完美无缺的文明，也不存

---

① 《人民日报》2014年9月25日。
② 《人民日报》2014年9月25日。
③ 《人民日报》2013年3月24日。
④ 《人民日报》2019年5月16日。
⑤ 《人民日报》2017年1月20日。
⑥ 习近平：《文明交流互鉴是推动人类文明进步和世界和平发展的重要动力》，《求是》2019年第9期。

在一无所长的文明。只有不同文明平等相待、和平相处，文明差异才不会成为不同国家和民族之间交往的阻碍，更不会成为矛盾冲突的原因，而成为人类文明进步的动力。历史和现实都表明，傲慢和偏见是文明交流互鉴的障碍，"我们要促进和而不同、兼收并蓄的文明交流。文明之间要对话，不要排斥；要交流，不要取代。要尊重各种文明，平等相待，互学互鉴，兼收并蓄，推动人类文明实现创造性发展"①。

（二）坚持开放包容、互学互鉴

开放包容是指不同文明求同存异、兼容并蓄，"并肩书写相互尊重的壮丽诗篇，携手绘就共同发展的美好画卷"②。对待不同文明要有开放的心态和包容的精神，"我们共同居住在同一个星球上，这个星球有200多个国家和地区、2500多个民族、70多亿人口，搞清一色是不可能的"③。开放包容应该体现在独立自主、善学悦纳的理念和行为中。文明之间需要的是相互理解、欣赏和接纳，"善于倾听对方意见，设身处地从对方的角度思考问题"④，而不是单向的展示、输出和复制。世界上的矛盾冲突此起彼伏，很大程度上缘于包容性文明秩序的缺位。当前，国际形势风云变幻，各个国家和民族更应该一道，"保持定力，不随波逐流，坚持独立自主，坚持相互尊重"⑤，共同推动不同社会制度、不同文化背景、不同发展阶段的国家和民族开展友好合作。

---

① 《人民日报》2015年9月29日。
② 《人民日报》2017年5月15日。
③ 《人民日报》2018年11月18日。
④ 《人民日报》2014年3月30日。
⑤ 《人民日报》2019年3月24日。

互学互鉴是指各种文明汇聚融通、相学相长。"纵观人类历史，不同文明交流互鉴，让世界更加丰富多彩，也为不同国家和民族加强合作提供了强大支撑。"①比如，中华文明就在长期发展演进的过程中，从与其他文明的交流中获得了丰厚滋养，也为人类文明进步做出了重要贡献。丝绸之路的开辟，遣唐使来华，法显、玄奘西行，马可·波罗东游，郑和七下远洋等，都是中外文明交流互通的生动事例。这些文化交往景观在很大程度上说明，文明发展史也是文化交往史，深层次的文化互学互鉴是文明发展进步的动力，也是人类文明之间相处的应有方式。

（三）追求和谐共生、美美与共

和谐共生就是在承认和尊重文明多样性的框架下同舟共济，"努力做到求同存异、取长补短，谋求和谐共处、合作共赢"②。文明和谐共生根本上是人的和谐共生，"要加强不同文明交流对话，加深相互理解和彼此认同，让各国人民相知相亲、互信互敬"③。要做到这一点，就要使"世界是丰富多彩的、文明是多样的理念"④更加深入人心，让各种文明交相辉映，编织出更加多姿多彩的图画。

美美与共是指不同文明各展其长、同放异彩、相互补益。"不同文明应该和谐共生、相得益彰，共同为人类发展提供精神力量"⑤，这是世界文明发展的大趋势。各展其长就是要在摒弃优劣、打破隔阂、消解冲突的基

---

① 《人民日报》2019年3月24日。
② 《人民日报》2018年11月18日。
③ 《人民日报》2019年3月27日。
④ 《人民日报》2017年12月2日。
⑤ 《人民日报》2017年12月2日。

础上，展现出不同文明的独特魅力，发挥出各自应有的作用，释放出多元文明的正能量。同放异彩就是让不同地域、不同国家、不同民族、不同信仰的文明能量竞相迸发，文明价值充分涌流，文明之花尽情绽放，让人类社会成为动能充足的发动机、精神丰富的教化场、绚丽夺目的百花园。相互补益就是要在"各美其美，美人之美"的过程中促进文明相融、民心相通，奏起不同文明之间的大合唱与交响曲，演绎出不同文明和谐共生、相得益彰的生动图景，逐步走向"美美与共，天下大同"的文明盛况。

二、现实批判：反对阻碍文明交流互鉴的错误观念

习近平关于文明交流互鉴的重要论述并非随意而发、无的放矢，而是有着强烈的问题意识和现实针对性，蕴含着丰富的批判性思维。

（一）反对封闭自守

盲目排外、封闭自守的文化观拒绝外来文化，也拒绝与外部世界分享自身文化，只是在自我建构的文化空间里顾影自怜。在人类历史上，受制于交通、通信等客观条件，不同文明更易呈现出区域性特点，经济全球化的持续深入推进打破了许多不同文明交往的障碍。面对其他文明，一方面，有的国家和民族对其持怀疑态度，不愿与之开展交流。另一方面，在经济全球化进程中，有的国家和民族在与其他文明学习交流时，被拒之门外。这些都在一定程度上形成了文明交流互鉴的"壁垒"，不符合世界发展的趋势，不利于人类文明的整体性、创新性发展。"如果各国重新回到一个个自我封闭的孤岛，人类文明就将因老死不相往来而丧失

生机活力。"①

当前国际社会出现的逆全球化、保护主义浪潮不仅对经济贸易往来产生了不利影响，也在很大程度上阻碍了不同文明的交流互鉴，阻隔了文学、艺术、科学、技术、管理经验的沟通分享。一些国家躲进了保护主义的黑屋子，看似躲避了风雨，实际也隔绝了阳光。历史一再证明，封闭自守无益于本国和本民族的发展。马克思就将与世隔绝的清王朝比作"小心保存在密闭棺材里的木乃伊"，而它"一接触新鲜空气便必然要解体"。②这也启示我们，在文化问题上封闭自守，非但不能有效保护和保存本土文化，反而会使其逐步丧失应变力和生命力。习近平指出，"当今世界，人类生活在不同文化、种族、肤色、宗教和不同社会制度所组成的世界里，各国人民形成了你中有我、我中有你的命运共同体"③，而且经济全球化时代已经"没有哪个国家能够独自应对人类面临的各种挑战，也没有哪个国家能够退回到自我封闭的孤岛"④，因此，各个国家和民族应该"共同抵制妨碍人类心灵互动的观念纰缪，共同打破阻碍人类交往的精神隔阂，让各种文明和谐共存，让人人享有文化滋养"⑤。开放带来进步，封闭导致落后。"对一个国家而言，开放如同破茧成蝶，虽会经历一时阵痛，但将换来新生。"⑥当然，反对封闭自守并不意味着放弃文化的独立性。文化自信是文明交流互鉴的前提和基础。每个国家和民族都对自身的文明有着特殊的情感，但维护自身文明不能关起门来，而是应努力学习其他文明的先进

---

① 《人民日报》2019年5月16日。
② 《马克思恩格斯文集》第二卷，人民出版社2009年版，第609页。
③ 习近平：《习近平谈治国理政》，外文出版社2014年版，第261页。
④ 《人民日报》2017年10月28日。
⑤ 《人民日报》2017年12月2日。
⑥ 《人民日报》2017年5月15日。

科学技术和优秀文化成果,用最宽广的胸怀广纳世界各国各民族之长,不断推进自身文明的发展。

(二)反对文化霸权主义

文化霸权主义以唯我独尊的态度对待其他文化,并借助强大的资本、先进的技术、过硬的军事力量等条件,强行推行自己的文化。当然,这种强迫式、霸凌式的文化输出是有选择性的。他们最乐意输出的是自身的价值观,即所谓的"民主""自由""人权",最不愿输出的是自身的科研成果和技术发明。在经历过20世纪的民族解放运动,摆脱了领土殖民之后,许多国家尤其是发展中国家仍在遭受文化殖民。这种文化殖民无孔不入,欺骗性、渗透性更强。

当前的世界并不太平,这种不太平与一些国家推行文化霸权主义政策关系甚密。比如,当代中国价值观念存在很多"被扭曲的解释、被屏蔽的真相、被颠倒的事实",一个重要原因就是"西方长期掌握着'文化霸权'、进行宣传鼓动"[1]。习近平关于文明交流互鉴的重要论述,反对的是一些国家怀着优越心态,把自身价值观念和制度模式化、神圣化,视为放之四海而皆准的"真理"。实际上,这种"真理"的本质就是文化霸权。这种文化霸权以自我为中心的姿态俯视一切,成为一股消极的文化力量,只会使五彩缤纷的世界趋向单调无彩。习近平指出,中国历来"反对把自己的意志强加于人"[2]。从古至今,"中华民族之所以在世界有地位、有影响,不是靠穷兵黩武,不是靠对外扩张,而是靠中华文化的强大感召力和吸引力"[3]。每一

---

[1] 《习近平关于社会主义文化建设论述摘编》,中央文献出版社2017年版,第199页。
[2] 《人民日报》2017年10月28日。
[3] 《人民日报》2015年10月15日。

个国家和民族的文明都是独特的,都有其存在的合理性。"一副药方不可能包治百病,一种模式也不可能解决所有国家的问题。生搬硬套或强加于人都会引起水土不服。"① 一味打压、单向输出不是正道,只有相互尊重、相互承认、相互接纳,才能释放出不同文明、不同制度的发展潜力。

三、价值取向:为世界的和平发展注入稳定、积极的因素

习近平关于文明交流互鉴的重要论述致力于解决人类文明发展问题,具有鲜明的价值取向,有助于为世界和平发展保驾护航,为经济全球化持续推进增添动力,为构建人类命运共同体贡献力量。

(一)为世界和平发展保驾护航

如何实现长久的和平发展一直是困扰人类的大问题。虽然和平与发展仍然是世界主流和时代主题,但是"不稳定性不确定性更加突出,人类面临许多共同挑战"②。影响世界和平与发展的因素纷杂繁芜,通过文明交流互鉴可以培优、培厚和平发展的土壤,可以发挥其缓解乃至消弭不稳定因素的作用。

一方面,通过文明交流互鉴,可以厚植不同国家和民族追求世界和平的民意基础。和平与发展,需要理解、对话、交流、合作,进而求同存异,而"文明交流互鉴,是推动人类文明进步和世界和平发展的重要动

---

① 《人民日报》2018 年 11 月 18 日。
② 《人民日报》2019 年 3 月 27 日。

力"①。联合国教科文组织总部的石碑上铭刻着一句话:"战争起源于人之思想,故务需于人之思想中筑起保卫和平之屏障。"在人的思想中筑牢捍卫和平之屏障的关键,在于"通过跨国界、跨时空、跨文明的教育、科技、文化活动"②,让和平在各国人民心中扎根。

另一方面,通过文明交流互鉴,可以有效缓和化解冲突。当今世界之所以存在各类冲突,很大程度上是因为缺乏有效的沟通。文明交流互鉴强调的就是沟通,在沟通中以对话解决争端,以协商化解分歧,从而"让和平的阳光驱走战争的阴霾","促进全人类走上和平发展、合作共赢的道路"。③ 比如,在传续薪火、文明互鉴的古丝绸之路上,往来的不是战马长矛,而是驼队和善意,从而很好地消解了政治、军事冲突。一代又一代"丝路人"架起了东西方合作的和平的桥梁。今天的中国人民"既从悠久的中华文明中汲取智慧,又博采东西方各国之长,不断走向世界、融入世界,在实现自身发展的同时,为人类和平与发展的崇高事业作出了重要贡献"④。

(二)为经济全球化持续推进增添动力

经济与文化具有交互作用。不断向纵深发展的经济全球化为人类创造了巨大的生产力,也拓展了不同地域、不同国家、不同民族、不同文化的交流互鉴之路。不同文明的交流互鉴,以文化释疑,以文化增信,以文化

---

① 习近平:《文明交流互鉴是推动人类文明进步和世界和平发展的重要动力》,《求是》2019年第9期。
② 《人民日报》2014年3月28日。
③ 习近平:《习近平谈治国理政》,外文出版社2014年版,第282页。
④ 《人民日报》2018年7月26日。

促行，也在很大程度上推动着经济全球化的持续发展，维护了世界的经济联系。

一方面，文明交流互鉴有助于营造合作互信的经济环境。习近平指出："世界经济发展的历史证明，开放带来进步，封闭导致落后。重回以邻为壑的老路，不仅无法摆脱自身危机和衰退，而且会收窄世界经济共同空间，导致'双输'局面。"① 文化的开放容纳特质是世界经济的润滑剂，能够浸润出优良的营商环境。"把互尊互信挺在前头，把对话协商利用起来，坚持求同存异、聚同化异，通过坦诚深入的对话沟通，增进战略互信，减少相互猜疑"②，有助于推动世界经济走上包容、互信、融通、强劲、可持续增长之路。

另一方面，文明交流互鉴有助于消解逆全球化。时至今日，经济全球化进程面临不少难题，世界新旧动能转换有待完成，南北失衡、结构性问题、保护主义、单边主义尚未解决且有愈演愈烈之势，在很大程度上影响了全球经济的发展，"要合作还是要对立，要开放还是要封闭，要互利共赢还是要以邻为壑，国际社会再次来到何去何从的十字路口"③。可以明确的是，逆全球化不符合世界发展大趋势，任何形式的保护主义只能是"搬起石头砸自己的脚"。文明交流互鉴的经济意义在于以人文交流驱动经济发展，释放经济合作巨大潜能，通过交流互鉴，加强制度、政策、标准、规则的联动，以文化交流促进各国相互理解、相互尊重、相互信任，进而推动建设开放、包容、普惠、平衡、共赢的经济全球化。

---

① 《人民日报》2016年9月4日。
② 《人民日报》2019年3月27日。
③ 《人民日报》2018年7月26日。

（三）为构建人类命运共同体贡献力量

构建人类命运共同体是中国贡献给世界的中国理念、中国智慧、中国方案。促进和而不同、兼收并蓄的文明交流，是构建人类命运共同体的题中之义。文明交流互鉴是构建人类命运共同体的重要动力和文化支撑。正如习近平所指出的："我们应该促进不同国家、不同文化和历史背景的人们深入交流，增进彼此理解，携手构建人类命运共同体。"①

一方面，文明交流互鉴能够凝聚构建人类命运共同体的价值共识。价值共识是凝聚人心的"黏合剂"，表现为共同的价值理念和思维方式。就世界范围来说，这种共识需要通过文化交流互鉴而获得，是人类命运共同体的重要精神保障。

另一方面，文明交流互鉴能够厚植构建人类命运共同体的文化底蕴。人类命运共同体并非无本之木，而是根植于人类文明的深厚沃土。人类命运共同体兼具东西方智慧，是全人类文明成果的结晶。通过文明交流互鉴，能使人们在沟通中感知人类命运共同体的文化魅力，在对话中体味人类命运共同体的人文关怀，在讲述构建人类命运共同体的"前世今生"中彰显人文情怀，拉近不同地区、不同国家、不同民族的文化距离，培铸相互理解、彼此包容、共建共享的文化心理，从而增强构建人类命运共同体的文化吸引力、影响力、感召力、向心力，进而不断汇聚构建人类命运共同体的全球文化力量。

---

① 《人民日报》2016年9月4日。

四、实践驱动：多管齐下推进新理念落地生根

习近平关于文明交流互鉴重要论述的伟力不仅在于其理念创新性，更在于其现实实践性。落实这一重要论述，从我国的角度来说，要从注重文化内部传承、借助文化对外传播、搭建文化交流平台等方面着力。

（一）注重文明传承

文明传承是对民族文化的浚源与拓流、继承与创新，是对本土文化的固本培元、凝魂聚魄，也是与其他文明进行交流互鉴的基础和底气。

首先，要保持文化自觉。文化自觉是文明传承的前提。习近平指出："文明特别是思想文化是一个国家、一个民族的灵魂。无论哪一个国家、哪一个民族，如果不珍惜自己的思想文化，丢掉了思想文化这个灵魂，这个国家、这个民族是立不起来的。"[1] 因此，我们要深刻体悟和把握中华文明，做到知其根、知其底、知其长，珍惜和守护自己的思想文化，做到正本清源、守正创新，为进行文化传承奠定坚实的基础。

其次，要坚定文化自信。文化自信是文明传承的动力。习近平指出："文化自信，是更基础、更广泛、更深厚的自信，是更基本、更深沉、更持久的力量。"[2] 我们要坚定对中华优秀传统文化的自信，对革命文化的自信，以及对社会主义先进文化的自信，实现中华优秀传统文化的创造性转化和创新性发展，赋予革命文化全新的时代价值，激荡社会主义先进文化的蓬勃朝气、昂扬锐气、浩然正气，进而努力扫除近代时期文化自卑的阴

---

[1] 《人民日报》2014年9月25日。
[2] 《人民日报》2016年12月1日。

霾，高扬走向复兴的中华文化，夯实中华民族进行文化传承的文化心理根基。

再次，要进行文化保护和利用。文化保护和利用是文明传承的支撑。习近平指出："要系统梳理传统文化资源，让收藏在禁宫里的文物、陈列在广阔大地上的遗产、书写在古籍里的文字都活起来。"[①] 在习近平关于文明交流互鉴重要论述的指导下，《关于实施中华优秀传统文化传承发展工程的意见》《关于推动文化文物单位文化创意产品开发的若干意见》《关于加强文物保护利用改革的若干意见》等相继发布，为文化传承提供了政策和制度保障。我们要通过"活态传承""生产性保护"等方式，通过建设"中华古籍数字资源库"、开展国家珍贵古籍数字化项目等途径，充分展示传统文化的深厚魅力，深刻发掘传统文化的当代价值，更要在深刻把握中国特色社会主义本质的基础上，以超越资本主义价值观的视野，积极培育和践行社会主义核心价值观，在推进中国特色社会主义事业的伟大实践中，展现出创造人类新文明的强大生命力。

（二）借助文化对外传播

文化对外传播是不同文明的交往与互动，文明交流互鉴离不开文化对外传播。要在文化对外传播中主动讲好中国共产党治国理政的故事、中国人民奋斗圆梦的故事、中国坚持和平发展合作共赢的故事，展示我们的文明大国形象、东方大国形象、负责任大国形象、社会主义大国形象，让世界更好地了解中国。

首先，要做好文化对外传播的规划设计。习近平指出，要"加强中外

---

① 习近平：《习近平谈治国理政》，外文出版社2014年版，第161页。

人文交流，以我为主、兼收并蓄。推进国际传播能力建设，讲好中国故事，展现真实、立体、全面的中国，提高国家文化软实力"①。我们要以习近平关于文化对外传播的系列论述为指导，统筹考量、系统规划、谋篇布局，"把跨越时空、超越国度、富有永恒魅力、具有当代价值的文化精神弘扬起来，把继承传统优秀文化又弘扬时代精神、立足本国又面向世界的当代中国文化创新成果传播出去"②。同时调动各级相关部门的积极性、主动性、创新性，根据本国、本地区、本部门的实际，做好文化对外传播的宏观、微观规划和长期、中期、近期设计，努力"在构建对外传播话语体系上下功夫，在乐于接受和易于理解上下功夫，让更多国外受众听得懂、听得进、听得明白，不断提升对外传播效果"③。

其次，要重视新闻舆论工作的保障作用。联结中外、沟通世界是党的新闻舆论工作的职责和使命之一。习近平强调："要加强国际传播能力建设，增强国际话语权，集中讲好中国故事，同时优化战略布局，着力打造具有较强国际影响的外宣旗舰媒体。"④因此，要努力建立健全一批信息化、智能化、现代化的外宣旗舰媒体，建好建强一支知识化、专业化、时代化的新闻舆论工作队伍。在对外新闻舆论工作的具体操作中，要充分考虑其他国家民众在文化背景、风俗习惯、生活方式、宗教信仰等方面的不同，寻找中外利益交汇点、话语共同点、情感共鸣点，探索掌握跨文化传播技巧，运用他们乐于接受的方式、易于理解的语言，构建起既有中国特色、又有国际气派的话语体系。

---

① 《人民日报》2017年10月28日。
② 习近平：《习近平谈治国理政》，外文出版社2014年版，第161页。
③ 习近平：《加快推动媒体融合发展构建全媒体传播格局》，《求是》2019年第6期。
④ 《人民日报》2016年2月20日。

再次，要充分利用广大留学人员、海外侨胞的优势。广大留学人员和海外侨胞是联结中外的重要纽带。随着中国综合国力的提升，海外留学人员的数量与日俱增，他们"既有国内成长经历又有海外生活体验，既有广泛的国内外人际关系又有丰富的不同文化交流经验"①，在文化交流方面扮演着重要角色。因此，要让广大留学人员通过内引外联、牵线搭桥的形式，当好中外文明交流互鉴的民间大使，"多用外国民众听得到、听得懂、听得进的途径和方式，讲述好中国故事，传播好中国声音，让世界对中国多一分理解、多一分支持"②。世界各地的几千万海外侨胞是中华大家庭的重要成员。他们有着赤忱的爱国情怀、丰富的智力资源、广泛的社会关系、鲜明的中华文化烙印。要通过他们，"积极推动中外文明交流互鉴，讲述好中国故事、传播好中国声音，促进中外民众相互了解和理解，为实现中国梦营造良好环境"③。

（三）搭建文化交流平台

"国之交在于民相亲，民相亲在于心相通。"④民心相通是文明交流互鉴的重要条件，而民心相通需要文化交流平台的支撑，不断深化拓展和有效利用各种类型的文化交流平台和载体显得十分必要。

首先，要举办各种文化交流活动。各种形式的文化交流活动是文明交流互鉴的平台。习近平指出，我们"将以开放的眼光、开阔的胸怀对待世界各国人民的文明创造，愿意同世界各国人民和各国政党开展对话和交流

---

① 习近平：《习近平谈治国理政》，外文出版社 2014 年版，第 60 页。
② 习近平：《习近平谈治国理政》，外文出版社 2014 年版，第 60 页。
③ 习近平：《习近平谈治国理政》，外文出版社 2014 年版，第 64 页。
④ 《人民日报》2017 年 5 月 15 日。

合作，支持各国人民加强人文往来和民间友好"①。为此，要抓紧和创造机会，与国外开展教育、科技、文化交流活动，举办政党、工商、智库、劳动、妇女、青年等各种类别的官方和民间活动，并使之固定化、常态化。通过与国外友邦互办文化年、旅游年、艺术节、影视节、研讨会等人文合作项目和以双方建交周年为契机，致力于增进国家间友谊和实现文明交流互鉴。在世界各地用好孔子学院这个文化平台，在增加孔子学院数量的同时，努力提高办学质量，不断扩大中华文化的影响力。

其次，要完善文化交流体制机制。完善的文化交流体制机制是文明交流互鉴平台的重要依托。要建立健全国际文化交流组织领导体制机制，成立致力于促进国与国之间文化交流互鉴的组织机构，提供组织领导保障。"要深化全方位、多层次沟通交流，充分发挥各个机制性对话作用，密切政府、立法机构、政党、军队间交流。要坚持尊重和照顾彼此核心利益和重大关切，和而不同、求同存异。"②要创新文明交流互鉴形式，用不同的方式促进不同文明间的交流融合，尤其要发挥新兴媒体的作用，打造全方位、多角度、宽领域、立体化的新媒体国际传播交流体系，建设民间组织合作网络，构建新闻合作联盟、音乐教育联盟，以及其他人文合作新平台，并形成一定的制度规范，不断提高文明交流互鉴效果。

再次，要充分发挥"一带一路"的载体作用。丝绸之路经济带和21世纪海上丝绸之路是重要的文明交流互鉴载体。中国提出的"一带一路"倡议，不仅聚焦经济交往，也关注文化交往。千百年来，丝绸之路在文化交流中发挥了重要的桥梁作用，"一带一路"倡议承袭古丝绸之路的文化

---

① 《人民日报》2017年12月2日。
② 《人民日报》2019年3月26日。

符号，秉承丝路精神，在发挥其经济价值的同时，也在绘制文明间交流互鉴的壮丽图景。可以说，"一带一路"是和平之路、繁荣之路、开放之路、创新之路，更是文明之路。未来，要进一步彰显"一带一路"的文化功能，将其打造成为不同文明的交流、沟通、互助、联络之路。我们要同沿线国家和地区一道，"用好历史文化遗产，联合打造具有丝绸之路特色的旅游产品和遗产保护"①。因此，要在促进政策沟通、设施联通、贸易畅通、资金融通、民心相通的过程中，充分发掘"一带一路"的文化深蕴，利用历史文化资料，回顾文明交往历程，通过建立沿线文明历史博物馆、美术馆、图书馆，举办多向互通展览等形式，让"一带一路"沿线民众重温千余年来各国和各民族绵延不辍的文明互鉴之路，感受别具特色又水乳交融的沿线文明风采，在沟通中拉近心与心的距离，投身新时代"一带一路"沿线文明交流互鉴的生动实践。

（原载《党的文献》2019年第3期）

---

① 《人民日报》2017年5月15日。

跨文化交流与中华文艺参与
人类命运共同体建设的思考

逄增玉

一

习近平总书记提出的建设人类命运共同体，是对人类命运与发展的历史经验、时代变化、未来走向的系统总结和思考的结晶，是对世界政治、经济、外交、文化、文明建设的创造性贡献，更是对马克思主义的新时代继承和创新性发展。

在人类历史的长河中，在人类的早期国家形态时代，各个不同种族的、民族的人们，曾经根据对自身生存族群和宗教与文化的基本认知，提出了各自历史与文化观念形态的人类命运共同体的有关设想，如中国古代的大同思想、西方基督教文化的弥赛亚主义和黄金世界的思想等。但是，这些宗教或文化观念形态的关于本部族、民族和国家命运共同体的设想，由于受到社会生产力与历史发展条件的制约，或者流于乌托邦幻想，或者缺乏科学论证和历史实践的检验。当人类社会进入工业文明时代，生产力的极大提高，以及生产关系的变化，在此基础上诞生了马克思主义。马克思主义创始人首次对以社会主义和共产主义为核心的人类共同体，提出了科学的解说并使之成为完整的思想价值体系，并且成功地化为广泛的人类实践。

马克思主义对于以共产主义为核心的人类命运共同体思想的提出，是与马克思主义创始人对现代工业文明产生以后的世界政治和经济格局的深刻认识分不开的。早在一百多年前撰写《共产党宣言》时，马克思就提出了"世界市场"的概念，他认为现代工业化大生产带来巨大的生产力，是现代资本主义诞生的社会必要条件和物质基础。虽然资本主义存在的生产资料私有制与工业生产的社会化之间的巨大矛盾，最终会成为资本主义的内在掘墓人，但工业化大生产需要的世界范围内的人员、物质和市场的跨地区和跨国流动，必然性地产生世界市场。资本主义的大工业不能局限于民族国家内部而必须进行世界化生产和流通，将整个世界作为原料和消费市场，这一方面，会造成早生内发的资本主义国家，将世界化的生产和流通演变为全球性的殖民主义和帝国主义征服与占有；另一方面，也会形成与资本主义对立的工人阶级和世界性的无产阶级，他们成为世界性的社会主义革命的社会基础，而世界性的无产阶级是没有祖国的阶级政治的命运共同体。资本主义发财致富等欲望构成的历史之恶，最终会在历史辩证发展中演变为历史之善。因此，马克思一方面批判痛斥大英帝国等殖民主义的全球化给印度和东方各国人民带来的社会性苦难，另一方面也辩证地认为这些历史苦难最终会成为对殖民地国家历史进步的补偿，会在殖民地国家形成新的社会革命的基础和阶级政治力量。因此，从总体上看，马克思主义创始人是认同世界市场及其将给人类命运带来的巨大变化的。

马克思的科学预言很快成为世界的普遍模式，世界市场和全球贸易很快成为人类的物质生产与交流方式。但是，由于世界市场形成的时代，根牴在资本主义生产方式内在矛盾带来的殖民主义和帝国主义，使世界市场形成了不同的等级体系和差序格局，广大的第三世界欠发达国家，在这个世界市场和贸易体系中的地位被边缘化，成为为资本主义工业化大生产和贸易体系提供原料、市场和劳动力的被剥削的国家。打破这种殖民与被殖民体系和格局的，是边缘和欠发达国家发生的社会主义革命、反殖民主义革命及其胜利，它颠覆和重整了世界市场的格局和差序。与此同时，资本主义和帝国主义的内在矛盾，使得西方国家之间为争夺世界市场的份额、地位和格局而爆发了两次世界大战。巨大的人与物的牺牲和几乎毁灭西方世界的战争，最终使西方发达国家痛定思痛，认识到和平建设世界市场和利益与命运共同体的必要性。于是，二战后欧洲出现的欧洲共同体及由其演变而来的欧盟，以及马歇尔计划奠定的美欧关系模式，都是最早出现的发达国家之间的区域性的命运共同体。

中华人民共和国成立后走过了两个历史性的阶段，第一阶段跨入当时的世界社会主义国家体系，并在外来援助与自力更生原则下建立起独立自主的工业体系和国民经济体系，改变了一穷二白的面貌，成为屹立于世界东方的社会主义大国；第二阶段是进行了震惊世界的改革开放，使中国用了40年时间成为世界第二大经济体和工业体系最完备的制造业大国。中国的发展，成为第三世界国家的榜样和示范，为世界政治经济格局提供了发展模式与道路的中国经验，也极大地改变了世界市场和贸易格局。要之，二战以后世界市场与经济政治格局发生的巨大变化，特别是民族独立解放、殖民主义体系崩溃、社会主义国家工业化的实施和完成、中国的改革开放带动的第三世界边缘国家在经济上的崛起强大（如金砖国家），加上高科技、互联网和物联网带来的世界一体化和平面化即地球村的出现，使得旧有的世界市场、贸易体系的中心—边缘结构和差序格局，不可避免地向新世界、新时代的政治经济秩序和格局转化与过渡，使人类命运共同体的建设，具有了地缘政治的、世界经济的、科学技术的、发展模式的、物质文化与精神文化的雄厚而全面的基础。

习近平总书记就是面对世界历史和政治经济大格局的时代性变化，以科学的世界观、价值观、发展观和方法论，代表中国和世界各国人民的共同要求，在达沃斯论坛提出了人类命运共同体的倡议，从而在新时代为世界各国的发展和世界人民的整体利益，指出和指明了具有建设性、全球性、超越性的方向与路径。

二

在人类命运共同体建设中，文化、文学与艺术能够在其中发挥非常重要的作用。而这首先是由人类各民族文化内含的价值决定的。

在人类历史的发展中，早在原始时代，人类的先民在面对存在差异的地理和自然环境时，为了生存发展就建立和发展出适应各自环境的获食模式——生产和生活方式。尽管获食模式不一，但人类历史经历了大致相同的物质文明发展阶段。而在精神文化的发展中，也存在过近似或相同的阶段，如人类先民在最初的狩猎采集时期留在世界各地的原始洞穴岩壁绘画，就具有惊人的精神内容与结构功能的一致性。俄国早期的马克思主义者普列汉诺夫，在他一系列关于人类艺术起源的著作中，就以历史唯物主义观点对此做出过科学的阐释。此后，进入文明阶段以后，在交通不发达甚至基本隔绝的情况下，人类出现了古希腊、古巴比伦、古埃及、古印度和中国等几大文明体系,即世界文明的轴心时代的出现和形成。① 尚未处于跨文化交流时代的各古代文明,都出现和存在相似的精神特征,如古埃及和远隔千山万水的中美洲的古印第安的奥尔梅克文明,都有金字塔的存在,尽管制式、结构和功能不一。

在历史的长河中,有的古代文明消失了,但仍然存在着的文明,随着生产力的发展和交往需求的扩大,如亚洲的古印度和中国文明,开始了积极的交往,交往成为文明进步的阶梯。而古老的中华文明,在自觉开辟的陆路和海上丝绸之路中,将商贸与文明和文化一起,不仅构成了一个古代的东亚汉字文化圈,而且传播到了欧洲和非洲。

东西方之间的物质与文化交流,带来了影响世界的巨大进步。在这种交流和交往中,作为四大文明古国之一的中国,出现了一大批重要的思想家,其历史和文明对世界的影响日益广大。13世纪,意大利人马可·波罗在游历中国17年后写作的游记,令西方人看到了一个巨大而繁华的中国和东方,而在欧洲启蒙运动和文艺复兴时期,中国古代思想家如孔子、老子的著作和学说,也对欧洲思想家产生极大影响。法国思想家伏尔泰不仅高度称赞中国文明的成熟和理智,还亲自动笔将取材于司马迁《史记·赵世家》的元杂剧《赵氏孤儿》改编为《中国孤儿》,产生广泛影响。《赵氏孤儿》不仅在法国,还在德国和欧洲其他国家被接受和改编,直至现代被德国戏剧家布莱希特改编为《高加索灰阑记》。这个发生于中国春秋战国时期晋国的故事,通过戏剧形式在欧洲形成了系列化的传播。中国四大古典小说之一的《三国演义》,在东亚各国的接受传播幅度和深度,几乎不亚于中国,尤其日本自古至今对《三国演义》的接受普及和改编改

---

① 世界学界现在认为还包括爱琴海的克里特文明和中美洲古印第安的奥尔梅克文明。

写，几乎将《三国演义》锻造为日本文化和文艺的一部分。近现代中国京剧大师梅兰芳的戏剧，在欧洲和苏联演出后，被认为是世界三大戏剧体系之一，并对欧洲近现代戏剧美学产生了极其重要的影响。而随着鲁迅、老舍、林语堂、沈从文、残雪、莫言等作家的作品走向世界，现当代中国的文化和文艺及其价值，也在国际交流和传播中受到广泛关注并产生积极影响。如果仔细梳理和研究，就会发现自古及今中国的思想文化、文学艺术及其内含的精神和艺术价值，构成了一部源远流长的域外传播史、接受史和与世界文化艺术的对话交流史。

另外，来自其他国家和民族的思想文化和文艺，其内含的思想艺术价值，也对中国产生了积极的影响。从东汉后期传进中国的佛教，汉唐之际沿着古代的丝绸之路传进中国的来自西域的各种物质文化、精神文化和艺术文化，丰富和扩展了中国的文明和文化，融物质建筑、宗教思想与绘画艺术为一体的丝绸之路上的敦煌，就是中外思想和艺术交流的辉煌典范。而盛唐时期中国的物质与精神文化，包括音乐、美术与诗歌文学，都带有域外文化的基因和流脉。近代以来，随着古老中国在东西方文明碰撞中开眼看世界，启动了现代化的历史进程，使得西风东渐，中国人和中国社会从西方的物质文化和思想精神文化中，有目的地汲取、引进和学习，并最终从以欧美为师到以俄为师，引进了来自欧洲的马克思主义，改变了中国的历史发展道路。

在这一大潮中，来自欧美西方和日本印度等国的具有民主性、人民性和进步性的文学艺术，不断地被中国人接受和学习，鲁迅先生说他之所以能够写出新文学的奠基性作品，是因为阅读了大量外国文学作品；茅盾在《中国新文学大系·小说二集·导言》中就指出，欧洲和西方几百年的文艺潮流，在五四前后几年间就在中国被悉数学习、模仿和重演，启迪和催生了中国的新文学；而来自俄苏的从批判现实主义到社会主义现实主义文学，对现代中国的革命和左翼文学、解放区文学和中华人民共和国成立后十七年的红色经典文学，影响更大更深远；改革开放后拉美魔幻现实主义和西方现代主义文艺，对包括诺贝尔文学奖得主莫言在内的大批中国作家、艺术家，均产生了精神的滋养。

同样，自晚清至今，经翻译的外国思想文化著作和从古代到当代的外国文艺作品，源源不断涌入中国。一大批外国思想文化和文艺作品被一代代中国人接受和阅读，几乎被当作与自己的文化遗产一样的精神营养，甚至对数代中国人的人生道路和价值择取，在重塑和建造中国的近现代文化和文艺中，都产生了重要影响。中国国家主席习近平在出访欧洲各国时，在谈话和发言中经常谈及自己阅读过的外国的重要思想家、文学家、艺术家的著作，数量之广大令人钦佩不已，不仅表现了习近平总书记对国外思想文化、文学艺术的广泛阅读和丰厚修养，也表明作为文明古国的中国和中国人民对西方文化文明的接受和了解，使得受访国家领导人和人民认识到中国领导人和中国人民对外国文化文艺接受的博大、宽广胸怀与气魄。拥有悠久灿烂传统文化又如盛唐一样善于汲取和融合外来文化，这是中国再次崛起和成为伟大国家的重要因素。

上述中国文化、文艺国际传播与接受的历史，充分表明，思想文化和文学艺术，特别是艺术文化，其内含的思想精神价值是可以被不同民族国家的人民认同、欣赏、接受的精神财富，它们是民族的，也是世界的。正如鲁迅所言，越具有民族性就越具有世界性，人类的艺术史早已证明了民族的文化和文学艺术，在诞生和发展中早就具有了超越阶级、政治、民族的藩篱和局限的世界性，是民族性与世界性统一的价值共同体。

文学文化虽然有语言的差异，但可以通过翻译让不同语言和国家的人民接受并产生共鸣；艺术文化则可以仅凭声音、符号、曲调、色彩、构图、画面等方式，让世界各国人民直观地欣赏接受并产生共鸣。文艺中的思想文化内涵，更可以通过各种方式成为人类共同的精神价值，如中国文艺中包含的、几千年一以贯之的儒释道代表的思想文化，早已成为与人类其他文明等值的人类共同承认和接受的精神遗产。文化、艺术和文学的这种民族性与超民族性的价值，是使具有自己语言、历史和文化的不同民族国家的人民，能够进行思想精神交流、产生人类共同体价值和认知的最无争议、最有效的精神载体，最容易形成共同价值或价值认同的基础。世界各个民族和国家的文化和文艺，因为具有民族性与世界性共在的特征，具有人类精神价值追求上的最大通约性和共鸣性，所以，在人类命运共同体建设中，既是必不可少的内容和价值构成，也是可以发挥最有效交流与沟通作用的精神纽带和桥梁。

三

中国悠久辉煌的、具有丰富主体性、民族性和世界性价值的文化和文艺，在参与人类命运共同体建设中，如何发挥积极和重要作用，应该以何种有效方式和渠道参与其中，采取和建立什么样的参与建设战略和策略，与中国文化走出去的战略如何协调和良性互动，都是必须深入、细致、扎实、全面研究的课题，也是需要在理论和实践的结合中提出创造性方略和实施方案的重大问题。

在人类命运共同体的建设中，首先应该梳理中国的思想精神文化、文学艺术文化包含的具有人类思想情感共鸣性、通约性的主流和核心价值，并与世界性和人类性的普遍诉求予以有机融合。众所周知，当代人类的最大愿景和要求，是和平与发展，是全人类不分国家地区、不论民族大小，都平等享有世界政治、经济和文明发展的成果。中国思想文化中倡导的天下大同、协和万邦、休戚与共、美美与共的价值理念，就符合人类发展趋势和全人类思想精神的共同需求，可以满足个体的人和整体的人类心理需求层次的最高需求，可以成为人类命运共同体思想价值的基础资源之一，换言之，可以为人类命运共同体提供思想认识和达成共识的思想价值支撑。同时，人类命运共同体还要面对和解决人类发展中出现的社会环境和自然环境的问题，防止和制止社会人道灾难与自然灾害等问题。而中国文化中天人合一、和谐共生、悲悯仁爱、普度众生、济危扶困、老幼兼爱、责任伦理等思想价值，同样可以作为人类命运共同体的核心价值体系中的有机构成。中国文化体大思精、万象纷呈、流脉众多。因此，厘清和遴选其中包含的核心价值，使其成为建设人类命运共同体的共鸣性和共识性思想资源，是极其重要和义不容辞的任务。

其次，在此基础上，把与中国文化存在紧密联系的、具有民族性和世界性的精神价值与美学价值的文学艺术，进行系统、全面、精到的梳理与总结，将其中最有本国传统与民族特色而又能引起人类审美共鸣的核心精神资产，包括古代的与现代的，提供给世界人民，纳入人类命运共同体的精神宝库。在这个方面，应该注意两个问题。一是对历史上中国文学艺术文化中成功地被世界各国人民接受和喜爱的文艺作品与产品，进行爬梳和研究，以期找出中国文艺文化历史上跨国传播效果显著，即被世界各民族普遍接受的内在机理与机制，作为历史的借鉴和启示。比如，《三国演义》传播到日本后如何成为日本的三国文化；元杂剧《赵氏孤儿》为何被欧洲人乐于接受和改编并成为欧洲戏剧的一分子；现代京剧大师梅兰芳的苏联和欧洲演出为什么影响巨大、并成为布莱希特间离效果戏剧美学的启迪性要素；鲁迅如何成为日本最受欢迎、接受度最高的外国作家；《西游记》怎样在东亚各国成为被普遍接受的类神话"原型"故事并且泛化到那些国家的民族民间文化中。二是要树立中国文化与文艺的自信，理直气壮地将中国文艺文化内含的中国价值，包括社会主义核心价值观，那些凝聚了中国历史、发展、道路、文化、制度、理论优势的内涵，作为参与人类命运共同体建设的有机组成部分。要相信自己文艺文化内含价值的中国性与世界性、民族性与人类性，改变其在世界文化即传播格局中的西强东弱现象，把东方特别是中国辉煌历史和当今发展取得巨大成功所内含和凝聚在文艺文化中的中国价值、中国精神，充满自信地进行国际传播和用于世界文化建设。历史上中国曾经长时间地领先于世界，当代中国的发展道路和制度模式又使中国走在世界发展的前列，这些史实和事实内在显示出经济社会发展背后的文化文艺价值的优异性，是将有中国特色的文化和文艺进行国际传播、参与人类命运共同体建设的底气和基础。

最后，应该高度重视中华文化文艺在人类命运共同体建设中的参与和传播方式、渠道和方法问题。在五千年历史发展中铸造和凝聚了中华民族精神结构的文化与文艺，固然具有如上所述的独特性和优异性，历史上中华文化文艺的异域异地传播和被广泛接受，并非强势的帝国和殖民主义式的驱动，而是以友善开放、平和交往的方式进行传播交流。当代中国更是以站在大小民族一律平等、不干涉内政、反对大国沙文主义的友好正义的立场，处理国家间的关系和国际问题，赢得了广泛的尊重和好评。因此，参与人类命运共同体建设的中国文艺和文化，自然应该摆脱以往跨文化传播和建设中的高位与低位文化、中心与边缘文化、强势与弱势文化的陈旧观念，平等地看待和对待世界各民族国家和地区的文化及其价值，友善地进行文化交流和传播，把平等性、对话性和价值互在性作为基本的方法与态度。同时，在交流交往、善意传播中，我们应该尤为注重交往与传播手段的丰富多样性、效果的有效性与亲和性、反馈机制的及时性、改进机制的全面性，即是说，在"讲好"中国"故事"的过程中，"故事"的内容要梳理确定，"好"的价值信心要树立坚定，"讲"的方式和手段要丰富多样，针对性强，"讲好"的效果和意义要"目标化"与最优化。梳理、树立、会讲、讲好，是中国文艺文化参与人类命运共同体建设、打造人类新文明的战略与策略的重要内容。

（原载《现代传播（中国传媒大学学报）》2020 年第 3 期）

构建人类命运共同体的科学社会主义逻辑基础*

姚选民

一、问题的提出

习近平新时代中国特色社会主义思想"以一系列具有原创性的新思想新观点新论断,写出了马克思主义新的时代篇章,以全新视野深化了对共产党执政规律、社会主义建设规律、人类社会发展规律的认识,实现了马克思主义基本原理与中国具体实际相结合的又一次飞跃"[①]。习近平新时代中国特色社会主义思想在新的历史时空条件下以全新视野进一步深化了对人类社会发展规律的认识,而同时,科学社会主义原理又是对人类社会发展规律的基本理论表达,如果是这样的话,一方面,作为习近平新时代中国特色社会主义思想的重要内容,人类命运共同体思想及其构建人类命运共同体方案,理应遵循科学社会主义的基本逻辑思想;另一方面,从人

---

* 本文系湖南省社会科学院智库研究专项重大课题"习近平总书记人类命运共同体思想的理论渊源与价值意蕴研究"(项目编号:18ZHA03)的阶段性成果。

① 《习近平新时代中国特色社会主义思想三十讲》,学习出版社2018年版,第14页。

类命运共同体思想的基本内容来看①，构建人类命运共同体方案明显蕴含着科学社会主义逻辑的某些重要思想元素，如全球化、联合体②、公平正义、环境保护等。其中，就全球化思想元素而言，习近平指出："早在19世纪，马克思、恩格斯在《德意志意识形态》《共产党宣言》《1857—1858年经济学手稿》《资本论》等著作中就详细论述了世界贸易、世界市场、世界历史等问题。《共产党宣言》指出：'资产阶级，由于开拓了世界市场，使一切国家的生产和消费都成为世界性的了。'马克思、恩格斯的这些洞见和论述，深刻揭示了经济全球化的本质、逻辑、过程。"③这两方面的情况意味着，我们可以形成这样一个理论假设，即构建人类命运共同体方案有其科学社会主义逻辑基础，或者说，构建人类命运共同体方案中透露出一种科学社会主义逻辑思想。不过，我们的学术诉求并不旨在论证构建人类命运共同体方案的逻辑基础是科学社会主义原理这一命题，这亦与构建人类命运共同体方案之具有多维思想逻辑基础的直观理论事实不符，这多维思想逻辑基础不仅包括科学社会主义逻辑思想，亦包括中华优秀传统文化逻辑思想等。④目前学界学者对人类命运共同体的概念演化、基本内涵、现实外延、理论渊源、构建路径、国际反响等主题不乏研究⑤，但对构建人类命运共同体方案中的科学社会主义思想逻辑这一主题少有

---

① 参见习近平《共同构建人类命运共同体——在联合国日内瓦总部的演讲》(2017年1月18日，日内瓦)，《人民日报》2017年1月20日。
② [德]马克思、恩格斯：《共产党宣言》，人民出版社2014年版，第51页。
③ 习近平：《习近平谈治国理政》第二卷，外文出版社2017年版，第210—211页。
④ 参见习近平《共同构建人类命运共同体——在联合国日内瓦总部的演讲》(2017年1月18日，日内瓦)，《人民日报》2017年1月20日。
⑤ 参见杨梓妤《习近平"人类命运共同体理念"的研究综述》，《改革与开放》2017年第1期；宋婧琳、张华波《国外学者对"人类命运共同体"的研究综述》，《当代世界与社会主义》2017年第5期。

涉及。

二、前提准备：科学社会主义基本逻辑的思想梳理

恩格斯曾转述马克思的思想说："以往的全部历史，除原始状态外，都是阶级斗争的历史；这些互相斗争的社会阶级在任何时候都是生产关系和交换关系的产物，一句话，都是自己时代的经济关系的产物；因而每一时代的社会经济结构形成现实基础，每一个历史时期的由法的设施和政治设施以及宗教的、哲学的和其他的观念形式所构成的全部上层建筑，归根到底都应由这个基础来说明。"[①] 在揭示出有人类历史以来社会生产力与生产关系矛盾、经济基础与上层建筑矛盾等人类社会发展规律的基础上，马克思和恩格斯及其后继者们亦浮现出并实践着科学社会主义的基本逻辑思想。

恩格斯在《家庭、私有制和国家的起源》中指出，人类生而处于一种原始共产主义社会，原始社会之所以具有"共产主义社会"的气质，是因为原始社会生产力低下，人们不得不以繁衍生息的基本方式（如家庭、氏族或部落形式）组织社会生活，共享生产生活资料。而原始共产主义社会之所以会演变为奴隶社会，是因为到原始社会末期，随着社会生产力的发展，出现了第一次社会大分工，即农业和畜牧业的分离，原始社会的社会生产力冲破了原始共产主义生产关系，形成了奴隶社会生产关系。随着奴隶社会生产力的发展，相继出现了第二次社会大分工，即手工业和农业的分离，以及第三次社会大分工，即商业和其他产业的分离，奴隶制生产关

---

① 《马克思恩格斯选集》第三卷，人民出版社2012年版，第796页。

系难以容纳社会生产力的进步而成为奴隶革命的对象,进而进入了封建社会。在封建社会的中后期,"从中世纪的农奴中产生了初期城市的城关市民;从这个市民等级中发展出最初的资产阶级分子"①。随着航海技术等社会生产力因素的极大进步,封建社会内部的革命因素亦迅速发展,封建社会生产关系如封建的或行会的工业经营方式,已不能满足当时社会生产力的进步。在这种情况下,"封建的所有制关系……这种关系已经在阻碍生产而不是促进生产了。它变成了束缚生产的桎梏。它必须被炸毁,它已经被炸毁了"②。

  进入资本主义社会后,"资产阶级在它的不到一百年的阶级统治中所创造的生产力,比过去一切世代创造的全部生产力还要多,还要大"③。资本主义社会所拥有的生产力,不仅强大到社会生产关系所不能适应的地步,而且资本主义社会生产关系业已成为社会生产力发展的阻碍,"资产阶级已经暴露出它没有能力继续管理自己的社会生产力"④。在此时代背景下,马克思和恩格斯预言了共产主义社会实现的宏伟目标:"代替那存在着阶级和阶级对立的资产阶级旧社会的,将是这样一个联合体,在那里,每个人的自由发展是一切人的自由发展的条件。"⑤"完成这一解放世界的事业,是现代无产阶级的历史使命。"⑥ 无产阶级社会主义革命实践特别是巴黎公社政治实践表明,社会主义实现了从空想到科学的发展,马克思恩格斯真正揭示了人类社会的发展规律,指明了人类社会的正确前进方向。

---

① [德]马克思、恩格斯:《共产党宣言》,人民出版社2014年版,第28页。
② [德]马克思、恩格斯:《共产党宣言》,人民出版社2014年版,第32—33页。
③ [德]马克思、恩格斯:《共产党宣言》,人民出版社2014年版,第32页。
④ [德]恩格斯:《社会主义从空想到科学的发展》,人民出版社2014年版,第80页。
⑤ [德]马克思、恩格斯:《共产党宣言》,人民出版社2014年版,第51页。
⑥ [德]恩格斯:《社会主义从空想到科学的发展》,人民出版社2014年版,第81页。

然而，遗憾的是，在探索如何进入共产主义社会的过程中他们就去世了，这一历史难题遗留给了其后继者们。

在后马克思、恩格斯时代，值资本主义社会发展到帝国主义阶段引发系列国内外矛盾、社会主义革命实践出现被误导危机之际，俄国列宁肩负起了马克思主义发展的历史使命，接续回答了马克思、恩格斯所遗留的时代问题，提出了科学的帝国主义理论。① 在回答后马克思、恩格斯时代社会主义革命向何处去这一时代问题的过程中，列宁没有拘泥于马克思、恩格斯的个别"词句"或论断，如社会主义革命的首发地问题②，而是在坚持马克思主义基本立场、观点和思想方法的前提下对当时的时代问题进行了创造性的思考和科学的回答："由于帝国主义国家之间不平衡发展的加剧，以及战争造成帝国主义国家之间相互削弱，导致帝国主义世界体系的链条上出现了易于被无产阶级革命突破的薄弱环节，从而出现了社会主义革命在一国或数国首先胜利的可能性。"③ 在马克思、列宁主义的指导下，俄国率先进入社会主义社会，开启了人类历史的社会主义时代新纪元。

诸多历史事实表明，作为新生事物的革命从来就不会是一帆风顺的，从长时段历史来看，同作为新生事物的社会主义革命亦是如此，因为反社会主义的旧事物因素不甘心失败，而会时刻潜伏在我们的周围。"苏东剧变"是人类历史社会主义潮流中的"旋涡"，并没有颠覆马克思主义所揭示的人类社会发展规律及其科学社会主义逻辑思想，而是提出了新的历史条件下的时代问题，即在诸种全球性问题叠加的人类命运与共时代，如何

---

① 参见［俄］列宁《帝国主义是资本主义的最高阶段》，人民出版社 2014 年版。
② 参见［德］马克思、恩格斯《共产党宣言》，人民出版社 2014 年版，第 88 页；［德］恩格斯《社会主义从空想到科学的发展》，人民出版社 2014 年版，第 35 页。
③ 《世界社会主义五百年（党员干部读本）》，学习出版社 2014 年版，第 71—72 页。

将人类社会主义事业在共产主义社会目标的指引下继续推向前进。这一时代重任最终落在了中国共产党的肩上，而这意味着，在走向共产主义社会的伟大征途中，我们还远未到总结我们对该时代问题之答案的时候，而是正处在努力交出合格答卷的时刻。

以上对科学社会主义的马克思主义人类社会发展规律的理论溯源，旨在对科学社会主义提供一种新的理解方式：马克思、恩格斯提出的科学社会主义理论有其时代性，科学社会主义命题却具有穿透历史时空的普遍性，在人类社会完全进入共产主义社会之前，在日新月异的新的历史时空条件下助推人类社会向共产主义社会进发的理论思想都可以归之于科学社会主义的理论思想范畴，或者说，我们对马克思主义中科学社会主义的理解应该秉持一种开放性的政治哲学思维，即科学社会主义更应当是一种能够不断适应时代变迁的思想逻辑，有如后马克思、恩格斯时代，列宁对帝国主义现象的科学社会主义阐发一般，而不是一种只能机械适用的僵化理论。科学社会主义更多的是一种思维方式，而不仅仅是一种具体的马克思主义理论，这亦并不悖离马克思主义的基本立场、观点和思想方法。

三、人类命运与共时代全球性问题产生的根源：一种科学社会主义逻辑思想视角

毋庸讳言，当今时代是一个全球性问题叠加的时代，在国家交往、安全格局、经济发展、文化沟通、生态建设等重要领域都有种种具体表

现。①处在这样一个世界，我们会突然发现，今天人类社会的进步是如此之多，整个世界却显得有些凌乱，国家民族之间所享有的尊严、基本生活条件等是那么的不平衡。

在国家交往方面，当前国家间的政治争端甚或不少于非政治纠纷，动辄以武力相威胁或相解决，大国之间的代理人战争暗流涌动，"形形色色的保护主义明显升温，地区热点此起彼伏，霸权主义、强权政治和新干涉主义有所上升"②，国家间的交往与当今时代的社会文明程度严重不相称，呈现出赤裸裸的实力政治。在安全格局方面，今天的世界遍布国际和地区热点、国际恐怖主义、网络安全、重大传染性疾病、核安全、军备竞争、毒品泛滥等系列安全方面的全球性问题。像世界核安全问题，核能发展伴生着巨大的核安全风险，日本福岛核泄漏事件再次给世人敲响了警钟，其危害和影响是区域性的甚或世界性的。像全球网络安全问题，"世界范围内侵害个人隐私、侵犯知识产权、网络犯罪等时有发生，网络监听、网络攻击、网络恐怖主义活动等成为全球公害"③。在经济发展方面，目前呈现出世界经济增长乏力、国际金融危机、南北贫富差距、人口爆炸、粮食安全、难民危机等系列经济方面的全球性问题。像南北发展差距问题，"全球最富有的百分之一人口拥有的财富量超过其余百分之九十九人口财富的总和……对很多家庭而言，拥有温暖住房、充足食物、稳定工作还是一种奢望。这是当今世界面临的最大挑战"④。在文化沟通方面，昔日的"冷

---

① 参见习近平《共同构建人类命运共同体——在联合国日内瓦总部的演讲》（2017年1月18日，日内瓦），《人民日报》2017年1月20日。
② 《习近平谈治国理政》第一卷，外文出版社2014年版，第272页。
③ 《习近平谈治国理政》第二卷，外文出版社2017年版，第532页。
④ 习近平：《论坚持推动构建人类命运共同体》，中央文献出版社2018年版，第404页。

战"思维现抬头趋势，弱势价值文化公然遭受歧视，各种版本的文明冲突论甚嚣尘上，西方所谓的普世价值"死而不僵"。就西方价值文化自我中心这一全球性难题而言，"西方国家主导下的现行国际制度无法有效应对全球性问题的蔓延，西方国家宣扬的普世价值无法适应21世纪世界各国多样化发展的现实需要"①。而非西方社会的国家民族价值文化，亦在努力扩展自己的势力范围。在生态建设方面，涌现出气候变化、环境污染、自然灾害、能源安全等系列生态方面的全球性问题。像全球气候变化问题，"《联合国气候变化框架公约》生效20多年来，在各方共同努力下，全球应对气候变化工作取得积极进展，但仍面临许多困难和挑战"②。在当今时代，不少国家民族不仅将生态环境当作廉价的社会发展手段，而且视之为没有任何代价、可任性使用的"公地"。

可以说，今天的世界，一方面，"物质财富不断积累，科技进步日新月异，人类文明发展到历史最高水平"③；另一方面，国家交往、安全格局、经济发展、文化沟通、生态建设等重要领域的全球性问题挑战此起彼伏。在这种情况下，人们一方面发出狄更斯式感叹——"这是最好的时代，也是最坏的时代"④，另一方面亦同时感到了困惑：这个世界到底怎么了？⑤面对全球性问题所表征的全球治理困境，其中叫嚣响亮的观点认为，当今世界的乱象要由全球化负责，是由经济全球化所造成的。然而，"困扰世界的很多问题，并不是经济全球化造成的"⑥。"经济全球化曾经被

---

① 陈岳、蒲俜：《构建人类命运共同体》，人民大学出版社2017年版，第22页。
② 《习近平谈治国理政》第二卷，外文出版社2017年版，第527页。
③ 习近平：《论坚持推动构建人类命运共同体》，中央文献出版社2018年版，第400页。
④ 习近平：《论坚持推动构建人类命运共同体》，中央文献出版社2018年版，第400页。
⑤ 参见习近平《论坚持推动构建人类命运共同体》，中央文献出版社2018年版，第400—401页。
⑥ 习近平：《论坚持推动构建人类命运共同体》，中央文献出版社2018年版，第401页。

人们视为阿里巴巴的山洞，现在又被不少人看作潘多拉的盒子。"① 在此意义上讲，今天世界乱象、全球性问题丛生，当另有根源。

从长时段历史来看，当今世界、当今时代仍然处于人类社会历史发展的特定阶段，与此同时，马克思主义又是审视人类社会历史及其发展规律问题的科学理论，在这种情况下，对于今天全球化深度发展之人类命运与共时代的人类社会问题如全球治理困境得以产生之根源问题的回答，我们仍然须要遵循生产力与生产关系矛盾、经济基础与上层建筑矛盾等关于人类社会发展规律阐释之马克思主义基本论断的指导。即是说，从表征着人类社会发展规律的科学社会主义逻辑的视角来看，当今世界全球性问题丛生，本是全球社会生产关系或全球治理上层建筑方面的问题，我们不能从问题本身去找答案，而应从对其具有关键制约作用的因素即全球社会生产力发展或其经济基础变化这些更根本性的因素中去找答案。如果说有些全球性问题是由经济全球化这一因素引发的话，那么，从更根本性原因的角度来看，它不是终极性的根源，而是由于全球社会生产力的飞速发展或其导致全球社会经济基础的重要变化这些更根本性的原因所引起的。"历史地看，经济全球化是社会生产力发展的客观要求和科技进步的必然结果，不是哪些人、哪些国家人为造出来的。"② "纵观世界文明史，人类先后经历了农业革命、工业革命、信息革命。每一次产业技术革命，都给人类生产生活带来巨大而深刻的影响。"③

遵循着科学社会主义逻辑思想，从人类社会发展历史的大格局来鸟瞰，人类社会业已经历了农业革命、工业革命，而今正在经历信息革命。

---

① 习近平：《论坚持推动构建人类命运共同体》，中央文献出版社 2018 年版，第 401 页。
② 习近平：《论坚持推动构建人类命运共同体》，中央文献出版社 2018 年版，第 401 页。
③ 习近平：《论坚持推动构建人类命运共同体》，中央文献出版社 2018 年版，第 303 页。

农业革命增强了人类的基本生存能力,使人类从采食捕猎阶段跃升到栽种畜养阶段,由动物界的野蛮时代质地飞跃到人类社会的文明时代。①工业革命则进一步拓展了人类体力,社会生产力以机器取代了体力,以大规模的工厂化生产资本主义生产关系取代了个体工场的手工生产封建社会生产关系。而以信息革命为核心表征的第四次工业革命则整体性地增强了人类的脑力,带来全球社会生产力又一次质的飞跃,对国际政治、经济、文化、社会、生态、军事等领域的发展产生了深刻的影响②,这些影响在全球化深度发展之人类命运与共时代则表现为层出不穷的全球性问题。

"今天,互联网、大数据、云计算、量子卫星、人工智能迅猛发展,人类生活的关联前所未有,同时人类面临的全球性问题数量之多、规模之大、程度之深也前所未有。世界各国人民前途命运越来越紧密地联系在一起。"③可以说,当今世界全球性问题涌现的科学社会主义逻辑思想根源在于:全球社会生产力突飞猛进,而全球社会生产关系或全球治理上层建筑制约着甚或阻碍着全球社会生产力的进一步发展。

四、构建人类命运共同体的科学社会主义逻辑思想根据

一如上述,当今时代全球性问题涌现的根源在于,现代全球社会生产力迅猛发展,而全球社会生产关系或全球治理上层建筑制约甚或阻碍着全球社会生产力的发展。如果是这样的话,基于一种科学社会主义逻辑思

---

① [德]恩格斯:《家庭、私有制和国家的起源》,人民出版社2018年版,第176—180页。
② 参见陈岳、蒲俜《构建人类命运共同体》,中国人民大学出版社2017年版,第21页。
③ 习近平:《携手建设更加美好的世界——在中国共产党与世界政党高层对话会上的主旨讲话》(2017年12月1日,北京),《人民日报》2017年12月2日。

想，要想应对当前全球治理困境问题，我们应当在现行全球社会生产关系或全球治理上层建筑的调整或变革上用功发力。进而言之，今天的全球治理困境主要呈现为国家交往、安全格局、经济发展、文化沟通、生态建设等重要领域的系列全球性难题，而当今时代全球性问题产生的根源在于现行全球社会生产关系或全球治理上层建筑阻碍着全球社会生产力的发展。为应对这些全球性问题，我们应当从现行全球社会生产关系或全球治理上层建筑的调整或变革入手努力。这恰是构建人类命运共同体方案的初衷和目标。

习近平指出："人类命运共同体，顾名思义，就是每个民族、每个国家的前途命运都紧紧联系在一起，应该风雨同舟，荣辱与共，努力把我们生于斯、长于斯的这个星球建成一个和睦的大家庭，把世界各国人民对美好生活的向往变成现实。"[1] 人类命运共同体的理想图景内涵意味着，构建人类命运共同体方案，其实就是为应对今天层出不穷之全球性问题而对现行全球社会生产关系或全球治理上层建筑的调整或变革，亦是"从伙伴关系、安全格局、经济发展、文明交流、生态建设等方面"[2] 调整现行全球社会生产关系或全球治理上层建筑，建设新的历史条件下的全球社会生产关系或全球治理上层建筑，"建设持久和平、普遍安全、共同繁荣、开放包容、清洁美丽的世界"[3]。显然，为应对今天的复数全球性问题，我们提出了人类命运共同体方案，即构建人类命运共同体，更确切地说，是构建

---

[1] 习近平：《携手建设更加美好的世界——在中国共产党与世界政党高层对话会上的主旨讲话》（2017年12月1日，北京），《人民日报》2017年12月2日。

[2] 习近平：《共同构建人类命运共同体——在联合国日内瓦总部的演讲》（2017年1月18日，日内瓦），《人民日报》2017年1月20日。

[3] 习近平：《决胜全面建成小康社会 夺取新时代中国特色社会主义伟大胜利——在中国共产党第十九次全国代表大会上的报告》，人民出版社2017年版，第58—59页。

复数的人类命运共同体。

具体来讲，面对国家交往领域的全球性问题，持久和平的世界图景是我们调整或变革现行全球社会生产关系或全球治理上层建筑的理想目标。在当今世界的国家交往领域，以美国为首的西方国家，习惯于我赢你输、赢者通吃思维，习惯于弱肉强食的丛林法则，推崇以对抗方式解决国际争端，搞单边主义，搞结盟国家关系，以大压小、以强凌弱、以富欺贫。[①]要有效应对当今世界国家交往领域的这些全球性问题，我们应当调整或变革该领域的现行全球社会生产关系或全球治理上层建筑。一方面，调整国家交往领域的现行全球社会生产关系或全球治理上层建筑，如切实让以《联合国宪章》为核心代表的国际公法相关原则规定真正硬起来，成为国家间交往行为的规范，"呼吁遵守联合国宪章宗旨和原则以及国际法和国际关系基本准则"[②]。另一方面，变革国家交往领域的现行全球社会生产关系或全球治理上层建筑，形成该领域新时代条件下的全球社会生产关系或全球治理上层建筑，"建设一个持久和平的世界"[③]：在该世界中，"要相互尊重、平等协商，坚决摒弃冷战思维和强权政治，走对话而不对抗、结伴而不结盟的国与国交往新路"[④]。

面对安全格局领域的全球性问题，普遍安全的世界图景是我们变革现

[①] 参见习近平《携手构建合作共赢新伙伴 同心打造人类命运共同体——在第七十届联合国大会一般性辩论时的讲话》(2015年9月28日，纽约)，《人民日报》2015年9月29日。

[②] 习近平：《共建伙伴关系 共创美好未来——在金砖国家领导人第七次会晤上的讲话》(2015年7月9日，乌法)，《人民日报》2015年7月10日。

[③] 习近平：《共同构建人类命运共同体——在联合国日内瓦总部的演讲》(2017年1月18日，日内瓦)，《人民日报》2017年1月20日。

[④] 习近平：《决胜全面建成小康社会 夺取新时代中国特色社会主义伟大胜利——在中国共产党第十九次全国代表大会上的报告》，人民出版社2017年版，第59页。

行全球社会生产关系或全球治理上层建筑的理想目标。在当今世界的安全格局领域，以美国为首的西方国家，不懈追求自身的绝对安全，不仅"一石激起千层浪"，让整个世界的安全格局失衡，而且努力将自身的绝对安全建立在其他国家的动荡之上，邻居出了问题，不仅不会想着去帮一把，反而光想着扎好自家的篱笆，甚至落井下石。① 有效应对当今世界安全格局领域的全球性问题，我们要变革安全格局领域的现行全球社会生产关系或全球治理上层建筑，形成该领域新时代条件下的全球社会生产关系或全球治理上层建筑，"建设一个普遍安全的世界"②：在该世界中，要尊重和照顾所有国家的合理安全关切，树立共同、综合、合作、可持续的新安全观，加强国际协调和合作，反对一切形式的恐怖主义，建立全球反恐统一战线，为各国人民撑起安全伞。③

面对经济发展领域的全球性问题，共同繁荣的世界图景是我们调整或变革现行全球社会生产关系或全球治理上层建筑的理想目标。在当今世界的经济发展领域，以美国为首的西方国家，"奉行你输我赢、赢者通吃的老一套逻辑"④，"采取尔虞我诈、以邻为壑的老一套办法"⑤，有时候为了堵

---

① 参见习近平《共同构建人类命运共同体——在联合国日内瓦总部的演讲》（2017年1月18日，日内瓦），《人民日报》2017年1月20日。
② 习近平：《共同构建人类命运共同体——在联合国日内瓦总部的演讲》（2017年1月18日，日内瓦），《人民日报》2017年1月20日。
③ 参见《习近平新时代中国特色社会主义思想三十讲》，学习出版社2018年版，第290页。
④ 习近平：《携手建设更加美好的世界——在中国共产党与世界政党高层对话会上的主旨讲话》（2017年12月1日，北京），《人民日报》2017年12月2日。
⑤ 习近平：《携手建设更加美好的世界——在中国共产党与世界政党高层对话会上的主旨讲话》（2017年12月1日，北京），《人民日报》2017年12月2日。

上别人的门，甚至连堵上自己的路都在所不惜①，美国挑起中美贸易战的逆全球化的"冒天下之大不韪"的行动做法就是目前最好的例证。想有效应对当今世界经济发展领域的全球性问题，我们要调整或变革该领域的现行全球社会生产关系或全球治理上层建筑。一方面，调整经济发展领域的现行全球社会生产关系或全球治理上层建筑，如继续捍卫以世界贸易组织为核心平台的开放型世界经济格局。另一方面，变革经济发展领域的现行全球社会生产关系或全球治理上层建筑，形成该领域新的时代条件下的全球社会生产关系或全球治理上层建筑，"建设一个共同繁荣的世界"②：在该世界中，"要同舟共济，促进贸易和投资自由化便利化，推动经济全球化朝着更加开放、包容、普惠、平衡、共赢的方向发展"③。

面对文化沟通领域的全球性问题，开放包容的世界图景是我们变革现行全球社会生产关系或全球治理上层建筑的理想目标。在当今世界的文化沟通领域，以美国为首的西方国家，秉持以西方为中心的文化价值观，怀揣着自恋式的民族优越感，常常认为自己民族是高人一等的民族，是优秀民族，西方以外的其他民族是低人一等的民族，是劣等民族，排斥与其他文化的对话，习惯主张完全取代甚或消灭非西方文化。④ 有效应对当今世界文化沟通领域的全球性问题，我们要变革文化沟通领域的现行全球社会

---

① 参见习近平《携手建设更加美好的世界——在中国共产党与世界政党高层对话会上的主旨讲话》（2017年12月1日，北京），《人民日报》2017年12月2日。
② 习近平：《共同构建人类命运共同体——在联合国日内瓦总部的演讲》（2017年1月18日，日内瓦），《人民日报》2017年1月20日。
③ 习近平：《决胜全面建成小康社会 夺取新时代中国特色社会主义伟大胜利——在中国共产党第十九次全国代表大会上的报告》，人民出版社2017年版，第59页。
④ 参见习近平《携手构建合作共赢新伙伴 同心打造人类命运共同体——在第七十届联合国大会一般性辩论时的讲话》（2015年9月28日，纽约），《人民日报》2015年9月29日。

生产关系或全球治理上层建筑,形成该领域新的时代条件下的全球社会生产关系或全球治理上层建筑,"建设一个开放包容的世界"①:在该世界中,"要尊重世界文明多样性,以文明交流超越文明隔阂、文明互鉴超越文明冲突、文明共存超越文明优越"②。

面对生态建设领域的全球性问题,清洁美丽的世界图景是我们调整或变革现行全球社会生产关系或全球治理上层建筑的理想目标。在当今世界的生态建设领域,一些发展中国家,奉行经济发展至上的单向度狭隘发展理念,视生态环境为用之不竭的廉价发展手段,用破坏性方式搞发展,即便以难以弥补的生态创伤为代价也在所不惜,吃祖宗饭、断子孙路。③ 与此同时,以美国为首的西方发达国家,面对生态方面可能出现的全球性危险,以视野无比狭隘的方式唯利是图,"见死不救",继续其生态技术方面的贸易壁垒,结果"城门失火,殃及池鱼"。想有效应对当今世界生态建设领域的全球性问题,我们一方面调整生态建设领域的现行全球社会生产关系或全球治理上层建筑,如想方设法让以《联合国气候变化框架公约》等为核心代表的国际环境法相关原则规定落地生根,"要提高国际法在全球治理中的地位和作用,确保国际规则有效遵守和实施,坚持民主、平等、正义,建设国际法治"④。另一方面,形成该领域新的时代条件下的全

---

① 习近平:《共同构建人类命运共同体——在联合国日内瓦总部的演讲》(2017年1月18日,日内瓦),《人民日报》2017年1月20日。
② 习近平:《决胜全面建成小康社会 夺取新时代中国特色社会主义伟大胜利——在中国共产党第十九次全国代表大会上的报告》,人民出版社2017年版,第59页。
③ 参见习近平《共同构建人类命运共同体——在联合国日内瓦总部的演讲》(2017年1月18日,日内瓦),《人民日报》2017年1月20日。
④ 《习近平谈治国理政》第二卷,外文出版社2017年版,第529页。

球社会生产关系或全球治理上层建筑,"建设一个清洁美丽的世界"①;在该世界中,"要牢固树立尊重自然、顺应自然、保护自然的意识,以人与自然和谐相处为目标,解决好工业文明带来的矛盾,实现世界的可持续发展和人的全面发展。倡导绿色、低碳、循环、可持续的生产生活方式,平衡推进联合国 2030 年可持续发展议程,采取行动应对气候变化的新挑战,不断开拓生产发展、生活富裕、生态良好的文明发展道路,构筑尊崇自然、绿色发展的全球生态体系"②。

可以说,想有效应对国家交往、安全格局、经济发展、文化沟通、生态建设等领域的全球性问题,我们就要构建人类命运共同体,一种复数的人类命运共同体,其要旨在于调整或变革今天"跟不上时代"的现行全球社会生产关系或全球治理上层建筑,形成新的时代条件下的全球社会生产关系或全球治理上层建筑。从这种意义上讲,构建人类命运共同体方案遵循着一种基于马克思主义人类社会发展基本规律论断的科学社会主义逻辑思想根据。

五、结语

从理论上来看,习近平新时代中国特色社会主义思想与马克思列宁主义一脉相承,而科学社会主义逻辑思想又属于马克思列宁主义的基本原则判断范畴,那么,作为习近平新时代中国特色社会主义思想的重要内容,人类命运共同体思想及其构建人类命运共同体方案,定然与科学社会主义

---

① 习近平:《共同构建人类命运共同体——在联合国日内瓦总部的演讲》(2017 年 1 月 18 日,日内瓦),《人民日报》2017 年 1 月 20 日。
② 《习近平新时代中国特色社会主义思想三十讲》,学习出版社 2018 年版,第 291 页。

逻辑思想存在着某种内在的理路关联。从现实实践来看，构建人类命运共同体方案有其科学社会主义逻辑思想根据。包括习近平新时代中国特色社会主义思想（包括构建人类命运共同体方案）在内的中国马克思主义对马克思列宁主义的继承发展不再仅仅停留在其个别"词句"或论断上，而是主要继承了马克思列宁主义看世界的基本原则立场、分析问题的思想方式，我们马克思主义中国化的水平更高了、更成熟了，并且在马克思主义中国化的过程中不断吸纳人类一切优秀思想文明成果，在中华大地上甚或以整个世界为舞台，戮力实现中华民族伟大复兴中国梦，矢志实现共产主义社会这一马克思主义宏伟目标。

（原载《毛泽东研究》2019 年第 1 期）

跨文明交流、对话式文明与人类命运共同体的构建

贾文山　江灏锋　赵立敏

　　跨文明交流、对话式文明与包容性的世界秩序是一脉相承、相辅相成的。对话式文明孕育于跨文化、跨文明之间的平等交流。以文明对话为内核的新型世界秩序必然以平等性、包容性为主要特征。它们最终指向构建人类命运共同体。美国主导下的世界秩序虽然最初优胜于英国主导的世界秩序，但仍然不是真正意义上的世界体系，进入21世纪以来，它正沦落为一个排他性的、固步自封的体系。本文希望从跨学科乃至超学科的创新视角，综合中国哲学、全球传播学、跨文化交流学、国际关系学等学科的洞见，试图提出一个契合中华文明价值观的、能用以解决当今或者未来文明之间冲突、世界秩序之争的方案。

一、问题的缘起与概念阐释

　　虽然文化和文明概念有所不同，但是，文化和文明在许多情况下很难区分。因此，本文将会对它们交换使用。传统国际关系学领域的文明视角

重点考察国家层面，部分涉及精神层面。① 现代意义上的"民族国家"概念始于威斯特伐利亚体系②的建立，"国家"这个概念的源头意义未得到充分挖掘，还不能完整表达文明的全部含义。跨文明交流不仅仅限于媒介的沟通、媒介的跨文明交流，也不局限于国家行为体之间的交流，而是包括不同文明之间的全方位各层次的交流，其独特之处在于突破和超越国际关系学的固定研究范式，进行多学科与跨学科的融合。

"对话式文明"（dialogic civilization）概念最早由杜维明提出，它是指不运用暴力，而是通过各民族和文明间平等交往产生相互了解，形成跨文化共识，最终创造出和平共处交流互鉴的一系列规则，形成超越国家和民族的世界性文明。在孔汉思等人起草的包括共同价值、标准和态度的《全球伦理宣言》基础上，杜维明认为加强不同文化、不同宗教、不同国家和地区的文明对话是应对人类困境最基本也是最重要的选择。③ 对话式文明的实质是各种文明之间的平等交流、互相倾听和借鉴。在各文明主体平等沟通、对话和交流的进程中，各个文明得到丰富和再造，形成一种以对话为中心的或对话主义文化，即文明对话。儒家思想和实用主义是对话式文

---

① 在研究国际关系行为主体之间行为及其规律的国际关系学领域，关于主流国际关系理论的学派较为集中的观点主要有：现实主义、自由主义和建构主义。三种理论各有代表人物，如以爱德华·卡尔、汉斯·摩根索、肯尼斯·华尔兹、约翰·米尔斯海默等为代表的现实主义，以约瑟夫·奈、罗伯特·基欧汉、约翰·伊肯伯里、奥兰·扬等为代表的自由主义，以亚历山大·温特等为代表的建构主义。这几类观点大多将主权国家作为国际关系的分析维度，建构主义关注行为体相互建构的文化及建构文化对行为体的作用，它本身先天预设主权国家的分析维度，或者以一国文化作为分析背景，其实质还是国别论。秦亚青认为能够与三大理论直接抗衡的国际关系理论还没有出现，参见秦亚青《国际政治理论的新探索》，《世界经济与政治》2015 年第 2 期。
② 1643—1648 年结束欧洲 30 年战争的维斯特伐利亚和会的召开及《维斯特伐利亚和约》的诞生，标志着近代主权独立国家体系的出现，成为近代国际关系的起点。
③ 参见杜维明《文明间对话的最新路径与具体行动》，《开放时代》2007 年第 1 期。

明的两大思想源泉。其中儒家思想中的恕道原则（己所不欲，勿施于人）和人道原则（仁道原则）都是对话式文明的哲学基础。① 而实用主义则强调，通过自由开放的实践，给社会与文化的创新不断输入新鲜血液，使各自文明在交流互鉴过程中相互适应、相互成长和相互演变。例如，安乐哲从实用主义哲学视角阐述和探寻中西文化沟通的途径和渠道。他认为，当代中国对外国哲学研究领域从康德到海德格尔的兴趣转向过程中，后者被理解为与中国本土思维方式更接近。因此，儒学与杜威实用主义之间的对话是可能的。② 对话式文明与跨文明交流的关系，从理论上来讲应该是：真正具有生命力的对话在跨文明交流中孕育，并得以成长、修正、改善、更新、丰富和发展，形成一种跨文明共识，进而凝练成一套大家自觉遵守的规则，乃至一种生活方式与工作方式，即对话式文明。完善的文明对话在理论原则和实践操作层面上应该是培育和丰富包容性世界秩序的土壤。

平等包容性世界秩序既是对话式文明的骨骼，又是对话式文明的升华。在对话式文明的影响下，各文明之间地位平等，在地位平等的基础上相互开放、相互交流、相互学习。现有西方主导的国际秩序式微③，而新

---

① 参见杜维明《否极泰来：新轴心时代的儒家资源》，北京大学出版社 2016 年版，第 123 页。
② 参见［美］安乐哲《和而不同：中西哲学的会通》，北京大学出版社 2009 年版，第 357 页。
③ 这里主要指西方主导的国际秩序无力解决现存国际问题，预示着一种文明秩序的衰竭。庞中英指出其为"全球治理赤字"，世界尚未找到解决全球化带来的诸如环境恶化、气候变化、社会不平等的有效办法，参见庞中英《全球治理赤字及其解决——中国在解决全球治理赤字中的作用》，《社会科学》2016 年第 12 期。在金融领域，向松祚认为 2007—2008 年的金融危机及随后的经济大衰退让西方发达国家经济模式和政治模式的弊端暴露无遗，让国际货币体系和金融体系的弊端暴露无遗，参见向松祚《新资本论：全球金融资本主义的兴起、危机和救赎》，中信出版社 2015 年版。在资本主义体系方面，托马斯·皮凯蒂认为发源于启蒙运动的经济和科技理性在许多时候与民主理性无关，他批评了资本主义社会机制，尤其是资本主义核心矛盾（私人资本利益率可以长期高于收入和产出增长率）导致全球和地区贫富差距日益拉大，导致社会不公，参见托马斯·皮凯蒂《21 世纪资本论》，中信出版社 2014 年版。

秩序的建立不是一个国家能够主导或者完成的，应该在充分尊重不同地区、不同文明差异性的基础上，找到全球治理模式的"最大公约数"。正是因为当今国际社会包容性世界秩序的缺位，才导致诸如族群冲突、宗教冲突、国际冲突和文明冲突此起彼伏，传统国家间的安全困境及诸如恐怖主义、气候变化等新挑战交错而生。平等包容性世界秩序不是以某一个国家或某一种文明的价值观和体系为唯一的标准和基础建构的，而是在尊重世界文明多样性的前提下让各方文明尽显其能、相互学习、相互参照、同舟共济，在相互依赖的基础上构建人类命运共同体，并使之更加完善。

当今西方的许多中国问题研究学者否定中国文化，他们把中国作为特定的问题来研究，不是把中国作为一个完整独特的文明体系来考察，其实质是不承认中华文明的主体性和丰富性，削弱中华民族的文化自信，为从文化上同化与和平演变中国打下埋伏。[①] 中国有着丰富而悠久的文明，足以弥补以欧美为中心的现代知识话语体系的缺陷，完全能够以中国的话语体系来丰富现有的西方话语体系，打造世界性话语体系。这种话语体系在许多方面是跨越时空的。

首先，中国具有悠久的开放包容的历史文化，形成了以儒家、道家与佛家文化相互碰撞、交流、互鉴、融合的古代"三教合一"，即文化大融合模式。

其次，现代中国文化的建构不仅继承和发扬了以儒道释为代表的中国

---

① 也有为数不多的关注中华文明丰富性的研究，比如，美国传教士阿瑟·史密斯（Arthur H.Smith），当他1872年来到中国的时候，他想象中国人一定很苦，没有神，因此说"我就是来传达基督教文化和信仰"的，后来他学习中国语言后发现中国人和他们也有很多相似的地方，他发现中国的面子、脸面，其实就是和谐，是这个社会的中心。他著有《中国人的性情》，其观点影响到后来的林语堂、鲁迅等人，人们开始关注中国的民族特征或者中华文明的特征。

传统文化，而且成功地延续了以古代"三教合一"为标志的中华文明开放、包容并蓄的传统。以中国共产党为代表的政治文化力量励精图治，成功地把马克思主义与中国传统文化、中国实际相结合，把马克思主义中国化，并借鉴、吸收和发扬光大了西方现代企业的管理智慧和科技文化，成就了中华民族在现代和当代的文化大融合，亦称多元一体模式，即"马克思主义作为灵魂、中国传统文化作为中华民族身份认同根基、西方文化作为连接沟通世界的纽带"，从而形成复合创新型现代文明。

最后，在当今，中国以"一带一路"为平台，以开放包容、创新和谐为价值观，引领新型全球化，强劲推动中国与世界在地理、政治、经济、文化等领域里的深度联通，推动全球治理，打造人类命运共同体。伴随着中国共产党领导的中国对全球事务的主导力的提升，中国将会成为21世纪世界各个文明间交流互鉴重要的乃至主要的推动者，上升为世界领导型国家。此乃中国正在推动的在21世纪中叶有望整合世界文明的第三期"三合一"，即以马克思主义为灵魂、以儒道释为精神、以世界多国文明为镜子的中华文明与西方文明、伊斯兰文明及其他文明等达到大和解与大融合，最终形成"世界范围内的多元一体"。

二、跨文明关系话语图谱脉络

我们考察当代跨文明关系的话语体系，它们大致可以分为五种学术话语。

（一）对抗式话语

第一类是以塞缪尔·亨廷顿、约翰·米尔斯海默和格雷厄姆·阿利森等为代表的"对抗式话语"。在他们的学说中,似乎对立与冲突不可避免。吉姆·莱西认为,古希波战争决定了东西方之间的巨大文化差异,随后的2500多年间,这种差异一直都是文化冲突的核心。① 亨廷顿针对文明的冲突将主要文明分为中华文明、日本文明、印度文明、伊斯兰文明、东正教文明、西方文明、拉丁美洲文明,以及可能存在的非洲文明②,他认为每一个文明都把自己视为世界的中心,文化共性增强合作和凝聚力;文化差异加剧分裂,基督教文明与伊斯兰文明、儒家文明具有不可调和的冲突,西方主导的文明未来将主要面临来自这两种文明各自的挑战,甚至来自儒家文明和伊斯兰文明联合的挑战。③ 它视中国和其他国家为敌,视中国为共产主义国家,在"自我"与"他者"的语境下将中国界定为"异类",自然不符合自我的自由民主体系。米尔斯海默是国际关系进攻性现实主义的代表人物。进攻性现实主义认为,强大的实力是一国在丛林法则盛行的国际社会中生存的最主要依托。正如罗伯特·J.阿特和罗伯特·杰维斯著作里的《米洛斯人对话录》中雅典人对米洛斯人所言:"征服了你们,我们不仅扩充了幅员,也增加了我们帝国的安全……我们相信,力所能及地扩展统治势力是自然界一条普遍和必要的法则。"④ 在无政府的自助体系中,自私才能有所回报,大国都谋求最大限度地占有权力,当一个大国正

---

① 参见[美]吉姆·莱西《文明的冲突:东西方文明的第一次交锋》,李崇华译,新世界出版社2016年版。吉姆·莱西认为任何战争对西方文明发展所起的重要作用都不及2500年前的古希波战争,他认为是新生的富有朝气的西方文明对古老的东方文明的胜利。
② 参见[美]塞缪尔·亨廷顿《文明的冲突与世界秩序的重建》,新华出版社2010年版,第24—26页。
③ 参见[美]塞缪尔·亨廷顿《文明的冲突与世界秩序的重建》,新华出版社2010年版,第163页。
④ 罗伯特·J.阿特、罗伯特·杰维斯:《政治的细节》,陈积敏等译,世界图书出版公司2014年版,第9页。

在崛起的时候，守成大国必定阻拦、阻止。因此，中国的崛起也势必引发中美之间对抗、冲突。① 格雷厄姆·阿利森等进一步认为，中美之间爆发战争的可能性远大于现在中美两国的认知，新兴大国与守成大国之间爆发战争的修昔底德陷阱似乎很难避免。② 对抗派思维结构二元对立，理论上看重分歧和对抗，低估了交流和融合化解冲突的可能性。

（二）同化式话语

第二类是以约瑟夫·奈、约翰·伊肯伯里等为代表的"同化式话语"。一方面，从理论上关注国家或民族间的相互依赖性；另一方面，他们认为现行的"美国主导下的和平范式"是完美的，军事冲突和对抗无助于问题的解决。奈的理论目的还是维护、延续美国的霸权③，软实力理论经奈明确提出并系统阐释后，关于软实力更多版本的指标体系和测量工具研究相继问世④，但相当比例的研究以西方标准测量中国现实，实际上是在为中国软实力发展制定规则和标准。例如，英国政府研究所将基于西式自由民主的治理方式作为政府子指标来衡量各国。奈等人的话语不同于"对抗性

---

① John J.Mearsheimer, *The Tragedy of Great Power Politics*, New York: Norton, 2001; John J.Mearsheimer, "China's Unpeaceful Rise", *Current History*, No.690, 2006.
② 格雷厄姆·阿利森等选取了过去 500 年中 16 个新兴大国与守成大国的崛起互动作为分析变量，最后 14 个案例以战争结束，因此，他认为历史经验教训是深刻的，中美之间爆发战争的可能性有大于无，除非双方都做出实质性妥协与让步，当然，这种让步是痛苦的、巨大的。
③ 详见约瑟夫·奈的《权力与相互依赖》《美国注定领导世界？——美国权力性质的变迁》《灵巧领导力》《权力大未来》等著作，奈一如既往地为维护美国霸权地位寻找实力来源，他着重指出，在美国硬实力相对下降的背景下，基于美国文化、政治价值观和外交政策所赋予的软实力仍将长盛不衰。
④ 比较突出的如英国政府研究所（The Institute for Government）制定的如 *The New Persuaders* 系列报告和政治咨询类公关公司 Portland – Communication Ltd. 出品的 the "Soft Power 30" 等，国内的研究如阎学通、徐进《中美软实力比较》，《现代国际关系》2008 年第 1 期。

话语"之处在于，他们认识到并着重强调价值观和制度等软力量的作用，并主张通过公共外交赢得他人或他国的折服。① 面对中国的崛起，西方承认中国经济的国际影响力有所上升，但是不给予中华文明应有的尊重。奈直言不讳地指出，中国软实力还有很长的路要走。② 伊肯伯里认为，现行的美国主导的国际体系是能够容纳中国崛起的。他的意图是以和平演变和同化的方式来应对外部，例如中国的实力变化。同化式话语的特点不仅是将中国纳入美国打造和主导的世界秩序里，更是将责任分摊给中国。佐利克的"利益攸关者"理论直截了当地指出，中国在受惠于当下世界体系时，理应承担更多的国际责任，并就中国军费增长问题、汇率问题向中国施压。③ 这一话语较第一类的完全对抗立场有所缓冲，在一定程度上承认和平共处的可能，但仍没有放弃唯我独尊的傲慢和霸权心态。同化式话语在完成西方制度安排的规范性和普遍性预设后，着眼于西方文明的主体性、优越性和强制性。在某种程度上，他们不承认其他文明如中华文明的正当性和平等地位，胁迫其他文明接受和继承西方文明的既有制度安排，明显地带有不平等对话性特征。

（三）折中式话语

第三类是以亨利·基辛格、兹比格涅夫·布热津斯基和尼尔·弗格森等为代表的"折中式话语"。从跨文明交流视角看，他们的思想具备有限对

---

① Joseph S.Nye, "Public Diplomacy and Soft Power", *Annals of the American Academy of Political and Social Science*, No.1, 2008.
② Joseph S.Nye, "The Rise of China's Soft Power", *Wall Street Journal Asia*, 2005-12-29, http://www.belfercenter.org/publication/rise-chinas-soft-power（2017-04-05）.
③ Robert B.Zoellick, "Whither China: From Membership to Responsibility ?", *DISAM Journal of International Security Assistance Management*, Vol.28, No.2, 2006..

话性。基辛格认为,美国试图以组建国家集团或以意识形态画线孤立遏制中国的做法和中国将美国驱逐出亚洲的做法都很难实现,中美之间的关系更像是"共同进化"的关系。① 作为现实主义政治代表人物的基辛格,在其博士学位论文《重建的世界:梅特涅、卡斯尔雷与和平问题 1812—1822》中就展示了其对大国协调的现实政治崇拜情结。在 20 世纪 70 年代,基辛格更因在北京密会周恩来与毛泽东从而改善中美关系并成功将苏联拉回到军备控制谈判桌,这都展现了其务实的政治手腕。精通国际政治的基辛格几乎对每一届中国领导人都不乏"溢美之词"。面对中国在亚洲不可避免的实力增长,他务实地认为中美应采取亚太共治战略:即在相互补充、互不损害前提下,中美可以实现"中美共治"。专门研究过英式全球化和美式全球化② 的哈佛大学历史学教授尼尔·弗格森深刻地认识到西方的衰落。他认为,地区种族冲突,反西方"伊斯兰教"政治思想运动的长盛不衰,打破了西方胜利的幻想。③ 在预测新型世界秩序时,他却从金融学角度提出"中美国"(Chimerica),即中国生产、美国消费,美国借贷中国债务,消费中国出口到美国的廉价产品。"中美国"概念基于工具理性的价值观提出,它本质上是一个金融概念,是一个经济上相互依赖的概念。因此,"中美两国集团"及"中美共治"的说法是深谙务实外交的美国战略家将崛起的中国

---

① Henry Kissinger, "The China Challenge", *Chinese American Forum*, Vol.27, No.2, 2011.
② 英式全球化和美式全球化主要指英美两国各自建立世界霸权的过程以及对这种霸权的维持,英国主要以自由贸易、集体人口迁移与大规模海外投资把英帝国推到全球经济发展前沿,美国则以民主自由为名,维护硬实力霸权,建立全球市场经济和金融市场。参见 Nial Ferguson, *Empire: The Rise and Demise of the British World Order and the Lessonsfor Global Power*, New York:Basic Books, 2002; Nial Ferguson, "British Imperialism Revisited: The Costs and Benefits of 'Anglobalization'", *Historically Speaking*, Vol.4, No.4, 2003。
③ 参见[英]尼尔·弗格森《世界战争与西方的衰落》,广东人民出版社 2015 年版,第 614 页。

内化于日益式微的美式国际体系"巧实力"的安排。

但是,"中美国"似乎更应该是一个跨文化概念,涵盖诸如文化、反恐、核不扩散、减贫等更多的方面①,否则将会坠入地缘政治对抗的传统安全逻辑框架中。不仅要在金融层面,而且更应在文化层面了解、接受中国文化和历史。奥巴马执政时期美国试图实施的"重返亚太"战略在于其战略利益、军事利益、政治利益、经济利益等的全球平衡,但是它在文化上的非亚太文明特性导致其处处碰壁。"重返亚太"过于强调军事特性,沦为一个典型的政治挑衅符号。② 这就不难理解特朗普上任美国总统伊始便废除了跨太平洋伙伴关系协定(TPP)。TPP在本质上服务于特殊利益集团,而不是一个开放和对话的合作平台。布热津斯基认为,美国对中国既不能采取遏制政策,也不能迁就任由中国发展,而应以对话加遏制的方式应对中国的崛起。佐利克的"利益相关者"是对基辛格驾驭中美关系思想和布热津斯基遏制性对话的具体操作。可以看出,这一话语承认有限对话性,但"中美国"等概念仍是经济概念,并没有从文明角度对中国给予应有的尊重。

(四)中华文明多元一体的准普适性话语

第四类以安乐哲、白鲁恂、贝淡宁、马丁·雅克、赵汀阳等的主张为代

---

① Wenshan Jia, Tian D.and X.Jia, "Chimerica: US-China Communication in the 21st Century", In Larry A.Samovar, Richard E.Porter and Edward R.McDaniel (eds.), *Intercultural Communication: A Reader (13th Ed.)*, Belmont, CA: Wadsworth, 2010, pp.161-170.

② Wenshan Jia, "A Civic Pivot? A Proposed Alternative to the Obama Administration's Pivot to Asia", East Asia Security Symposium & Conference Publications, Bond University, 2012, ePublications @ bond (peer-reviewed).Accessible at http://epublications.bond.edu.au/eassc_publications/27/.

表，可称之为中华文明多元一体话语。这一话语给予中华文明充分的尊重。安乐哲以创建和主编《东西方哲学》学刊和从实用主义哲学角度阐释儒家思想的普适价值等蜚声海内外。他认为"儒学是解决全球困境的重要资源"①。白鲁恂认为，中国在成为民族国家以前，首先是一个文明实体②，他认为中国可称为"文明—国家"复合体。③中国的崛起应是中华文明的复兴。

在面对西式全球化影响时，贝淡宁批判了如狂热传教士般推销美国自由民主模式的局限性，质疑西方文明价值的普世性。在他看来，西方人权、民主和资本主义在东亚缺少适宜的生存环境，根植于东亚文化土壤的精英体制④似乎比西式民主运转得更好。相比前面，这一类话语充分认识到中国文明的普适价值。

中华传统文明在1850年前后遭受到西方文明的巨大冲击。美国学者费正清的"挑战—反应"论指出中国在西方文明冲击下开始了追随西方的现代化道路。马丁·雅克并不赞同中国文化完全西化的主张。他认为中国的崛起将改变全球的思维与生活方式；中国过去1000年的历史使中国文化更为包容；在中国推动现代化进程中，"儒家思想不仅从未消逝，还逐

---

① 安乐哲：《儒学是解决全球困境的重要资源》，http://www.rujiazg.com/article/id/8160/（2017-04-27）。
② Lucian Pye, "Social Science Theories in Search of Chinese Realities", *China Quarterly*, Vol.132, 1992.
③ Lucian Pye, *The Spirit of Chinese Politics Cambridge*, MS: Harvard University Press, 1992, p.235.
④ 参见贝淡宁《超越自由民主》，上海三联书店2009年版。贝淡宁主要受儒家价值理念启发，他对儒家贤人政治和精英治理表现出浓厚的兴趣，他尝试将儒家优秀的精英治理与强调公众参与的民主价值进行协调，提出一个现代意义上的儒家民主方案。对根植于中国语境的民主政治模式，国内有不少学者涉及，较有影响力的有杨光斌教授的相关研究，参见杨光斌《让民主归位》，中国人民大学出版社2015年版；杨光斌《超越自由民主："治理民主"通论》，《国外社会科学》2013年第4期等。基于中国历史文化及政治发展规律，他提出了超越自由民主的"可治理的民主"，即超越左右的民主观、"参与—回应—责任"新民主观。

步获得复苏和寻找自己在当今世界的意义"①。他认为中国的崛起不仅仅限于经济层面,更体现为政治和文化等方面,尤其中国是一个拥有民族国家身份的文明国家。

与马丁·雅克相仿,赵汀阳在深入挖掘中华文明的基础上重新阐释了"天下体系"理念,以期复兴中国视野下的世界秩序观,即一种全域性的、天下无外的视角。赵汀阳论述道:"世界体系是由国家之间的冲突和互相合作形成的,其中起决定作用的是国家利益。而天下体系强调的是,全球存在着某些世界公共利益,这些公共利益的力量达到'一荣俱荣,一损俱损'的程度。"② 刘擎批判了传统天下观华夏中心主义局限和否定地方性的"无立场的眼界"主张。他认为应该世界性地思考地方和地方性地思考世界,在广域的文化汇聚和融合中共建世界,构建新世界主义。③ 因此,刘擎的研究进一步深化了对天下体系的跨文化普遍主义研究,但他没有充分认识到中华文明过去和当代的开放包容性,尤其对新时期中国多元一体模式认识不足。中华文明语境里"天下"的概念在内涵和外延上远比西方语境下的"全球"概念丰富。前者是一个无边无际的天文地理和与此相关的和谐伦理道德观混合的理念,而后者仅仅是一个被探索、发现和征服的地理概念。复兴天下体系观的意义不仅在于挖掘中国传统文化中有益于中国走出狭隘的民族主义陷阱的内容,而且有益于启迪人类走出当今西方自由主义制度无法解决的逆全球化困境,推进新型全球化。

秦亚青进一步分析和深化了中国文明视角的国际秩序建构。他认为,

---

① [英]马丁·雅克:《当中国统治世界:中国的崛起和西方世界的衰落》,中信出版社 2010 年版,第 164 页。
② 赵汀阳:《天下体系:世界制度哲学导论》,中国人民大学出版社 2011 年版,第 42 页。
③ 参见刘擎《重建全球想象:从"天下"理想走向新世界主义》,《学术月刊》2015 年第 8 期。

中国人在思考国际关系时首先考虑天下大势或者全局性国际环境，东方人关注环境，而西方人关注物质实体。他指出，基于中国社会文化特点，中国更注重权力关系的过程建构。① 建构主义者认为，国家在实践过程中形成共同文化，共同文化接着又指导国际行为体实践。中华文明多元一体（笔者称之为"准普适性话语"），否决和批判了中华文明特殊论，在一定程度上为以"一带一路"为代表的用来引领新型全球化和全球治理的中国方案提供了理论依据。

（五）跨文化对话性话语

第五类的代表为以杜维明、斯塔夫里阿诺斯、威廉·麦克尼尔为代表的跨文化交流和全球跨文明历史学派。杜维明提出的对话式文明概念实质上是人类应该共同践行的一种新型文明，是包含着平等、均衡、相互开放、相互倾听、相互包容的交往、交流、沟通和交融的文明交流规则体系。全球跨文明历史学派从全球范围内历史互动的角度关注过去，认识现实，重塑未来。威廉·麦克尼尔和斯塔夫里阿诺斯是这一学派的代表人物。麦克尼尔将全球史定位于"文明间"的互动，在某种意义上打破了全球史就是发达国家历史，尤其是"欧洲中心主义"的传统历史范式研究。② 当代全球跨文明对话的意义在一定程度上体现为真正对非西方地区历史与文明的尊重。孙隆基试图修正西方中心论的世界史。他采用波斯的视角审视希波战争，用更加全景化的视角观察世界历史。③

---

① 参见秦亚青《关系本位与过程建构：将中国理念植入国际关系理论》，《中国社会科学》2009 年第 3 期。
② 参见威廉·麦克尼尔《世界史》（第四版），英文影印版，北京大学出版社 2008 年版。
③ 参见孙隆基《新世界史》，中信出版社 2015 年版，第 244—255 页。

综上所述，前两类话语从价值层面上讲具有排他性；第三类话语采取有限的战略包容；第四类话语属于中华文明多元一体学派，比第三类更具有包容精神，最靠近第五类话语；第五类话语则具有广义的文化交流意义。五大跨文明关系话语体系可以用表1展示如下：

表1　五大跨文明关系话语体系比较

话语类型	代表人物	主要特征	主要内容
对抗式话语	塞缪尔·亨廷顿、约翰·米尔斯海默、格雷厄姆·阿利森等	具有绝对排他性	认为文明的冲突与对立不可避免，强调修昔底德陷阱
同化式话语	约瑟夫·奈、约翰·伊肯伯里等	具有相对排他性	强调软实力在文明对抗中的作用；利用发展制定规则和标准，获取战略优势，使弱势民族和文明归顺
折中式话语	亨利·基辛格、兹比格涅夫·布热津斯基、尼尔·弗格森等	有限的战略包容	强调G-2、亚太共治、中美共治，提出"中美国"概念
中华文明多元一体的准普适性话语	安乐哲、白鲁恂、贝淡宁、马丁·雅克、赵汀阳等	强调中华文明的普适价值及其对世界体系构建的意义	以三期文化融合为例，强调儒学和天下体系观对其他文明的开放和吸纳，并由此走向强大，具备了在全球范围内推动文明交流互鉴、引领新型全球化和全球治理的潜能
跨文化对话性话语	杜维明、斯塔夫里阿诺斯、威廉·麦克尼尔等	强调平等、均衡、开放、倾听、包容的交往和对话，具有广义的文化交流意义	站在全球史角度、历史互动角度关注现实，重塑未来；体现了对非西方地区历史与文明的尊重和包容

三、文化开放融合：跨文明交流和对话的一种成功模式

在跨文明交流和对话的历史和发展趋势中，中国的三期文化开放大融合既是中国传统思想的体现，也是中华文明信奉"它山之石，可以攻玉"的原则自救自强的历程，应是值得效仿的世界文明交流与对话的一种范式。

中国的第一期文化开放融合是儒释道的"三教合一"。佛教自西汉末年从印度传入中国，逐渐与中国的儒家和道家交融，最终形成了中国的儒释道文明。在这个传播的过程中，佛教经历了中国的本土化，通过以儒释佛、援老入佛等形式，形成了禅宗、天台宗、华严宗等具有中国特色的佛教流派。而儒家在吸收了佛教文化后，形成了宋朝的理学和明朝的心学，把儒学推向了一个新的高峰。道家也充分吸收了佛教的思想，在思想上交相辉映。最终，中华文明形成了"以儒治世、以佛修心、以道修身"的格局，这说明儒释道三种文化形成了一种文化共同体，它们相互补充，分别对应"社会—心灵—身体"三个层面，同时又对应"宇宙—自然—社会—人"四个维度。儒释道"三教合一"解决了古代社会与个体的关系，它们共同发挥作用，避免了西方社会中"自然与社会""社会与个体""身体与心灵"的二元分裂的局面，产生了一种整体性的、全面的、多元的文明形态。儒释道三种文化各司其职、相互嵌入，它们不是简单地叠加，而是深层融合。儒释道"三教合一"，让中国文明保持了延续性。按照罗素的说法："自孔子以来，埃及、巴比伦、波斯、马其顿，包括罗马的帝国，都消亡了；但是中国却以持续的进化生存下来了。"[1] 其中自有其道理。

---

[1] ［英］罗素：《中国问题》，学林出版社1996年版，第10页。

第二期文化开放融合是近现代中华文明发展的成果。它一方面保持了中华文明的延续性，另一方面又通过吸收新鲜的血液，再次激发了中华文明的活力。此次文化开放融合与古代儒释道融合的"三教合一"有着异曲同工之妙。深入探究中华文明的继承与发展史，可以揭示中华对话文明的历史经验和特性，也可以从中看出文明交流与对话的重要性。如果说古代儒释道的融合再造了中华文明，那么近代三种文化（马克思主义、中国传统文化、西方文化）的融汇则开启了又一个新型的中华文明向度。其中，马克思主义和西方文化都是外来文化，但是它们在传入中国的过程中，逐渐实现了中国化。西方文化特别是其中的科技和商业因素在结合中国国情后，逐步形成了中国特色经济模式。而马克思主义在被引入中国后，在经历了毛泽东思想、中国特色社会主义理论前两期的中国化发展后，进入了"进一步发掘中华文明的宝贵资源，探索中国化马克思主义新成果，进而形成一种成熟的、与西方文明不同的现代化模式——中国模式"[①]的第三期发展。尤其是自2012年中共十八大以来，习近平总书记就治国理政所做的一系列重要讲话构建了一套较为完整的思想体系，将中国模式升华为用以推动新型全球化和全球治理的中国方案。通过对中国传统文化的现代性阐释，例如对儒家思想的创造性转化，进一步挖掘了古代传统思想中蕴含的现代性基因和潜能，进而更好地服务于中国的现代化建设，更好地引领新型全球化和全球治理。在这种新型的文化开放融合模式中，西方文化主要承担了激活中国经济走向市场经济的功能，马克思主义主要承担了政治上的凝聚和主导功能，中国传统文化则主要发挥了中国人社会文化身份建构和认同的功能。这三种文化必须平衡、包容发展，分工明确，相互依

---

① 齐仁：《论中国模式：中国化马克思主义的历史道路》，《文化纵横》2010年第5期。

存。正是这三种文化资源的合力才奠定了中国在改革开放后的迅速崛起，为中国开创了具有世界意义的"中国模式"，进而发展和上升为治国理政、安邦济世的"中国方案"。在这三种文化相互配合的强力支配下，中国推进的以"一带一路"为平台的新型全球化与全球治理初见成效。三种文化的失衡或偏失则有可能给中国未来的发展带来严重的危机。

三种不同的文化开放融合都进行了功能分区，都通过吸收外来文化让中华文明重现了辉煌。它们是"容—传—通—融—同—合"模式的体现，对世界跨文明的交流和发展，对话式文明的构建有着重要的借鉴意义。

当前中华文明的发展又一次处在关键的历史节点上。第三期文化开放融合将可能是以马克思主义为灵魂，以儒道释为精神，以世界多国文明为镜子的中华文明与西方文明和世界其他文明（包括伊斯兰文明）的深度交流、对话、博弈与融合。"一带一路"的建设和亚投行的成立等都提高了第三期文化开放融合推动在世界范围内文明间融合的可能性。古代来自印度的东方文明的佛教及近代来自西方的欧美文明都对中国文明的丰富和发展产生了重大的影响。中华文明以包容、对话和沟通吸收了这两大文明的精粹，从而实现了华夏文明的更新、再造和发展。随着中国与欧亚的进一步交往，世界其他文明（包括伊斯兰文明）中的积极因素也将成为促进中华文明更新发展的重要养分。第三期文化开放融合的主要特征是中华文明、西方文明与世界其他文明（包括伊斯兰文明）之间更全面、更深入的碰撞和交流。它们也将在不同领域发挥不同的作用。中华文明，以其平等与正义、开放与包容、中庸与和谐的价值观，将在拓展世界文明间的沟通与理解空间、提升世界文明间和谐相处与共生的可行性等过程中发挥不可估量的作用。

在文化开放融合的后两期，中国化的马克思主义平等正义的理想和原则发挥了主导作用。一方面，中国传统文化本身的实用主义哲学，在实践中体现出了极大的柔韧性。这些特质让中国传统文化在遭遇外来文化时，能够做到"容—传—通—融—同—合"，即从包容接触上升到传播，从传播深入到沟通，从沟通达到融合，从融合升华为共同体，在共同体的前提下达到和合。这一系列跨文化合作实践既是循序渐进的增量过程，也是从量变走向质变的飞跃过程。① 中国本土文化在与外来文化的交流中相互借鉴、吸收，"变"就包含平等、均衡、开放、倾听、包容的特质。另一方面，中国传统文化，尤其是儒家思想，又有"不变"的内涵，最终形成一种包容性极大的、生命力极强的文明范式，这种范式既保持了中国传统文化的本真性，又呈现出新的面貌和风气。

表2 中国三期文化开放大融合的异同

三期文化开放大融合	具体内容	发生时间	标志性事件	功能区分
第一期	儒释道三教合一	西汉末年至宋明时期	儒家中的理学、心学和佛教中的禅宗、天台宗诞生	以儒治世、以佛修心、以道养身
第二期	中国传统文化、西方文化、马克思主义的对接与融合	鸦片战争以来至今	从洋务运动到毛泽东思想、中国特色社会主义理论的创立	从"中学为体、西学为用"到马克思主义主要在政治领域、西方文化主要在经济领域、中国传统文化主要在社会生活领域发挥作用

---

① 参见贾文山《沟通共同体：习近平全球治理体系的关键一招》，http://news.xinhuanet.com/politics/20161h/2016-03/14/c_128799011.htm（2017-4-13）。

（续表）

三期文化开放大融合	具体内容	发生时间	标志性事件	功能区分
第三期	以马克思主义为灵魂的中华文明、西方文明、世界其他文明（包括伊斯兰文明）之间的深度交流与融合	当代至21世纪中叶乃至21世纪末	习近平治国理政思想体系、"一带一路"、亚投行、新型全球化理论的诞生	中华文明将会以平等正义、开放包容、创新和谐等价值观在西方文明与伊斯兰文明冲突中发挥调解功能，从而使中华文明走上引领新型全球化的舞台

中国三期文化开放大融合的案例及其发展趋势，说明中华文明在其继承和发展的历史长河中，先后通过跨文明交流互鉴的途径，充分吸收人类文明的精华，变得越来越具有对话性和世界性。根据以上五大跨文明关系话语体系比较，中国第三期文化开放大融合的特点初步具备了第四类和第五类跨文明关系特征的创造性融合，预示着在习近平治国理政思想体系指导下，一种既关联又不同于英式全球化、美式全球化的"新型全球化"[①]，即一种以平等正义、开放包容、创新和谐的中国化的马克思主义担纲，兼容多元文化主义、文化间性主义的，更为普遍的世界性文明逐步呈现于世[②]，"新型全球化不偏不倚，更加公正而多元，每一个国家都能参与其

---

① 新型全球化即贾文山教授所提出的"中式全球化"，为全球经济与文化发展创造一种新的发展模式；为全球治理和全球秩序的重新构建提供一种可选择的模式；并且创造一种具有多元文化、跨文化和实用性特征的包容性的文化。参见 Wenshan Jia, "Chiglobalization？A Cultural Argument", In Sujian Guo & Baogang Guo (eds.), *Greater China in an Era of Globalization*, Lanham: Rowman & Littlefield Publishers, 2010。

② Wenshan Jia, "Chiglobalization？A cultural argument", In Sujian Guo and Baogang Guo (eds.), *Greater China in an Era of Globalization*, Lanham: Rowman & Littlefield Publishers, 2010, pp.17-26.

中"①。新型全球化正在以"一带一路"为平台，在全球范围内全方位推动文明间的深度交流互鉴，构建世界范围内的对话机制和对话式文明，锻造以人类命运共同体为本体的新型世界秩序。由于第三期文化开放大融合仍然处在初级阶段，其特点有待在未来几十年间随着"一带一路"倡议的实施逐步呈现。

三期文化开放大融合案例的启示是，任何一种文明都不是十全十美的，任何一种文明在漫长的发展过程中都难免走向盛极而衰，但是通过文明间的交流与对话，通过文明间的相互借鉴与吸收，文明可以取长补短，可以通过吸收新鲜血液实现自我更新、再造、壮大和发展。中国学习、吸纳其他文明自强不息的成功案例，不仅能够增强其他文明对自身及其未来的信心，而且为人类在 21 世纪的和平与发展指出了新的路径，贡献了中国方案。对话式文明的本质就是双方在保留自我的同时学习和吸纳他者，最终形成、扩大和发展对话式文明，成为催生包容性的世界秩序、推动人类命运共同体建设的主要力量。

四、对话式文明与包容性世界秩序的构建

我们认为，构建文明对话机制与包容性世界秩序，应该基于以下两个方面。

首先，在研究中夯实和加强国际关系学中通常被忽略的（跨）文明视角。传统的以民族／主权国家为视角的国际关系理论／实践模式始终围绕

---

① Wenshan Jia, "Now, Globalization with Chinese Characteristics", http://yaleglobal.yale.edu/content/now-globalization-chinese-characteristics（2017-6-23）.

权力、利益、竞争展开，难以更广泛地解释复杂而多元的全球范围内的政治经济现象，尤其其二元对立的逻辑思维不能对解决国际关系的权力囚徒困境提出卓有成效的方案。解决困境的较为合适的建立"世界政府"的构想难以实现。当然，（跨）文明视角不是排斥以权力和利益为核心的视角，而是对其补充、完善、扩充和提升。以（跨）文明视角审视国际关系，能够给当代世界秩序建构提供一种符合历史和现实的研究路径。从（跨）文明角度理解国际关系可以为国际关系等学科走出困境提供丰富的思想资源，那便是世界性文化主义。恰如基辛格所言："要建立真正的世界秩序，还需要一种全球性的、结构性和法理性的文化，这就是超越任何一个地区或国家视角和理想的秩序观。"[①]

其次，落实全球跨文明交流对话。文明间对话，而不是对抗，能有效地从道德哲学层面夯实包容性世界秩序。西方大国历史上，尤其自冷战以来，由于无视其他国家的独特模式或文化传统，导致文明间难以对话。西方视野中的国际传播重视单向大众传播，轻视双向平等的交往、交流与沟通，把对方置于不平等地位，最终无法建立平等、多元而有效的对话机制。任何一种以单一民族文明为主导的世界秩序中必然或多或少隐藏着导致其最终倒塌的自我颠覆基因。基于跨文明对话与合作的世界秩序能够在价值层面秉持人类和平、合作共赢思想，并在认识论层面强调多元文化共同体的相互影响，进而才能在规范层面建构各民族文化乐于和善于对话的新世界主义。[②] 只有开启世界范围内各种文明间的平等对话，充分承认、倾听、尊重或赞扬他者，丰富人类对国际关系行为体各自行为及其规律的

---

① 亨利·基辛格：《世界秩序》，中信出版社2015年版，第489页。
② 参见刘擎《重建全球想象：从"天下"理想走向新世界主义》，《学术月刊》2015年第8期。

认识，才有可能建立更为包容、公正的全球秩序。

中华文明现代转型的意义在于它为世界各国交往和交流提供了一种范式。这种范式同样可以被借鉴和应用于包容性世界秩序的构建上①，为其提供丰富的精神资源。不同于非此即彼的二元对立文化，中华文明富有兼容并蓄的特点，其对世界秩序的建构意义也体现在这一点上。包容性世界秩序是非霸权的，是民主、平等、公正、正义与和谐的，其核心价值体系来自多国的共识，甚至是各国文明的有机结合。习近平总书记提出的"人类命运共同体"所涵盖的主权平等、对话协商、合作共赢、交流互鉴、绿色发展等理念都是包容性世界秩序的具体内涵。在不同文明间推动交流互鉴，构建对话式文明，在此基础上构建包容性世界秩序，其最终目的是构建人类命运共同体。

具体来说，构建对话式文明与包容性世界秩序，应该做到以下几点：

第一，加强沟通共同体建设。构建人类命运共同体首先就是要建设沟通共同体，人类不同地区和文明体通过交流沟通达成共识，再达成共享。跨文明交流就是沟通共同体建设的具体过程。共同体建设始于交往、交流和沟通。沟通共同体体现为"容—传—通—融—同—合"的内在交流沟通过程。习近平总书记提出的"人类命运共同体"是对"天下体系"理念的重新阐释与创新性发展。跨文明交流不是简单地做文化或文明之间的减法和除法，而是要做加法和乘法等，以实现量和质的双重飞跃。"一带一路"倡议是中国联合沿线国家共同打造人类命运共同体的一次伟大尝试，倡议本身就是开放性、对话性、包容性的体现，正在为人类一体多元的新文明发展注入新的活力、动力与引导力。"一带一路"沿线国家加强合作，实

---

① 参见贾文山《中华文明转型的独特范式》，《人民论坛》2016年第16期。

现道路联通、贸易畅通、资金融通、政策沟通、民心相通，为地区可持续发展提供动力。在全球政治经济格局动荡的情况下，人类社会可持续发展动力贫乏。"五通"说正是人类社会可持续发展动力的新型思想源泉。"五通"的基本完成就是文明对话模式的初步形成。它不仅是基础设施、金融贸易等的建设与发展，还包括践行民心相通，推动文明间交流互鉴，实现人类命运共同体的构建等目标。

第二，以"新全球在地主义"（neo-glocalism）助推对话式文明的形成。"中式全球本土化"（chiglocal）是新全球在地主义的一次伟大实践。这个模式与"中国特色全球化"（chiglobalization）相吻合。[1] 它内涵丰富，主要体现为动态而多样化的文明间对话的模式选择。全球跨文明历史学派从历史角度打破了欧洲中心论的殖民主义历史观，多轴心的中心观得到逐步认可。与全球跨文明历史学派相符，中式全球本土化具有双向维度，它平等对待和尊重世界范围内的各文明主体。一方面，中国文化具有普遍性，可以为文明对话模式的构建做出贡献。中华文明是一个完整的、丰富的、独特的、能够吸纳和丰富现代西方文明的体系，是一种开放性文明。另一方面，中华文明具有与世界文明共生的特性，可以被纳入动态的聚焦全球的对话式文明体系中，充分发挥中华文明在构建人类命运共同体中的引领作用。与西方由显性到隐性推广西方文化价值不同，中式全球本土化的目的在于打造一个交流、沟通、和谐共生的实践范式。以中国特色全球化为代表的开放包容性跨文明交流模式不是排斥人类其他文明成果的单独叙事或者对抗西方话语的反叙事，而是推动全球文明交流互鉴、打造全球

---

[1] Wenshan Jia, Hailong Liu, Runze Wang and Liu Xinchuan, "Contemporary Chinese Communication Scholarship", In R.S.Fortner and P.M.Fackler (eds.), *Handbook of Media and Mass Communication Theory*, Hoboken: John Wiley & Sons Inc., 2014, pp.741-765.

文明对话模式、为催生更为公正合理的新型世界秩序、进而实现人类命运共同体理想的元叙事。在全球化背景下，一方面，人类命运共同体意识越来越凸显；另一方面，本地化意识也越来越明显。因此，中式全球本土化是全球化的一种新型模式，具有中国特色的全球化并不是以中国为中心，而是既强调世界秩序组成部分保持自身独特价值，又力推不同文明之间的关联、沟通与合作，实现共享与共生。

第三，以新型全球化助推包容性世界秩序构建。中国特色全球化是对"文化中国"[①]的再定义、再发展，是基于中华文明范式转型的新型全球秩序观。建立当代世界秩序需要一个在各地区内部确立秩序观的一致战略并将不同地区的秩序联系起来，服务于一个共同的理念。[②]但从人类历史发展进程看，英国主导的英式全球化和美国主导的美式全球化基于其根深蒂固的二元思维，其他文明受到压制甚至被边缘化，处在走向衰落甚至衰败的危险境地。其主要原因是英美治下的世界秩序出现了明显的文明同化论和白人优越论倾向，不得人心。相反，从中国三期文化开放大融合的历程和趋势来看，最终会推出一种以平等、正义、包容、和谐共生为价值基础的全球秩序。中国特色全球化既以中国化的马克思主义为主导，又吸收西方现代文化中的先进成分，继承中国优秀传统文化，进而形成一套开放包容的规则和价值体系，打造出一种可持续性强的全球文明对话模式。它创造性地融合革命性、批判性的马克思主义，以"仁"为核心的儒家思想，以及西方商业文化、科技文明，用来指导国家治理，影响全球治理。从全

---

① "文化中国"概念最早由杜维明提出，它给西方观察和认识中国提供了一个全新的视角，使世界看到中国中庸、仁慈、和平共存、天人和谐等理念。简言之，"文化中国"使国际社会从一个更加全面的角度认知中国，这个中国不仅是经济上、军事上强大的中国，更是文化意义上和谐的中国。
② 参见亨利·基辛格《世界秩序》，中信出版社2015年版，第485—487页。

球治理规则来讲，中国特色全球化在一定程度上也有助于现行国际秩序的补充、完善、升级和升华。在金砖国家、东盟10+3、二十国集团（G20）、77国集团+中国、博鳌亚洲论坛及"一带一路"国际合作高峰论坛等全球多边舞台上，中国式开放包容性文明对话模式的魅力日益彰显。在维和行动、朝核六方谈判、海洋安全等领域，中国正在积极有为。中国在达尔富尔地区对相关区域性国际组织的引入属于首创[1]，对维护地区和平与秩序意义重大。中国科学地把握不干涉内政原则和建设性地协助解决全球或地区难点的国际主义精神，正在强力推动跨文明交流，打造对话式文明，为包容性世界秩序的构建开辟出广阔的空间。

五、结语：构建一体多元的人类命运共同体

基于对五种文明关系话语体系和中华文明历程中的三期文化开放大融合的分析、比较、归纳和总结，我们得出的结论是：中华民族和中华文明具有悠久而又丰富的兼容并蓄多元一体传统，这一传统在现当代正在以中国道路、中国模式和中国方案的形式得到创造性的继承和发展，对中华文明的复兴和推动新型全球化及完善全球治理将发挥不可估量的作用。

就历史和当下来看，全球没有受到足够监管的市场经济模式和排斥其他文明发展的二元对立式资本主义发展模式正在沦落为人类社会不平等、不稳定、不开放与不和谐的罪魁祸首。世界正在呼唤一个更为公正、平等、正义与和谐的世界秩序的诞生，而这个世界秩序应该充分包容、吸纳

---

[1] Gerald, Chan, "China Faces the World: Making Rules for a New Order？", *Journal of Global Policy and Governance*, Vol.2, No.1, 2013, pp.105-119.

和尊重其他文明元素。从（跨）文明视角观察，中国作为人类历史上第一个完全依靠和平方式崛起并迈向文明复兴引领世界的强国，其三期文化开放大融合的历程和趋势证明，跨文明交流互鉴不仅助推了"三教合一"的传统，打造了多元一体的现代模式，而且正在推动当代中国引领新型全球化，实现新型多元、共商共享、共生共荣的包容性世界新秩序。

跨文明交流必须以建立对话式文明为近期目标，以打造开放包容性世界秩序为中期目标，以构建人类命运共同体为最终目标。只有通过平等、均衡、相互开放、相互倾听、相互包容的交往、交流、沟通和交融，才能形成对话式文明，提炼出文明对话模式，打造包容性的世界秩序，最终构建人类命运共同体。只有不同文明相互尊重、相互补充、相互促进、和谐共生，建设人类命运共同体的伟大理想才能最终实现。

（原载《中国人民大学学报》2017年第5期）

超越"中西文化之争"：
从"比较式对话"到"合作式对话"*

郭云泽　刘同舫

在人类文明发展的进程中，从中西方文明谱系中衍生出的不同文化形态总是在碰撞中对话与交锋。近百余年来，中西方之间的"器物之争""体制之争"及"文化之争"等数次论战表征了中国社会内部探索如何实现现代化发展的历史过程与自觉阶段。当代"中西文化之争"依旧聚焦中国文化与西方文化的发展优势及其相互关系，深层次关切中国文化如何走向复兴等重大现实议题，但其始终无法逾越"比较式对话"①的思维束缚。中西文化争论的背后往往沿袭着"以比较差异论优劣"的传统逻辑

---

* 本文系国家社科基金重大项目"人类命运共同体的文化构建与国际认同研究"（项目编号：19ZDA003）的阶段性成果。

① 美国学者桑德尔认为，跨文化对话的范式有两种，即"比较式对话"（comparative dialogue）与"合作式对话"（collaborative dialogue）。前者可以直接用于关注不同哲学传统的相似性与差异性，但容易产生把东方思想与西方思想截然二分的倾向。后者是一条合作式的对话路径，裨益中西方学者致力于学习和阐释各自传统中的经典著作，进而更深地了解各自的经典文本与思想传统，从而真正进行更高层次的交流互鉴。参见［美］桑德尔等《从"比较式对话"到"合作式对话"——对陈来等教授的回应与评论》，《华东师范大学学报（哲学社会科学版）》2016年第3期。

思维,争论者基于中西两种异质性的文化形态,通过一系列"比较式对话",主观地评判出文化的优劣或高低。这种争论否定了其中一方文化发展的差异性与民族性,直接肯认文化"我者""全盘西化"或"他者"固守本位的合理性,以致中西文化往往沦陷于二元对立的泥淖之中。中西文化之间当然需要通过"比较式对话"找出差异或共性,但是差异不是中西对抗、"你输我赢"的必要理由,更不是文化之间相互排斥、封闭决裂的鸿沟界限,而恰恰是两者能够走向"合作式对话"的充分条件,中西文化有差异才有交流互鉴的可能,因不同才能促成人类文化的多样统一。弥合中西文化比较过程中产生的分歧裂痕,破除中西文化之间互斥对立的斗争状态,从"比较式对话"走向"合作式对话"无疑是中西方文化发展的历史必然,更是构建开放包容、合作共赢的人类命运共同体以超越"中西文化之争"的现实方案。

一、"中西文化之争"及其比较式逻辑思维

学界关于"中西文化之争"的议题贯穿于整个近代中国社会的发展与现代化道路抉择的历程中,不同学派、社会阶级及文化团体将中西文化的比较研究作为处理中国文化与西方文化之间关系问题的逻辑始点,进而展开了一系列关于"中学与西学""旧学与新学""主义与问题"等文化领域的争论。中西文化争论的矛盾症结在于对待"本位文化"与"外来文化"之间关系问题上的态度差异和立场分歧。由此,近代历史上涌现的"复古论""全盘西化论""折衷论""调和论"和"本位文化论"等论调,都是在中西文化的比较式语境中进行相互交锋、激烈碰撞的,争论的虚实样态和价值倾向往往伴随不同历史时期国势的强弱而发生具体变化。有论者简

明扼要地归纳出,"百多年来的'中西古今'之争,实际上也就是所谓的'全盘西化'和'本位文化'之争",其中充斥着将"'中'与'西'、'今'与'古'对立起来的观点"[①]与基本趋向。依据世界历史的发展逻辑及中国社会的内在矛盾运动,"中西文化之争"在中华文明的成长和发展中显示出历史演进的常态[②],尤其与新文化运动以来的重估和选择何种思想文化以探索中国未来发展道路、扭转人类前途命运等重大时代课题相联系。这种争论映现在新时代的中国,体现为何种文化才能裨益于社会主义现代化建设的探讨。这些问题充分昭示了"中西文化之争"所释放的深远影响力与持久反思力。

"中西文化之争"的议题是伴随世界历史的开辟、东西方文明的碰撞及中国国势的变化而愈益显现与泛起的。追溯自1500年以来"每个文明国家以及这些国家中的每一个人的需要的满足都依赖于整个世界,因为它消灭了各国以往自然形成的闭关自守的状态"[③],其拉开了中西文化论争的历史幕景。那些原本囿于地理空间阻隔、交通工具的限制以及陷于封闭思想窠臼的不同地域与民族,根本无法进行普遍性经贸交往和广泛性文化交流,因此,也就不存在悬置于文化体系之上的"中西之争",但是自从中西"两种文化在空间上的大规模接触后,竞争淘汰的问题就随之产生了,

---

① 汤一介:《走出"中西古今"之争,融会"中西古今"之学》,《学术月刊》2004年第7期。
② 有学者指出,历史上两次"外来文化"对中国文化的发展产生了重大影响。其一是肇始于1世纪的印度佛教文化的传入;其二是从16世纪末,特别是自19世纪中叶起西方文化的东渐。后者开启了中国学界存续百余年的"中西古今"文化之争。参见汤一介《走出"中西古今"之争,融会"中西古今"之学》,《学术月刊》2004年第7期。也有学者认为,明朝万历、天启年间基督教教士东来,从此拉开了中西文化论争的序幕。自16世纪以来的中西文化论争,特别是鸦片战争以后显得尤为激烈与尖锐,参见张岱年等《中国文化与文化论争》,中国人民大学出版社1990年版,第305—306页。
③ 《马克思恩格斯文集》第一卷,人民出版社2009年版,第566页。

价值比较的课题同时也提上了议事日程"①。面对西学东渐的狂飙猛进，中华文明圈内开始涌现文化危机意识：是颠覆异己走向"全盘西化"，还是"以我为主"力图固本培元？显然，在中西文化相互抵牾与争锋的过程中，已经不自觉地创制了中西比较的思维样态。"中西文化之争"的背后隐匿着一条比较式思维的逻辑脉络，其贯穿于中国社会发展与现代化道路探索中"西化""中化""特色化"三者依次交替、冲击碰撞的全过程，也贯通于唤醒和重塑中华民族主体性精神与文化创造性转化、创新性发展的古今时空。

我们不应忽略引起中西文化争论的前提问题，即这一争论无非是两种价值观念在思维方式上差异性的历史呈现。必须首先从理解比较式逻辑的思维方式与价值指向出发，把握比较式逻辑思维与中西文化发展之间的因果关系，由此才能拥有开解"中西文化之争"的关键锁钥。

比较式逻辑思维是一种比较研究范畴的运思方法，它是存在于最少两种带有异同的理论学说或思想体系之间的对照方式，它"能够帮助我们找出相似思想文化现象之间的共性和差异，有助于我们发现思想文化现象变化发展的规律"②。这种内嵌差异与共性的比较式逻辑往往由于知性化、实体化的思维方式取向而导致其所依托的评价标准体系缺乏完备性，由此，比较者极有可能流于比较的思维形式，依仗自身的学历背景、阶级立场以及主观臆断，做出昧于事实而罔顾发展逻辑、惯于谄媚而甘于自欺的价值判断与选择。有比较就有产生争论的可能，尤其比较双方或多方都可能有意无意、或多或少地根据自身意愿和好恶展开偏向争论，俨然致使争论加

---

① 刘登阁等：《西学东渐与东学西渐》，中国社会科学出版社2000年版，第44页。
② 江信砚：《新世纪马克思主义中国化研究述评》，《马克思主义研究》2008年第3期。

速升级、矛盾激化甚至冲突对垒，最终带来的思想混战有可能弱化甚至遮蔽比较式逻辑思维原初的功能效应。穷诘究竟：一方面，中西文化展开"比较式对话"是引发中西文化论争的引擎，而文化之争的较量过程与胜负结果则体现为两种文化进行比较式逻辑思维的角逐过程和优劣权衡；另一方面，比较式逻辑思维的功能优势正在于摄取了争论者的主观色彩而容易阉割"中西文化之争"的真正价值旨归，从而容易导致理性化的争论陷入主观性的比较。有学者指出，不同文明或文化的"比较研究虽可视为一种涉及人文学和社会科学的交叉学科，却毕竟不是社会科学，更不是科学；其所使用的概念既然不是科学概念，便必然具有较强的主观性"[①]。如果我们忽略中西比较者进入文化论争的客观因素，一味地从个体的价值标准和社会的评判体系出发，审视中西文化的关系问题和发展问题，难免会使不同思想文化和学派错失平等对话和交流发展的契机，反而容易出现盲目狭隘或情绪偏激的中西"意气之争"。

在新的历史转折阶段，我们不能且不应抛却比较式逻辑思维以审视"中西文化之争"的新境遇，要通过对中西文化开展全方位的"比较式对话"，做到"知己知彼""见贤思齐"；也不能盲目地将论战的任何一方标榜成"中国中心主义"或"西方中心主义"的推崇者或"傀儡"，要认识到在文化比较视域中论战焦点与论战双方都有可能同时叛离"比较式对话"的正确轨道，而误入相互对立、排斥、斗争的藩篱。中西文化正处于人类文明发展的重要转型期，二者自身的文化转型和彼此关系的变动影响人类文明的整体发展，因而，关注和思考"中西文化之争"的现状与困境问题，以及中西文化共生何以可能的发展问题就成了学界关乎人类文明发

[①] 阮炜：《文明的表现——对 5000 年人类文明的评估》，北京大学出版社 2001 年版，第 58 页。

展与前途命运的源动力与驱动力。

二、"比较式对话"与中西文化二元对立困境

一个多世纪以来,中国的思想界一直都在围绕中西文化展开比较研究,试图找到近现代国家羸弱的文化因素以拯救时弊。为了达至甄别文化"孰优孰劣"[①]的目的,诸多学者在不同的历史时期竭力将两种各具特点的文化体系进行多轮反复的"比较式对话",而比较的结果要么颠覆异己陷入"被西方化"的泥淖,要么导致文化本位主义,形成从传统文化原则与教条出发的僵化的文化观和历史观。在预设和把控"中西文化之争"的关键环节和过程中,有些争论者往往在对理性与感性、个性与共性及时代性与现实性问题的处理上顾此失彼,流于一隅之说,或不自觉地以简单粗暴的态度来对待文化"我者",或以崇洋媚俗的心态全盘接纳文化"他者"。有学者切中肯綮地指出,"我们至今还没有超越西方从17世纪、18世纪发展出来的启蒙的心态",我们也没有彻底改变和超越五四运动以来拿中国最糟粕、最消极的传统封建文化同西方最精华、最先进的现代文化进行

[①] 有学者认为:"不承认文化有高低之分,就等于不承认差别,也就等于不承认文化的进化和发展。只要文化是进化的、是发展的,不同的文化就有发展的快慢之分,就有进化程度的高低之分。"张鸿雁:《民族偏见与文化偏见——中西文化比较新论》,辽宁教育出版社1993年版,第77页。也有部分学者主张"绝对的文化相对主义",指出:"任何文化、文明均有其现实的合理性,从而不能区分高下优劣。原始文化与现代文明、农业文化与工业文化都是等价的,因为它们不能用同一标准去衡量。"李泽厚:《漫说"西体中用"》,《孔子研究》1987年第1期。笔者认为,不同的历史阶段、物质生产水平、地理单元、人居环境等客观因素,决定了不同的文化发展程度及表现形式的异质性与差异化,所谓中西文化优劣只不过是人为地将传统与现代、东方与西方在时空序列上的差异性迁移至文化领域的一种非对称状态。故而,忽略中西文化比较的基本前提无疑使争论变得不合时宜、徒劳无益。

价值比较的时代命运。①

中国文化未来的发展命运同西方文化的整体演进时序相联系、相交错，中国文化残存的传统症候与现代化发展缺陷也需要汲取西方文化的合理成分来弥合与修复，中西文化论争不应该在"古今中外"这一时间与空间双重错位的条件下进行文化优劣式的比较，而应当真正诉诸中西文化的交流互鉴、互促互融。近百年中西文化论争的问题导向与价值取向是与时代语境的更迭、民族历史任务及国家综合实力的变化紧密关联的：在近代中国衰落式微期，一些新文化运动者疾呼"打倒孔家店"以致力于"全盘西化"；在当代民族全面复兴期，一部分新儒学的倡议者主张复兴儒家文化以试图"去西方化"。不难理解，人们通常从中西生产力发展的快慢、经济体量的大小、军事力量的强弱等硬实力层面进行单向式的二元比对，这种主客对立的惯性思维具有鲜明的历史性特征，在当时的历史视野下极易造成狭隘空间中的相互赋形，当对立式思维迁移至文化发展的领域，自然就要归纳区分出中西文化的好坏、优劣与高低。

人类文化究竟是否存在高低之分并不是当今社会关注的核心问题，需要审视的恰恰是在中西"比较式对话"的起始阶段就已预设了文化"优劣之别"的先在观念，其必然产生文化何者优劣的结果，这反倒成为我们今天应该重思与质疑的主要方面。运用比较式思维逻辑考究中西方文化，不是为了划分出中西方文化何者更优、何者稍劣，而是在比较中确证文化差异性和多样性的存在形态，并在此基础上相互借鉴与求同存异。但对于中西文化的比较者来说，他们往往因固执己见而各执一端、因弊于成见而分庭抗礼，从而致使文化沟通对话的合作渠道演变成了口诛笔伐的交锋战

---

① 参见杜维明《21世纪儒学面临的五大挑战》(下)，《探索与争鸣》2011年第11期。

场，这已然将中西文化置于难以挣脱的二元对立观念的思维羁轭之中。

在以比较论优劣的文化对话中，究竟谁是这场"中西之争"的"优胜者"或"落败者"，至今似乎没有定论或结局早已湮没不彰。"中西文化之争"的冲锋号角并没有因时代变迁与国力增减而偃旗息鼓，反而在新的时代背景下，中西双方针对"发展模式""国家道路"及"华盛顿共识"与"北京共识"、计划与市场等思想领域再次展开更大规模的舌战交锋。选择哪条发展道路、达成何种理念共识以及创建何种经济体制同中西比较的结果并非必然关系，却与本国国情绝对相关，但是人们只要一进入中西"比较式对话"的语境中，就会热忱于依附二元相斥、对立的思维定势，并习惯于在两大文明体系中一决高下、分出优劣，从而人为地阻断多元文化融通的桥梁。

而有论者指出，"这种截然二分的比较文化"的思维方式与"二元分类的断定并不为过"，这是为了更好地"简明扼要呈现不同文化体系的特征"①，这会造成中西文化论争过程中所比较的前提被悬搁和隐伏等后果。必须明确"比较的前提在于把比较的双方放在同等位置，不预先判定何者为正统，何者为非正统，而是将之作为各自都具有独特意义的思想对象加以考察。这一视野背后蕴含着对'古今中西'之争中不同偏向的扬弃"②。在中西文化的比较中不能简单草率地采用"优和劣""好和坏""高和低"的价值标准，一旦中西文化以此作为比较的圭臬，进入论争语境，就难以规避跌入主客二元对立的思维陷阱。这种僵化的二元思维模式实质上是形而上学的方法论，它将中西之间跨文化的对话方式与空间范围囿于封闭的

---

① 任剑涛：《"中西之争"的全球史呈像》，《四川大学学报（哲学社会科学版）》2019 年第 5 期。
② 杨国荣：《世界哲学视域中的智慧说——冯契与走向当代的中国哲学》，《学术月刊》2016 年第 2 期。

比较研究视域,"将所有跨文化的话题贴上既定的标签,预设性地造成误解和对立,与当今的全球化趋势和生活世界的开放性格格不入"①。同时在二元框架视域下不啻催生了西方"强文化"的优胜姿态与中国"弱文化"的自卑心态,而且长期支配和影响了国人对待和遴选自身文化及西方文化的非理性态度与极端化倾向,直接造成了中西文化坠入无休止的诡辩论怪圈,以及近代以来国内学者反复求证中华文明媲美甚至优越于西方文明的"自我"非"超我"的境地。总之,这种比较往往带有浓厚的排他性与误导性色彩。

中西文化是在"比较式对话"的语境中诱发争论,甚至走向对立分裂的,两大主要文化的分离阻碍了人类文明的整体进步。我们需要一种能够克服"比较式对话"的弊病与缺陷的合理对话方式,以更加行之有效的"构建性方案"平息乃至超越"中西文化之争"。

三、走向"合作式对话":超越"中西文化之争"的建构性方案

在轴心时代,不同地域与种族孕育了各具特色的文明体系,中西文化作为人类文明发展演进的智慧结晶与精神财富,虽分属于不同空间、不同性质的文化系统,兼具多元性的价值形态,但两者起源的时间相似且在全球范围内对人类的思维方式与实践活动产生了重要影响。思想界关于中西文化的比较研究和讨论从未中断,联通古今中外而自发形成了"中西之争"的历史传统,"历史的承继与现实的论争常常相互交错,基于以往

---

① 王俊:《从生活世界到跨文化对话》,《中国社会科学》2017年第10期。

思想资源的哲学理论，总是通过今天不同观点之间的对话、讨论而逐渐发展"①。

在"中西文化之争"的当代语境中，中西比较研究与比较对话不得不反思和转变"论争"的思维方式与价值维度，无论哪种偏颇的解释标准和理论取向都可能把理性的学术探讨拽入主观的经验旋涡，由此产生了一系列问题：中西文化之间是互相分离、彼此对立的不平等关系吗？中西之间的文化争论与对抗是否构成近现代乃至未来人类文化发展的宿命？这是否叛离马克思以后的马克思主义所昭示的人类文明共同体发展演进的世界历史规律？对这些问题的回答与破解，仅凭机械评判难以对中西文化现实关系的改观产生实效，需要我们处理好在中西"比较式对话"中产生的竞争对抗关系，重新建立两者之间平等沟通、开放包容的合作关系。

人类文明进入"世界历史"阶段，"各民族的精神产品成了公共的财产。民族的片面性和局限性日益成为不可能，于是由许多种民族的和地方的文学形成了一种世界的文学"②。这意味着中国文化与西方文化均是人类文明谱系中的智识资源，因而中西文化本就孕育着历史统一与命运相济的文明共同体，理应相互肯认、平等对话、开放包容、交流互鉴。当然，中西文化间共性与差异的存在是不可否认的客观事实，共性理应作为中西合作对话的基础，但差异不能作为中西文化对立决裂甚至走向暴力的根源与借口，差异恰恰是两种文化需要交互了解、彼此镜鉴以及会通融合的动力与因素，差异则更需要通过合作对话予以理性分析和认知，探究如何在差异中寻求共存的实践路径。中西文化之间的关系必须摒除彼此互斥的斗争

---

① 杨国荣：《世界哲学视域中的智慧说——冯契与走向当代的中国哲学》，《学术月刊》2016年第2期。
② 《马克思恩格斯文集》第二卷，人民出版社2009年版，第35页。

状态而走向合作对话的和谐之境，进而超越并结束这种具有长期性、复杂性的中西争论，真正臻于人类文明整体发展的良性互动。

倘若不能克服中西文化之间"比较式对话"所产生的二元对立的思维魔咒，就无法消解因文化差异所造成的文化分歧甚至文化冲突，世界历史背景下形成的人类文明共同体就始终是以虚幻的、抽象的形式出现，并最终匿于形式化、止于可能性。我们需要深刻明晰中西文化之间开展"比较式对话"的限度和边界，并试图构建与"比较式对话"不同的交流范式，即以"合作式对话"代替"比较式对话"以应对中西二元对立的思维困境，同时修补比较研究思维在中西论战中所造成的思想紊乱和功能失效的纰漏。有学者指出："共同合作研究将比那种整体比较的方法走得更深、更远。"① 传统的中西文化比较视角在机械僵化的文明观下形成了抽象的对话原则，从抽象式的比较对话转变为内涵式的合作对话，逐步把无休止的对立争论引向更深层次的思想共鸣，"合作式对话"显然优越于"比较式对话"。在人类文明共同体的视野下，不同文化之间向来不缺乏比较的"竞争对手"和"斗争手段"，却严重匮乏比较之后的自我反思和通力合作。全面开放的合作式跨文化对话，恰好是长此以往中国文化乃至西方文化在自我理解和定位中较为缺失和忽视的时代姿态。② 我们要辩证批判和转变中西文化在"比较式对话"中所呈现的思维定势和价值偏向，在消除"比较式对话"的范式局限和视角盲点的基础上拓宽人类文明多元统一的全球视域，从"比较式对话"向"合作式对话"迈进，进而适时提出和自觉建构具有世界性的命运共同体以打通更合理的跨文化对话的渠道。

---

① ［美］桑德尔等：《从"比较式对话"到"合作式对话"——对陈来等教授的回应与评论》，《华东师范大学学报（哲学社会科学版）》2016年第3期。
② 参见王俊《从生活世界到跨文化对话》，《中国社会科学》2017年第10期。

从"比较式对话"走向"合作式对话",并不是在回避中西文化论争困境的基础上抛却比较逻辑思维,而是在合理运用比较方法与思维的同时,更倾向于找到中西平等互动、互促共融的合作路径,通过跨文化的"合作式对话"以充分实现中西双方共生、共存、共享发展的旨归,进而真正探索出跨区域、跨民族、跨国家合作对话的一个未来"建构性方案"。这个过程不仅是从关注"比较"向更凸显"合作"的思维方式的转变,更是从主体性反思批判向理论构建的实践转向。

20世纪初期,处于内忧外患、支离破碎的旧中国亟待一场彻底的思想革命与政治救赎。救亡与图强的时代主题把中国社会各阶级的力量聚焦于文化层面,试图通过中西"比较式对话"找到某种西方话语来补充民族解放的内容与途径。伴随"新旧文化论战""主义与问题之争"及各种社会思潮的引入与角逐,中国文化自觉地进入了同西方文化全面比较的视域,即通过中西比较研究进而找到真正符合国情与革命主题的思想武器以承担挽救国家危亡的历史使命。五四运动以来,中西文化间的"比较式对话"更具有时代紧迫性与现实必要性,既要警惕过度强调中国传统文化的历史主体性,又要防止后现代主义等西方文化理论对中国文化的侵蚀。不过,跨文化的"比较式对话"随着中国历史任务的完成与时代主题的转化越来越趋于走向自身的反面。

进入改革开放以来,中国逐渐融入世界多极化、经济全球化和个体社会化的发展浪潮,我们除了继续运用中西比较对话的方式与功能以检审自身现代化发展的顽疾和汲取西方发展的积极要素之外,更要深刻把握21世纪中国化的马克思主义的问题域,即不仅要关注人类命运、世界治理及全球化问题,而且要提升人类发展的整体性、协同性和共同性水平,进而把跨文化对话的重心从"比较式"转变,拓展成"合作式",最终形成踞于历史与现实、个体与集体、民族国家与世界地区的多重维度以考量人类未来发展走向的"建构性方案"——人类命运共同体。①

构建人类命运共同体的价值理念内嵌着"合作式对话"的思维理念与运作方式,其作为止息和超越"中西文化之争"的"建构性方案",不仅具有观照人类文化发展多元统一的历史自觉,还兼备了破解世界性治理难题及推动不同民族国家实现共同发展进而走向新型现代化的实践价值。

一方面,构建人类命运共同体拒斥"零和博弈"的冷战思维与纯粹比较的斗争方式,既"从人类共同利益出发,遵循差异和平等的原则,在充分的多方参与的对话中寻找共识"②,通过"合作式对话"跨越中西文化隔阂与冲突;又从更高层次的人类历史的整体性与文明的赓续性出发,创制多元文化交互性作用、协同性发展的对话规则体系,以及拓展文化交流互鉴的多元化载体、综合性平台。建构人类命运共同体的价值诉求助力于消解不同文明样态之间对立互斥的恶性状态,实现良性的沟通对话,从而达至各文明样态优化结构、创新转化和提升意涵的内在目的。

另一方面,走向"合作式对话"是构建人类命运共同体的应有之义与现实支撑。中西双方唯有秉持和平发展、合作共赢的思想,"通过平等、均衡、相互开放、相互倾听、相互包容的交往、交流、沟通和交融,才能形成对话式文明,提炼出文明对话模式,打造包容性的世界秩序,最终构建人类命运共同体"③。中西文化之间进行"合作式对话"的诉求,充分昭

---

① 参见刘同舫《构建人类命运共同体对历史唯物主义的原创性贡献》,《中国社会科学》2018年第7期。
② 王俊:《从生活世界到跨文化对话》,《中国社会科学》2017年第10期。
③ 贾文山等:《跨文明交流、对话式文明与人类命运共同体的构建》,《中国人民大学学报》2017年第5期。

彰了人类文化整体性发展的价值取向、人类改变世界的主体性精神、智识精神及日益强化的文化危机意识与责任觉识，积极将合作共赢的对话意识具体化为文化往来中的思想程序和制度体系，并为化解长期持续的中西文化论争提供了较为合理的未来构想与实践举措。

构建人类命运共同体的核心关切，不是以超越"中西文化之争"为目标指向，但它在力图破解全球性治理难题和聚合普遍价值认同，以及指明人类未来发展趋向的进程中自觉地开启了"合作式对话"的交流模式。这一交流模式能够接纳不同文化的差异、回应多方利益诉求，以及协调文明间的交往关系和共生关系，真正达到了中西文化之间"异则并建"而非"同则消长"，以及"和而不同""美美与共"的境界，所谓"中西文化之争"也就不攻自破。作为以"合作式对话"为内核的"建构性方案"，在超越"中西文化之争"的理论叙事中，不再只是"排斥人类其他文明成果的单独叙事或者对抗西方话语的反叙事，而是推动全球文明交流互鉴、打造全球文明对话模式、为催生更为公正合理的新型世界秩序、进而实现人类命运共同体理想的元叙事"[①]。在塑造全新的文化交流范式和宏大叙事之中，构建人类命运共同体已然立足"人类社会"的哲学立场与论证视域，承担着中国自身文化的建构和促进全球文化交流的双重功能，从整体性视角对文明历史的规律和前进方向进行合理解释，基于"共建共享""合作共赢""交流互鉴""共同繁荣"等价值理念缔造起贯通中西方文化的"合作式对话"，进而在与人类利益高度融合、与生活相互依存的同一时空内

---

① 贾文山等：《跨文明交流、对话式文明与人类命运共同体的构建》，《中国人民大学学报》2017年第5期。

实现个性伸张与普遍秩序的统一。①

在全面建设社会主义现代化强国的历史进程中检审与把握中华文明复兴与人类共同性发展的时代命题，需要推动不同文化交流范式的必要转型以有效协调中西文化之间的关系。正是由于中西"比较式对话"的历史限度与现实需求的转化，推动"合作式对话"的理念应势出场，并融入人类命运共同体的方案构建中，且内含"人类意识""全球意识"和"文化意识"，进而得以真正具备超越除文化层面之外所有形式的"中西之争"的思想力量和实践功能。构建人类命运共同体方案，充分彰显了中西双方异质互通、弥合分歧与化解冲突的时代姿态，更绘制了一幅跨文明之间和谐共处、合作对话、世界大同的历史图景。

（原载《学术界》2020年第4期）

---

① 参见刘同舫《构建人类命运共同体对历史唯物主义的原创性贡献》，《中国社会科学》2018年第7期。

论习近平文明交流观对马克思文明交流观的发展

唐 辉

文明一直都是人类社会发展所追求的目标，人类的实践活动也在无时无刻地塑造着文明，正因如此，才有了东方文明和西方文明、海洋文明和大陆文明、农业文明和工业文明之分。对文明的类型化描述本来就反映了文明具有多样性，资本主义世界市场的建立将历史由民族历史转变为世界历史，多样的文明在世界历史进程中发生碰撞和交流。马克思和恩格斯通过对资本主义世界历史的分析，站在辩证唯物主义和历史唯物主义的立场上，以矛盾分析和阶级分析的方法批判了资本主义文明交流观，提出了马克思主义文明交流的基本观点。党的十九大标志着中国特色社会主义进入了新时代，这是中国特色社会主义最新的历史方位。意味着中国特色社会主义道路、理论、制度、文化不断发展，拓展了发展中国家走向现代化的途径，给世界上那些既希望加快发展又希望保持自身独立性的国家和民族提供了全新选择，为解决人类问题贡献了中国智慧和中国方案。[①] 中国道

[①] 参见习近平《决胜全面建成小康社会 夺取新时代中国特色社会主义伟大胜利——在中国共产党第十九次全国代表大会上的报告》，人民出版社2017年版。

路、中国方案需要在与其他文明对话的过程中诠释好其内涵，因为只有这样才会避免文明冲突、文明入侵等论调的产生。以习近平同志为核心的党中央在借鉴和吸收马克思文明交流观的基础上，创新和发展了马克思的文明交流观，形成了习近平文明交流观。

一、马克思文明交流观及其内涵

资本主义大生产创造了属于自己的文明，在文明交流的过程中也形成了资本主义特有的文明交流观。马克思和恩格斯分析了资本主义条件下文明交流的原始动因、主要特征和双重意义，形成了对资本主义文明交流观的基本认识。

（一）马克思和恩格斯对资本主义文明交流观的认识和批判

资本主义文明交流的原始动因是资本在全球的流动和扩张。资本是资本主义社会中最活跃的成分，从行会手工业到工厂手工业再到机器大工业，资本主义的每一步发展都离不开资本的扩张。资本在全球的扩张推动了资本主义所创造的文明在世界范围内的交流与传播。马克思和恩格斯强调，为了不断满足资本的需求，资产阶级"开拓了世界市场，使一切国家的生产和消费都成为世界性的了"[1]。世界市场的开辟不仅仅导致了生产和消费由地域性向世界性的转变，也将资本主义所创造的文明带到了世界各地。过去那种自给自足和民族的闭关自守的状态被生产和消费的世界性打破，各民族之间的孤立状态被相互交往替代，资本的每一步发展也都推动

---

[1] 马克思、恩格斯：《马克思恩格斯选集》第一卷，人民出版社2012年版，第404页。

文明的进一步交流。

资本主义文明交流表现出显著的强制性和剥削性。马克思和恩格斯指出:"资产阶级,由于一切生产工具的迅速改进,由于交通的极其便利,把一切民族甚至最野蛮的民族都卷到文明中来了。"① 其他民族如果不采用资产阶级的方式就会灭亡。从资本主义文明交流的具体方式和过程来看,一方面,在这个过程中其他民族和其他文明处于被动的地位,他们不是主动融入文明交流之中,而是被迫卷入文明交流之中;另一方面,资产阶级在文明交流的过程中处于支配地位,"它使农村从属于城市一样,它使未开化和半开化的国家从属于文明的国家,使农民的民族从属于资产阶级的民族,使东方从属于西方"②,因此具有鲜明的剥削性。资本主义文明交流的强制和剥削性实质上是资本特性在文明交流中的具体展开。资本的增殖是资本主义一切活动的中心,文明交流服务于资本的增殖,资本增殖伴随着对工人的压迫和剥削、对其他民族和国家的压迫和剥削,因此资本主义条件下的文明交流具有明显的剥削性和压迫性。

资本主义文明交流具有摧毁和重塑的双重意蕴。资本主义文明在全球的传播,一方面促进了未开化文明和半开化文明的发展,推动了世界文明整体的发展进程。具体表现在:第一,资本主义文明交流破除了"一切固定的僵化的关系",消除了"与之相适应的素被尊崇的观念和见解"③,把人们的思想从封建桎梏中解放出来;第二,资本主义文明交流使"过去那种地方的和民族的自给自足和闭关自守状态,被各民族的各方面的互相依

---

① 马克思、恩格斯:《马克思恩格斯选集》第一卷,人民出版社 2012 年版,第 404 页。
② 马克思、恩格斯:《马克思恩格斯选集》第一卷,人民出版社 2012 年版,第 405 页。
③ 马克思、恩格斯:《马克思恩格斯选集》第一卷,人民出版社 2012 年版,第 405 页。

赖所代替"①,"民族的片面性和局限性日益成为不可能"②。传统观念的改变和闭关自守状态的结束为世界文明的交流和发展提供了前提和基础。另一方面,资本主义的文明交流是在各文明地位不平等的基础上进行的,因此会对传统文明产生致命的冲击。正如马克思和恩格斯所说:"它迫使一切民族——如果它们不想灭亡的话——采用资产阶级的生产方式;它迫使它们在自己那里推行所谓的文明,即变成资产者。"③即是说传统文明在资本主义文明交流过程中会面临被同化的风险。

(二)马克思和恩格斯文明交流观的内涵

马克思和恩格斯的文明交流观是以政治、经济、文化等人类全部文明成果为内容的文明交流观。正如恩格斯在分析18世纪英国的状况时指出:"文明是实践的事情,是一种社会品质。"④而实践又是人类现实活动的全部,因而文明交流是以全部人类实践活动的成果为内容。人类的全部实践活动中的"物质生活的生产方式制约着整个社会生活、政治生活和精神生活的过程"⑤。所以人类实践活动至少包含生产实践、政治实践和文化实践这三个方面,相应的文明交流也至少应该包括经济交流、政治交流和文化交流。首先,经济交流是政治交流和文化交流的先导。资产阶级首先对生产工具进行革命,从而对生产关系进行革命,然后对整个社会关系进行革命。资产阶级世界市场的建立,使资本主义的生产方式在全球扩张,各个

---

① 马克思、恩格斯:《马克思恩格斯选集》第一卷,人民出版社2012年版,第404页。
② 马克思、恩格斯:《马克思恩格斯选集》第一卷,人民出版社2012年版,第404页。
③ 马克思、恩格斯:《马克思恩格斯选集》第一卷,人民出版社2012年版,第404页。
④ 马克思、恩格斯:《马克思恩格斯全集》第一卷,人民出版社1956年版,第666页。
⑤ 马克思、恩格斯:《马克思恩格斯选集》第二卷,人民出版社2012年版,第2页。

国家的民族工业开始转变为世界工业，本国消费开始转变为全球消费。资本主义世界市场的建立打破了生产的孤立性、实现了贸易的国际性，开辟了全球一体化的进程。其次，政治交流构成了文明交流的重要内容。马克思曾经指出："由于被征服的奴隶制度的生产力的影响，封建主义才发展为现在的封建主义的。"① 经济交流所引发的生产力的变革，会导致一些民族和国家制度的变更，在更先进的生产力的基础上，一些国家还可能直接跨越某种社会形态而进入更先进的社会形态。最后，文化交流是经济交流的伴随物。随着经济交流日益频繁，"各民族的精神产品成了公共的财产。民族的片面性和局限性日益成为不可能，于是由许多种民族的和地方的文学形成了一种世界的文学"②。文化的交流和碰撞丰富和发展了世界文化，同时也使世界文化的多样性日益展现出来。

马克思、恩格斯的文明交流观是立足于辩证唯物主义的文明发展观。马克思、恩格斯对任何事物的评价都是立足于辩证唯物主义基础之上的，对于各种文明的评价也是如此。恩格斯在《家庭、私有制和国家的起源》中提出："蒙昧时代是以获取现成的天然产物为主的时期；人工产品主要是用作获取天然产物的辅助工具。野蛮时代是学会畜牧和农耕的时期，是学会靠人的活动来增加天然产物生产的方法的时期。文明时代是学会对天然产物进一步加工的时期，是真正的工业和艺术的时期。"③ 从蒙昧时代到野蛮时代再到文明时代，文明在整体上是相对于蒙昧和野蛮的进步。同时，马克思和恩格斯又强调："一切发展，不管其内容如何，都可以看做

---

① 马克思、恩格斯：《马克思恩格斯全集》第三卷，人民出版社1974年版，第83页。
② 马克思、恩格斯：《马克思恩格斯选集》第一卷，人民出版社2012年版，第404页。
③ 马克思、恩格斯：《马克思恩格斯选集》第四卷，人民出版社2012年版，第35页。

一系列不同的发展阶段，他们会以一个否定另一个的方式彼此联系着。"①因此马克思和恩格斯又不是简单地肯定文明的发展，而是认为文明发展的过程是连续性和阶段性的统一。当然各个民族和国家有不同的历史条件，因此文明的进步不仅有一般性的规定，还要受到特定历史条件的制约，因而具有普遍性和特殊性相统一的特点。除此之外，资本主义仅仅把文明的发展归结为物质文明的发展，认为"全部人类活动唯一真正普遍共有的价值都是纯功利性的——食物、居住和物欲的满足，财富与权利"②。马克思和恩格斯认为文明的进步发展是全方位和全面的，不仅有物质文明还应该包括精神文明、生态文明等，因此文明进步是整体性和局部性的统一。马克思和恩格斯的文明交流观是以辩证唯物主义为基础，对文明发展和文明进步的基本观点，从实质上来看是一种坚持连续性和阶段性、普遍性和特殊性、整体性和局部性相统一的文明发展观。

马克思恩格斯文明交流观强调了文明交流主体的冲突和融合。马克思和恩格斯一方面看到了文明交流会推动世界文明的发展，另一方面看到了文明交流过程中不同文明主体之间也存在冲突。产生冲突是由于在文明交流的过程中各文明主体既认识到了它们之间的相互依赖性，又为了维持相互依赖关系中的优越性，不断地竞争所导致的。战争在解决文明交流中的冲突发挥了重要作用，正如马克思所说："各国间的竞争尽可能通过关税率、禁令和各种条约来消除，但是归根结底，竞争的斗争还是通过战争（特别是海战）来进行和解决的。"③ 从大的历史发展趋势来看，马克思和恩

---

① 马克思、恩格斯：《马克思恩格斯全集》第四卷，人民出版社 1958 年版，第 329 页。
② ［美］艾凯等：《世界范围内的反现代化思潮——论文化守成主义》，贵州人民出版社 1991 年版，第 10 页。
③ 马克思、恩格斯：《马克思恩格斯选集》第一卷，人民出版社 2012 年版，第 192 页。

格斯又对文明交流过程中的冲突保持了比较乐观的态度。他们认为:"只要大家的利益一致,就不会有这样的恐惧。"① 在这里马克思和恩格斯预见到了在人们共同的世界体系中存在着共同治理和共同发展的可能性。

马克思、恩格斯的文明交流观阐明了文明交流的属人性。文明交流实质上是以人为载体的人类政治、经济、文化成果的交流,缺少了"人"这一要素文明交流也就没有存在的价值和可能。正如马克思和恩格斯在《德意志意识形态》中强调的"全部人类历史的第一个前提无疑是有生命的个人的存在"②,从现实的人出发探讨人类文明交流的过程是马克思文明交流观最基本的要求。他们认为:首先,文明交流活动是人民群众的历史性创造活动。文明交流的过程不是一个自然的过程,而是人的主动性和创造性充分发挥的过程。其次,文明交流的最终目标是实现每一个人的自主活动。马克思和恩格斯设想未来人类社会将是一个联合体,在这个联合体中"每一个人的自由发展是一切人自由发展的条件"。每一个人的自由发展离不开经济的高度发展,政治的充分民主和文化的高度繁荣。马克思和恩格斯的文明交流观以促进整个人类社会经济发展、政治文明和文化繁荣为目的,因而能够在最大限度上满足每个人自由发展的条件,实现每一个人的自主活动,最终促进人的全面解放。

二、习近平文明交流观对马克思文明交流观的发展

资本主义的历史场域使马克思和恩格斯看到了资本推动下的文明交流

---

① 马克思、恩格斯:《马克思恩格斯全集》第二卷,人民出版社1957年版,第609页。
② 马克思、恩格斯:《马克思恩格斯选集》第一卷,人民出版社2012年版,第146页。

具有剥削性和压迫性,因此马克思和恩格斯运用辩证唯物主义的方法,站在历史唯物主义的立场上重新审视了文明交流,形成了马克思主义的文明交流观。当今世界历史场域发生了转变,"资本主义和社会主义共存,民族国家出现高度融合,新兴国家崛起并逐渐主导世界秩序,两制并存只能求同存异,共同发展"①,在新的历史场域中习近平坚持马克思主义的基本观点和基本立场,发展了马克思和恩格斯的文明交流观,形成了习近平新时代文明交流互鉴观。

首先,在准确把握马克思对文明交流主要内容分析的基础上,形成了文明多样、平等和包容的文明本质论。马克思从实践的角度出发,得出了文明交流是以政治、经济和文化为内容的交往活动。习近平在此基础上进一步强调了文明的本质特征。一是文明具有多样性。习近平指出:"如果只有一种生活方式,只有一种语言,只有一种音乐,只有一种服饰,那是不可想象的。"②多彩多样的文明是文明交流的必然要求。二是文明具有平等性。正如习近平所强调的:"文明是平等的,人类文明因平等才有交流互鉴的前提。"③文明的平等性一方面体现在文明交流过程中主体之间的平等性,另一方面体现在文明交流过程中文明本身价值的平等性。文明交流主体之间地位的平等性和文明价值的平等性为文明平等交流提供了前提。三是文明具有包容性。文明的多样性也就意味着文明的差异性,文明的差异性就要求不同文明之间要相互包容。不同文明之间的相互包容是实现世界文化繁荣的必要条件。

---

① 刘冠婵、牛先锋:《人类命运共同体思想对马克思世界历史理论的继承和发展》,《中共福建省委党校学报》2019 年第 4 期。
② 习近平:《习近平谈治国理政》,外文出版社 2014 年版,第 262 页。
③ 习近平:《习近平谈治国理政》,外文出版社 2014 年版,第 259 页。

其次，在深刻理解马克思对文明交流中对抗和融合相统一的论述的基础上，形成了文明交流、互鉴和共存的文明关系论。马克思基于资本主义世界市场的建立和发展，提出了由于市场竞争的需要导致了不同文明之间的对抗，但是马克思同样也强调在人类共同的利益面前文明的融合也是有可能发生的。习近平文明交流观吸收了马克思关于文明在对抗中融合发展的观点，提出了以交流、互鉴和共存为核心的文明关系论。习近平文明交流观认为文明对抗是文明发展的非正常状态，文明交流和文明互鉴才是文明发展的最终途径。文明的交流并不是要用一种文明奴役另一种文明，更不是以一种文明取代另一种文明，而是在文明平等的基础上，不同文明进行友好交流，博采众长，最终实现不同文明的共生。正如习近平在党的十九大报告中所指出的："要以文明交流超越文明隔阂、文明互鉴超越文明冲突、文明共存超越文明优越。"①

最后，在全面坚持马克思对文明交流的属人性和文明交流发展性论述的基础上，形成了文明共商、共建和共享的文明发展论。"现实的人"是马克思所有理论的最终落脚点，基于此马克思认为文明交流的最终目的是实现人的真正解放，具体体现在人类不被文化压迫，世界文明由人类共享。同时马克思也强调文明本来就意味着进步，文明的交流是推动文明进一步发展的途径。习近平文明交流观坚持了马克思的文明交流的最终目的是使文明成果由全人类共享的理念，发展了马克思文明交流是文明进步的途径的观点，提出了文明交流过程中需要不同文明主体之间相互协商，共同建设，共享文明成果的文明发展论。习近平文明交流观中对于文明发展

---

① 习近平：《决胜全面建成小康社会　夺取新时代中国特色社会主义伟大胜利——在中国共产党第十九次全国代表大会上的报告》，人民出版社2017年版，第59页。

的看法是基于对文明交流过程中文明本质的客观判断和对文明交流中不同文明之间关系的科学把握,为进一步促进世界文明进步和人类解放提供了科学的视角。

三、习近平文明交流观的内涵及其时代特征

十九大报告指出:"经过长期努力,中国特色社会主义进入了新时代,这是我国发展新的历史方位。"[①]中国特色社会主义进入新时代,意味着中国日益走向世界舞台的中心,意味着中国将会为世界贡献更多的中国智慧和中国方案,同时,也就意味着中华文明将会走向世界,将会具有更大的影响力,那么以什么样的姿态来面对其他文明,成为新时代文明交流的重要课题。习近平对于文明交流的论述,深刻回答了新时代的文明是什么样的文明,新时代文明交流采取什么样的方式,以及新时代文明交流的重要意义,形成了习近平文明交流观。

(一)习近平文明交流观的内涵

习近平文明交流观是在中国共产党领导下形成的,以促进人类文明进步为目的的新型文明观。人类文明的发展和人的解放是人类追求的终极目标,在资本主义时代,资本主义通过对封建制度的摧毁来实现自身发展,推动了资本主义文明的进步,也推动了世界文明的发展,但资本主义的发展是以对无产阶级的压迫和剥削为途径的,因此在资本主义文明交流中人

[①] 习近平:《决胜全面建成小康社会 夺取新时代中国特色社会主义伟大胜利——在中国共产党第十九次全国代表大会上的报告》,人民出版社2017年版,第10页。

类文明是对抗的和冲突的，也正是在这个意义上一些西方学者提出了"文明冲突论""文明优越论"。科学社会主义的诞生为人类文明发展提供了新的道路和新的发展方向，文明交流突破了冲突的范式。21世纪的中国共产党坚持以科学社会主义理论为指导，坚持以人类文明发展为任务，以文明交流超越文明隔阂、以文明互鉴超越文明冲突、以文明共存超越文明优越，形成了新型的文明交流观。首先，新型文明交流观的形成是由中国共产党的使命决定的，中国共产党不仅是"为中国人民谋幸福的政党，也是为人类进步事业而奋斗的政党。中国共产党始终把为人类作出新的更大的贡献作为自己的使命"①。中国共产党的使命决定了必须把文明交流作为中国特色社会主义事业发展的重要方面。其次，新型文明交流观的形成是由当今时代的特征决定的。习近平总书记在十九大报告中指出："世界正处于大发展大变革大调整时期，和平与发展仍然是时代主题。"②一方面，和平与发展的大趋势不可逆转；另一方面，世界的不稳定性和不确定性突出。"没有哪个国家能够独自应对人类面临的各种挑战，也没有哪个国家能够退回到自我封闭的孤岛。"③因而文明的交流就成为有效应对世界百年未有之大变革的必然要求。

习近平文明交流观是以平等为价值导向的文明交流观。价值导向直接决定了行为导向，西方的文明交流观坚持一元和对立的价值取向，因而在文明交流的过程中表现出来的是对抗和冲突。习近平文明交流观坚持以平

---

① 习近平：《决胜全面建成小康社会 夺取新时代中国特色社会主义伟大胜利——在中国共产党第十九次全国代表大会上的报告》，人民出版社2017年版，第57—58页。
② 习近平：《决胜全面建成小康社会 夺取新时代中国特色社会主义伟大胜利——在中国共产党第十九次全国代表大会上的报告》，人民出版社2017年版，第58页。
③ 习近平：《决胜全面建成小康社会 夺取新时代中国特色社会主义伟大胜利——在中国共产党第十九次全国代表大会上的报告》，人民出版社2017年版，第58页。

等为价值导向,提倡"文明是平等的,人类文明因平等才有交流互鉴的前提。各种人类文明在价值上是平等的,都各有千秋,也各有不足"①。文明交流的平等性体现在文明的多样性之中,文明多样性的存在是文明交流平等性存在的前提,正是因为不同的国家和民族创造了不同的文明,所以在文明交流的过程中才要求我们以平等的态度对待其他文明。除此之外,习近平文明交流观的平等性还体现在文明交流的包容性。正如习近平提出,在文明交流的过程中要"以海纳百川的宽广胸怀打破文化交往的壁垒,以兼收并蓄的态度汲取其他文明的养分"②,"海纳百川""兼收并蓄"的前提是平等的对待不同的文明,否则文明的交流就会变成文明的入侵,文明交流的平等性内在要求对待不同文明时要包容不同类型的文明。

习近平文明交流观是以互鉴和互惠为途径的文明交流观。文明互鉴是新时代文明发展最主要的途径和方式。早在 2014 年习近平就指出:"历史告诉我们,只有交流互鉴,一种文明才能充满生命力。"③这与亨廷顿等人眼中的文明发展和进步只有通过文明的竞争和对抗形成了鲜明的对比,当然不可否认他们虽然承认文明差异,但是忽视了文明平等,以我为主的文明自负心态决定了文明冲突成了解释文明发展最主要的范式。新时代中国特色社会主义文明互鉴是基于文明多样和文明平等的文明交流方式。正如习近平所说,"每种文明都有其独特魅力和深厚底蕴,都是人类的精神瑰宝"④,"世界上不存在十全十美的文明,也不存在一无是处的文明,文明

---

① 习近平:《习近平谈治国理政》,外文出版社 2014 年版,第 259 页。
② 习近平:《深化文明交流互鉴 共建亚洲命运共同体:在亚洲文明对话大会开幕式上的主旨演讲》,人民出版社 2019 年版,第 7 页。
③ 习近平:《习近平谈治国理政》,外文出版社 2014 年版,第 259 页。
④ 习近平:《习近平谈治国理政》第二卷,外文出版社 2017 年版,第 544 页。

没有高低、优劣之分"①。文明不论是从茹毛饮血的原始文明、刀耕火种的农业文明到机器轰鸣的工业文明再到人工智能的信息文明的发展,还是海洋文明和大陆文明、东方文明和西方文明的划分,都向世人展现了一幅多样和独特的文明图景。这种文明的多样性和不同文明的独特性构成了文明互鉴的可能性,也使文明发展找到了新的生长点。然而更重要的是文明互鉴只提供了文明交流的途径,并没有解决文明交流的价值问题。文明交流最终要"构建人类命运共同体,实现共赢共享"②。换句话说,文明交流只有以文明互鉴为途径,以文明互惠为追求目标,文明发展才拥有坚持的基础。

(二)习近平文明交流观的时代特征

习近平文明交流观具有鲜明的中国特色。习近平指出:"不忘历史才能开辟未来,善于继承才能善于创新。优秀传统文化是一个国家、一个民族传承和发展的根本,如果丢掉了,就割断了精神命脉。"③ 中华民族传统的优秀文化为习近平文明交流观增添了鲜明的中国特色。首先,传统文化中的"和合"理念,为文明共享提供了基础。中国传统文化强调"君子和而不同""天地与我并生,而万物与我为一"的"和合"理念,这种理念深刻地影响了中国人民的思维方式、思想观念,成为人们处理人与人、人与自然之间关系的基本准则。习近平的文明交流互鉴观吸收了中华传统文化中的"和合"理念,形成了以文明共建为基础的新型文明观。正如习近平所说:各文明之间"不仅'各美其美',而且'美人之美,美美与

---

① 习近平:《论坚持推动构建人类命运共同体》,中央文献出版社2018年版,第77页。
② 习近平:《习近平谈治国理政》第二卷,外文出版社2017年版,第539页。
③ 习近平:《习近平谈治国理政》第二卷,外文出版社2017年版,第313页。

共'"①。其次，传统文化中海纳百川、有容乃大的包容气概为文明共生提供了前提。中华文明成为唯一没有中断的古文明，从根本上来说是因为中华文化的包容性，无论是对待来自外域的文化、还是对待周边地区的少数民族文化，中华文化始终坚持"天下同归而殊途，一致而百虑"。习近平的文明交流观继承了中华文化的包容性特质，主张"我们应该以海纳百川的宽广胸怀打破文化交往的壁垒，以兼收并蓄的态度汲取其他文明的养分"②，为世界文明共存奠定了基础。中国传统文化为习近平文明交流观提供了文化基因，为世界文明的共生共享共建提供了有益的借鉴。

习近平文明交流观具有独特的全球视野。全球视野是看待文明交流的最基本的视角，习近平文明交流观以独特的全球视野看待文明交流，超越了西方社会中出现的"文明中心论"和"文明冲突论"。马克思、恩格斯在《德意志意识形态》中强调的历史向世界历史的转变为习近平文明交流观的全球视野提供了一个基本的价值遵循，即世界历史开始于资本主义，但绝不会终结于资本主义。也就是说全球化是西方资本主义的发展所引起的，但以西方为中心的全球化绝对不是全球化的终点。这个基本的价值遵循实质就是全球视野的问题。西方社会往往热衷于以西方为中心的全球视野，将文明划分为"中心"和"边缘"，形成了不同文明之间的优劣高低之分和不同种类文明的对抗。而习近平文明交流观摒弃了"中心""边缘"的全球视野，坚持不同文明之间的差异性和世界文明的多样性，从人类命运共同的全球视野来看待文明交流，认为人类同住地球村，也将面临共同的问题，需要所有国家参与到全球的治理之中，打造一个共生共享共建的

---

① 习近平：《习近平谈治国理政》，外文出版社 2014 年版，第 311 页。
② 习近平：《深化文明交流互鉴 共建亚洲命运共同体：在亚洲文明对话大会开幕式上的主旨演讲》，人民出版社 2019 年版，第 7 页。

文明交流体系。

习近平文明交流观具有生动的实践性。真理只有在实践中才能显示出真理的科学性，习近平文明交流观的科学性在实践中得到了检验和体现。在习近平文明交流观的指导下，形成了生动活泼的实践方案，主要表现在两个方面。其一，人类命运共同体为习近平文明交流观的实践方案提供了整体框架。党的十八大以来习近平在多个场合多次强调了在对外交流中要推动构建人类命运共同体。人类命运共同体在其核心内涵上表现为：经济关系上的开放包容、互惠互利，政治关系上的平等相待、民主协商，文化关系上的互学互鉴，这为文明交流提供了基本框架。习近平的文明交流观正是在人类命运共同体的框架内，形成了坚持文明多样性，主张文明平等性，提倡文明包容性，注重文明互鉴的新型文明交流观。其二，"一带一路"倡议为习近平文明交流观的实践方案提供了具体规划。2017年习近平在"一带一路"国际合作高峰论坛开幕式上指出："在'一带一路'建设国际合作框架内，各方秉持共商、共建、共享的原则，携手应对世界经济面临的挑战。"[①] 通过一带一路沿线国家共商、共建、共享，在尊重各国发展道路和模式选择的基础上，加强不同文明的交流和对话，使一带一路成为合作共赢之路和和平友谊之路。一带一路倡议打开了文明交流的新方式，把共商共建共享理念落实到政治、经济和文化交流实践的全过程。

四、习近平文明交流观的时代价值

习近平文明交流观是继承和发展马克思主义文明交流观，结合中国特

---

① 《"一带一路"国际合作高峰论坛重要文辑》，人民出版社2017年版，第20页。

色社会主义的实践形成的,对中国和世界都具有极其重要的意义,不仅为坚定文明自信提供了文明方法,为人类命运共同体的构建提供了文化支撑,而且为世界和平与发展提供了思想指引。习近平文明交流观为坚定文明自信提供了文明方法。党的十九大之后,中国共产党把文化自信与道路自信、理论自信和制度自信一并写入党章,"四个自信"概括起来就是对中国特色社会主义文明的自信。坚定中国特色社会主义文明自信需要不断完善和发展中国特色社会主义文明,而习近平文明交流观为进一步完善和发展中国特色社会主义文明提供了文明方法,即在坚持文明多样性的基础上,让各种不同的文明平等交流、互学互鉴、批判性的吸收其他文明成果的优秀成分,不断在文明交流的过程中完善和发展中国特色社会主义文明。同时,中国特色社会主义文明也要在文明交流中发挥作用,积极地参与到文明交流的过程中,能够在文明交流过程中"发声",在文明交流的过程中贡献更多的中国方案和中国特色。

习近平文明交流观为人类命运共同体的构建提供了文化支撑。当今世界处于大发展大变革和大调整的时代背景之下,对各个国家来说这种国家秩序的变化和国际体系的调整既是机遇更意味着挑战。世界范围的经济发展下滑、民粹主义在政治领域兴起、强权政治和霸权主义仍然威胁着世界的和平和发展,面对着一系列的全球治理困境,习近平提出了构建人类命运共同体的中国方案,试图从政治、经济、文化、安全等各个方面打造一个持久和平、普遍安全、共同繁荣、开放包容、清洁美丽的世界。当然,摆脱全球治理困境,实现世界发展和繁荣一方面需要经济和科技力量的支撑,另一方面更加需要文化的推动。正如习近平所说:"通过文化交流,沟通心灵,开阔眼界,增进共识,让人们在持续的以文化人中提升素养,让文化为人类进步助力。"① 习近平的文明交流观代表了中国在构建人类命运共同体方面的文明交流主张,也正是站在这个角度上,习近平提出了正确对待不同国家和民族的文明是构建人类命运共同体必须要把握好的重大课题。

习近平文明交流观为世界和平与发展提供了思想指引。随着时代的发展,人类社会越来越成为一个你中有我,我中有你,密切联系的人类命运共同体了。联系的加强也意味着摩擦会增多,如何解决这个共同体中出现的各种摩擦,推动人类社会和平发展成为必须要解决的问题。习近平文明交流观主张"文明平等""文明多样""文明互鉴""文明包容",其蕴含着不同文明之间存在着差异性,这种不同文明之间的差异性是文明多样性的表现,这种差异性也不会成为引起冲突的原因,因为它可以在文明之间相互尊重和相互包容的条件下得到深化,把文明的差异性转化为文明互鉴的前提,推动世界和平与发展。正是在习近平文明交流观的引领下,中国积极推动"人类命运共同体"的构建和积极响应"一带一路"倡议,通过举行中国共产党与世界政党高层对话、G20峰会、进口博览会等,搭建多种形式和多种层次的交流平台,努力为促进不同文明之间的沟通和合作贡献中国力量。总之,习近平文明交流观对于引导世界各民族和国家之间和平共处,为推动世界和平发展提供了思想指引。

(原载《深圳社会科学》2020 年第 4 期)

---

① 习近平:《出席第三届核安全峰会并访问欧洲四国和联合国教科文组织总部、欧盟总部时的演讲》,人民出版社 2014 年版,第 16 页。

迈向人类命运共同体

——新时代的中国价值观与人类共同价值观*

陶庆梅

2013年4月，习近平主席在博鳌亚洲论坛年会上发表《共同创造亚洲和世界的美好未来》的主旨演讲，首次对外提出各国应牢固树立"命运共同体"意识，强调各国都应做和平的维护者和促进者，而"不能这边搭台、那边拆台，更不能为一己之私把一个地区乃至世界搞乱"①。2015年9月28日，习近平主席出席第70届联合国大会一般性辩论并发表《携手构建合作共赢新伙伴 同心打造人类命运共同体》的重要讲话，强调当今世界各国相互依存、休戚与共，要继承和弘扬《联合国宪章》的宗旨和原则，并首次系统提出了构建"人类命运共同体"的五大支柱：一是政治上要建立平等相待、互商互谅的伙伴关系；二是安全上要营造公道正义、

---

* 本文系中央社会主义学院统一战线高端智库课题"新型全球化与'人类命运共同体'"（项目编号：ZK20170256）的阶段性成果。

① 习近平：《共同创造亚洲和世界的美好未来》，《习近平谈治国理政》第一卷，外文出版社2014年版，第331页。

共建共享的安全格局；三是经济上要谋求开放创新、包容互惠的发展前景；四是文化上要促进和而不同、兼收并蓄的文明交流；五是环境上要构筑尊崇自然、绿色发展的生态体。[①] 恰逢联合国成立 70 周年，习近平主席首次登上联大舞台，以"人类命运共同体"为旗帜，发表高屋建瓴、激浊扬清、指引未来的历史性讲话，极大地增强了中国的国际话语权。2017年 1 月 18 日，习近平主席在日内瓦万国宫出席"共商共筑人类命运共同体"高级别会议，并发表题为《共同构建人类命运共同体》的主旨演讲，深刻、全面、系统地阐述了人类命运共同体理念，为推动世界发展和人类文明进步提出了中国方案。这一理念在国际上引起热烈反响，受到各方普遍欢迎和高度评价。[②]2017 年 2 月 10 日，联合国社会发展委员会第 55 届会议协商一致通过"非洲发展新伙伴关系的社会层面"决议，"构建人类命运共同体"理念首次被写入联合国决议中。联合国决议写入"构建人类命运共同体"，体现了这一理念已经得到广大会员国的普遍认同，也彰显了中国对全球治理的巨大贡献。我们认为，目前将建构成型的"人类命运共同体"作为一种新型的人类共同价值观的凝结，应当从以下三个角度来理解。

一、从"小康"走向"大同"的人类命运观

我们人类所处的当今世界是一个多变的、混乱的、动荡的世界。主宰

---

① 参见习近平《携手构建合作共赢新伙伴 同心打造人类命运共同体》，《习近平谈治国理政》第二卷，外文出版社 2017 年版，第 521—526 页。

② 参见习近平《携手构建合作共赢新伙伴 同心打造人类命运共同体》，《习近平谈治国理政》第二卷，外文出版社 2017 年版，第 521—526 页。

世界五百年的西方文明，虽然出现了衰败的迹象，但仍然具有很大影响力，人类在享受其带来的好处的同时也在承受其招致的恶果。社会学家费孝通晚年倡导"文化自觉"，对西方文明多有反省。他明确指出：

> 西方所崇尚的物质文化可以解决许多问题，但有些问题是不能解决的，尤其是社会心理问题，在这个竞争的社会里，大家互相矛盾，互相仇恨，造成很多的社会问题。同时自然资源的破坏，环境的污染，都是目前西方国家难以解决的问题。这些问题都在说明，西方人创造出了一个新的人文环境，这是一个高度人工化的环境，在这样一个高度化人工的环境里，不仅是发展中国家不能适应，就是它自己也不能很好地适应。因为现在的地球已经承受不了这种文明所带来的巨大负担，就是自然界的生物圈也很难适应这种环境所带来的负面作用。它的这种发展状态，不是向着一个相互平衡的、相互融合的道路上行走，而是朝一个极端的、失衡的道路上前进。①

第二次世界大战以来，特别是 2008 年世界金融危机以来，世界各国的有识之士开始反省西方的制度问题，很多学者把这场危机归结为资本主义制度的危机。有学者提出了对资本主义的严厉批判，在他们看来，从可持续发展角度而言，资本主义是最浪费的制度，其生活方式鼓励贪婪、奖励自私、崇尚个人主义、刺激无止境的物质欲望和没必要的消费需求，诱导追求虚荣的价值观。在资本主义的资源配置逻辑下，全球的生产活动主要是为了满足富裕阶层的物质需求，有限资源不断被转换成垃圾，第三世

---

① 费孝通、方李莉：《全球一体化发展中所遭遇的文化困境》，《民族艺术》2001 年第 2 期。

界国家多数人群被挤压到边缘,生产资源被私人占有,广大群体无法尽其力、用其物,形成人力资源巨大浪费。①

更重要的是资本主义的形态变化问题。今天的资本主义已完全不同于19世纪的工业资本主义,它的中枢是资本市场和金融市场,金融资本主义具有高度流动性、不稳定性和投机性,如果让这样的市场自行决定其发展,结果必然是使资本渗透到所有领域,导致资本垄断,进而形成强大的反市场的力量,并最终让由资本联动的整个世界都被裹挟进以波峰—波谷的形态无休止循环的危机链中。因此,当今世界的最大问题便在于,市场经济趋向于按照资本的逻辑改造政治、改造社会、改造伦理世界;它不再是社会的一部分,而是凌驾于社会之上的存在。我们在当代世界的各种决策中,听到的多半是资本和市场的需求,而很少听到普通人的声音。因此,除了要强调对市场的监管之外,我们还要强调市场必须镶嵌在其他社会关系网络内部。政治的问题、社会的问题不能被替换为市场的问题。

进一步说,在发展的目标上,如果让市场起决定性作用,就等同于说资源配置的核心问题,其实都是以效率和增长为中心的。这就使得整个发展目标会围绕着增长,而不是围绕着发展来运行。增长是单方面的,而发展是多方面的。尽管提到了国家的再分配,强调了其他的体制,但这是从需求"倒逼"出来的。这个"倒逼"的过程,如果仍然让市场做决定,就会陷入卡尔·波兰尼讲的双重逻辑。② 波兰尼认为,福利制度是市场经济

---

① 中国学者中较有代表性的研究,参见刘鹤等《两次全球大危机的比较研究》,中国经济出版社2013年版;刘煜辉《大通胀与再平衡:"后危机时代"的抉择》,中信出版社2011年版;余永定《见证失衡:双顺差、人民币汇率和美元陷阱》,生活·读书·新知三联书店2010年版。

② 参见[英]卡尔·波兰尼《大转型——我们时代的政治与经济起源》,刘阳、冯钢译,浙江人民出版社2007年版。

的衍生物,市场经济走到一个阶段造成大规模的福利破产,导致社会动荡,因此要求国家对福利进行补偿;但是在市场的决定性作用下,这样的福利补偿制度,注定会造成新的危机。把福利制度建设看成"倒逼"的结果,实际上仍然服从着经济的逻辑。

概言之,生态的保护、环境的改善、相对平等的分配等,不可能通过市场行为本身而获得。在这个意义上说,"人类命运共同体"这一理念的提出,恰恰应了人类社会行至今日对发展方式之转变的迫切需求。如果说现代资本主义的跨国家、跨民族、跨区域活动是一种将各种文化和政治要素统摄于经济的活动,是以"小康"为价值旨归的力量,那么,"人类命运共同体"这一理念恰恰相反,它提供的是不同文化、不同族群、不同区域通过交往、传播和并存而形成的相互关联的"大同"社会和"大一统"文化形态。这一从"小康社会"行至"大同理想"的发展格局,既基于中国自古以来的文明积淀,也根植于"由此上溯到一千八百四十年"至今的复兴之路。近代以来,以富强为旨趣、以经济实力为后盾的资本主义文明体系在世界范围内攻城略地,所向无敌,对中国传统的经济观提出了严峻的挑战。从晚清的洋务运动、实业救国,到孙中山以"节制资本、平均地权"为核心的民生主义,再到毛泽东时代的社会主义计划经济,最后到20世纪90年代确立建设社会主义市场经济的目标,中国经济发展模式经历了若干次转型。社会主义市场经济,不仅强调以公有制为主体,国有经济为主导,以按劳分配为主、各种分配方式并存、各种所有制经济共同发展的经济制度,而且强调社会主义核心价值观对市场经济的引导和约束作用,防止经济凌驾于政治、社会和文化之上。这种经济体制使中国在全球经济体系中既能"入乎其内",也能"出乎其外",因而才能既达致小康社会的经济高度,又有超越小康之世的文明境界。

毫无疑问，当代世界所面临的危机是政治、经济、社会、文化的全面危机，因而是文明的危机。这种危机不仅是西方的危机，也是全人类的危机。在这场危机中，中国不可能独善其身，偏安一隅。如果说中国特色社会主义是中华文明的当代形态，中华文明又具有成为世界性文明的抱负，那么中国特色社会主义必须能够解决当代世界面对的一系列紧迫问题，为人类文明面临的危机提出建设性的方案，指出一条化解危机的出路。只有这样，中国特色社会主义才能在世界范围内具有吸引力和号召力，才能具有普遍性的文明意义。

二、"多元一体""以和为贵"的共同体观

自古至今，人类社会的基本特征之一便是逐群而居，由此形成形态不同的共同体（族群的、宗教的、语言的等）。在历史编纂学中，以一个族群、一种宗教或一种语言共同体作为叙述单位是民族主义时代的常见现象。但如果这些族群、宗教和语言交互错杂地存在于一个区域、一个村庄、一个家庭，那么，这一区域的共同体形态就具有了基本的"多元"性特征。从这个意义上说，中华自古以来的共同体的独特之处恰恰在于，既具备这种天然的多元性特征，又以儒家文明和大一统文化之"一体"统摄之，形成"多元一体"的文明格局。《礼记·中庸》中的一段话较好地表达了战国至秦汉之际中国人所追求的政治一统与文化多元一体格局的理想。

> 今天下车同轨，书同文，行同伦……舟车所至，人力所通，天之所覆，地之所载，日月所照，霜露所坠，凡有血气者，莫不尊亲，故

曰配天。

在中国历史上,有政治一统与文化多元一体格局兼得的时期,如秦汉、隋唐、明清;有政治一体存在而无文化多元的时期,如元代;也有政治一统破裂,文化一体仍能维持、儒家的纲常名教仍然作为不同政权的核心价值而起作用的时期,如北宋与辽、西夏对峙的时期。多元一体是中华文明的独特性所在,也是中华文明生生不息、涵养众生、化成天下的根基所在。正如钱穆先生所言:"中国文化演进,别有其自身之途辙,其政治组织乃受一种相应于中国之天然地理环境的学术思想之指导,而早走上和平的大一统之境界。此种和平的大一统,使中国民族得继续为合理的文化生活之递嬗。因此空中天国之宗教思想,在中国乃不感需要。亦正惟如此,中国政制常偏重于中央之凝合,而不重于四围之吞并。其精神亦常偏于和平,而不重于富强;常偏于已有之完整,而略于未有之侵获;对外则曰'昭文德以来之',对内则曰'不患寡而患不均'。故其为学,常重于人事之协调,而不重于物力之利用。"[①]

中国历史上自然形成的政治大一统,其巨大的规模让人惊叹,并与欧洲长时间所保持的列国林立的文明形成了鲜明的对照,而中华文明多元一体格局超强的包容、吸纳能力正是如此规模大一统形成的关键。尤其需要强调的是这种能力与其对周边文化的同化和影响能力是相辅相成的。美国著名的外交家、战略家基辛格就曾言,中国的语言、文化和政治体制是文明的标志,哪怕是地区性的竞争对手和外来征服者也"分别在不同程度上吸收了中华文明,作为自己合法性的标志(常常是走向被中国同化的第

---

① 钱穆:《国史大纲(修订本)》上册,商务印书馆1996年版,第20页。

一步）"①。

但值得注意的是，中国历史上的政治大一统，并不像西方的马其顿帝国或罗马帝国那样，是通过对外征服、暴力扩张来维持的，而主要是通过多元一体之文明的怀柔远人、人文教化等方式来实现的。在中外文明的交流过程中，中华文明的和平性与包容性得到外国人的普遍承认。1920年10月至1921年7月，英国大哲学家罗素应邀来华讲学，回国后撰写了《中国问题》一书，书中写道："如果在这个世界上有'骄傲到不屑打仗'的民族，那就是中国。中国人天生宽容而友爱，以礼待人，希望别人也投桃报李。只要中国人愿意，他们可以成为天下最强大的国家。但是，他们所追求的只是自由，而不是支配。"②

毫无疑问，和平主义并不意味着一味拒斥战争和武力，中国人有时也把战争作为捍卫和平的必要手段。但应该看到，在战争的频率、规模、延续时间上，中国历史上的战争与欧洲不可同日而语。另外，在对待战争的态度方面，中国人与西方人、日本人有很大不同。中国人并不崇拜战争，没有把战争作为获取财富、人口和土地的重要手段，中国的整个政治、经济和社会结构也不是为战争而组织的。与欧洲文明、日本文明相比，中华文明没有好战的基因，而是对战争持非常慎重的态度。战争充其量只是反抗侵略、匡扶正义、替天行道的最后手段。中国人的信仰是"和为贵""止戈为武""自胜者强"。可以毫不夸张地说，对和平的追求深深植根于中华民族的精神世界之中，深深融化在中国人民的血脉之中。

因此，"多元一体""以和为贵"，正是"人类命运共同体"的题中之

---

① ［美］基辛格：《论中国》，胡利平等译，中信出版社2012年版，第13页。
② ［英］罗素：《中国问题》，秦悦译，学林出版社1999年版，第154页。

义。我们可以说，作为一个人类社会的共同体是一个凝聚一定地域内的人类之共同命运的政治结构，只有在它的统一性与"命运与共"性相互重叠的时候，我们才能将这个共同体称为"一个人类社会"——这个人类社会是由若干相互渗透的社会以独特的方式联结起来的。"一个"的含义只能在"共同"的意义上理解，而不能在"单一"或"独一"的意义上理解。作为"一个人类社会"的共同体不但涉及物质文化、地理、宗教、仪式、政治结构、伦理和宇宙观及想象性世界等各种要素，而且还要将不同体系的物质文化、地理、宗教、仪式、政治结构、伦理和宇宙观及想象性世界连接起来。同样地，它不同于当代西方流行的所谓"多元社会"的概念——较之于"多元一体"的文明理念，"多元社会"弱化了共同体作为"元"的性质，突出了它所包含的诸要素间彼此的孤立存在性。概言之，"人类命运共同体"依赖于一种不断生成中的政治文化，它将各种形态的经济、政治与社会要素综合在不断变动的关联之中，但并不否定这些要素的自主性和能动性。

三、从"以邻为壑"走向"命运与共"的天下秩序观

现代国际关系的雏形来自西欧诸国在 17 世纪中叶形成的"威斯特伐利亚体系"。在这种国际关系的逻辑中，国与国之间归根到底是利益关系，国家行为以本国利益为圭臬，利益关系又以武力征服为保障，这种国际观念其实是将资本主义的弱肉强食的"丛林状态"推演到了国际社会，造就的只能是"以邻为壑"的对抗型国际关系。近年来，这个本身充斥着霸权与不平等的国家间关系网络已随着总体性危机在世界范围内的蔓延而行至崩坏的边缘：在以资本持续积累为基本目标的全球竞争中，主权国家必然

陷入锱铢必较的无序竞争；军备竞争成为全球现象，越来越多的军费不仅没有给世界带来安全感，反而让全球成为一个大的火药桶；排他性增长导致的文明冲突，更让国家和非国家的恐怖主义蔓延成危及全球的"癌症"。世界在一定程度上坠入了"他人即地狱"的普遍困境。① 要想摆脱这种结构性困境，就必须为世界提供文明层级的整体性方案，而这正是只有中华文明这种一脉不绝、源远流长的古老文明才可能描画出的未来蓝图。

中华文明是一种严正区分义利的文明，也是一种包含真正天下秩序，即不同文明体之间关系秩序的文明。因为强调义利之辨，中华文明从古到今一贯主张不能因利欲奴役、劫掠、剥削他人。这是克制当前走火入魔的全球资本主义的清凉剂。同样，因为强调和而不同，中华文明也批判以理杀人，批判为把自己之"义"强加给他人而杀人。这正是孔子警告过的"意必固我"，归根结底是以自我为中心。这是解决各大一神教文明之间"冲突"的不二选择。

近代以降，随着西方列强妄图染指中国，中国被迫加入现代世界体系，从传统的"帝国""天下国家"转变为民族国家。在历经奋斗而成立中华人民共和国后，饱尝了列强入侵苦涩滋味的中国以独立姿态登上国际舞台，并秉持中华文明"己所不欲勿施于人"的理念，在 1953 年 12 月提出了和平共处五项原则：互相尊重主权和领土完整，互不侵犯，互不干涉内政，平等互利，和平共处。和平共处五项原则的提出，打破了 17 世纪以来由西方一手促成的"文明"与"野蛮"、"启蒙"与"蒙昧"、"民主"与"专制"的世界划分，对世界各国一视同仁，又不尽求其走同一条发展

---

① 参见王湘穗《世界失序更显中国"仁智"思维价值》，http://opinion.huanqiu.com/hqpl/2017-10/11336711.html。

道路，不把自己的价值观强加于人，不以自己的强大国力压迫别人，而是以"和而不同"的精神团结一切可以团结的国家，共筑世界和平。中国的这些主张经由1955年的万隆会议得到广泛传播，并获得了世界上绝大多数国家的高度认同，在二战后几十年国际风云变幻的考验中，显示出强大的生命力。

以独立自主的态度对待强国，以和平共处的原则对待弱国，最终在20世纪70年代我国形成了划分"三个世界"的战略构想。20世纪70年代以来，欧洲殖民体系彻底土崩瓦解，亚非国家获得了民族独立和国家自由，并成功改变了联合国内的力量对比，124个成员国中，亚非国家占了70多个席位。为反对西方殖民霸权主义和苏联大国沙文主义，毛泽东抓住这个战略契机，提出了划分"三个世界"的构想。与此时垄断国际秩序格局的两大霸权主义阵营不同，中国并不像秉持"启蒙思想"的西方国家那样，将非洲视为野蛮与愚昧的存在；也不像秉持"社会阶段论"的苏联那样，将非洲视为奴役与落后的存在，而是将非洲视为平等交往的对象，是共同历史背景和处境中的平等互利。这既源于中国经历过被殖民的痛苦历史而对非洲国家的处境感同身受，也是儒家"得道多助，失道寡助""仁者爱人，推己及人，怀柔远人"的"仁义"精神的体现。"三个世界"理论与儒家《春秋》公羊学传统对"我""内""外"三层结构的划分有类似之处，是中华文明传统天下观、国家观、国际观的当代体现。

时至今日，随着中国的崛起，当下的中国已成为"世界的中国"，中国已具有世界大国的综合国力，成为"世界工厂"和最大的"世界市场"，中国的人口、产品、资本、服务已在世界范围内流动，中国已经产生了世界性的影响。可以说，在21世纪，离开了中国，世界将不成其为世界。此时我国领导人高瞻远瞩地提出构建人类命运共同体的号召，在各国独立自主的基础上,通过这一理念将各国进一步凝聚为"命运与共"的友胞,这同样是激活了中华古典传统之现代心性,即以"大国仁而小国智"的睦邻智慧取代"文明的冲突"的西方逻辑,从而为现代世界搭建起更具有包容性和适应性的秩序基础单元。①

四、以文明交流迈向"人类命运共同体"

1974年,在英国著名历史学家、提出文明形态论的汤因比在与东方学者池田大作的对话中,发出了如下追问:

> 中国今后在地球人类社会中将要起什么作用呢?……在最近新形成的地球人类社会中,中国仅仅就停留于三大国、五大国或者更多的强国之一员的地位吗?或者成为全世界的"中华王国",才是今后中国应肩负的使命呢?②

汤因比希望中国成为"世界的中国",在一个经济、科技全球化的时代,为人类的政治和文化统一做出贡献。他认为,中华文明能够统一世界,除了因为中国人在过去两千多年所积累的大一统的经验之外,还有中华民族所培养起来的独特的思维方式,包括中国人的世界精神、儒教世界观中的人道主义、儒教和佛教的合理主义,道教和很多中国哲学流派对自

---

① 参见王湘穗《世界失序更显中国"仁智"思维价值》,http://opinion.huanqiu.com/hqpl/2017-10/11336711.html。
② [英]汤因比、[日]池田大作:《展望二十一世纪:汤因比与池田大作对话录》,荀春生等译,国际文化出版公司1985年版,第294页。

然和宇宙的神秘性所抱有的敏感和敬畏态度。

汤因比的估计有夸大的地方，但有一点是肯定的，在西方文明总体衰落、伊斯兰文明内部动荡、其他非西方文明纷纷崛起的形势下，在资本主义与社会主义仍然存在制度上的矛盾和竞争的情况下，当代世界急需一种新的人类文明秩序，而中华文明有能力、也有责任在这种新秩序的建构过程中发挥更重要的作用，其核心是平衡和仲裁一神教文明、引导和节制市场经济文明、驾驭和协调科技文明，不断丰富人类对文明的理解。

中华文明成为真正世界性的文明、参与全球文明秩序的建构，并不是要用中国的霸权取代美国的霸权，也不是用中华文明中心论取代西方文明中心论，引爆"文明的冲突"。共存共荣，交流融合，取长补短，相互促进，是人类文明发展的大趋势。中华文明要通过积极参与这一趋势，更好地促进不同文明之间的交流和合作，以创造新的人类文明共同体。这一过程注定困难重重，问题多多，不会一帆风顺。在此过程中，中华文明不仅要提供产品、技术、人力、资本和服务，而且要提供思想、观念和知识，拓宽人类的文明视野。

人类只有一个地球，各国共处一个世界。每到马克思所说的"世界历史"中的全球性时刻，人类向何处去、世界往哪儿走的问题，就会摆在世人面前。面对国际金融危机、恐怖主义威胁、气候变化问题，同样的话题再次被提起。对此，中国的回答是：推动构建人类命运共同体。从党的十八大首倡人类命运共同体意识到最近提出的网络空间命运共同体，近7年来，习近平总书记先后数十次论述人类命运共同体。这是中国向世界发出的真诚呼吁，更是中国为世界举起的一面旗帜。

经过40年的改革开放，中国的前途命运已前所未有地同世界的前途命运联系在一起。中国与全球化深度相融的历史进程，同时是一个中国历史叙述重新书写和国家观念重塑的历程，它指向未来，是以未来来重新定义当下和历史。在中华人民共和国成立70周年"两个一百年"伟大复兴战略目标即将迎来第一个关口之际，我们必须坚持贯彻习近平总书记系列重要讲话精神，保持战略定力，坚定前进方向；紧密结合中央对党的对外工作提出的新要求、新部署，认真履职尽责，承载时代担当；主动服务内外两个大局，创新工作方式方法，凝聚各方力量，为实现两个百年目标、建设人类命运共同体做出应有的贡献。

（原载《中央社会主义学院学报》2019年第4期）

讲好中国故事：当代文艺与人类命运共同体构建

梁鸿鹰

人类只有一个地球，"寰球同此凉热"，世界各国现在相互联系、相互依存的程度空前加深，国际社会日益成为一个你中有我、我中有你的命运共同体，任何国家都不可能独善其身。面对世界复杂形势和全球性问题，面对当今世界新的政治经济文化格局，在与西方交流交锋交融过程中，为在世界上有效增强我国的话语权，避免"失语就要挨骂"的困局，习近平总书记积极倡导人类命运共同体意识，寻求人类共同利益和共同价值新内涵，体现了负责任大国领导人的担当。故事与人类历史发展本身始终相伴，文学艺术以天然具有的讲故事优势，源源不断地给世上的人们带来希望和信心、欢乐和抚慰，是实现人与人、文化与文化之间沟通交流的最好方式，更是提升国际文化话语权的有效途径。习近平总书记在文艺工作座谈会重要讲话中指出："文艺工作者要讲好中国故事、传播好中国声音、阐发中国精神、展现中国风貌。"[①] 这一指示思想深刻，内涵丰富，把中国文艺的使命与世界发展进步的大势联系起来，极大地开拓了文艺的视野，

---

① 习近平：《在文艺工作座谈会上的讲话》，人民出版社 2015 年版。

对当代文艺发展有着多方面重要启示和意义。

一、讲好中国故事　融入人类命运共同体

我们身处全球化时代，中国与世界联系越来越紧密，外部世界对中国的关注度也越来越高。人类身处不同时空，每天都以故事这种最普遍和多彩多姿的艺术形式争夺着人们醒着的时间，而且故事似乎已经成为丰富人生的必备。故事作为人类个体或群体的叙事行为及叙事行为的结果，记录人类历史和现实中发生的一切，对人类的精神成长和价值延续给予无微不至的关怀。向世界分享精彩中国故事，向世界讲好中国现实、中国文化、中国人生的故事，形象展开中国人的生命律动、心路历程与价值诉求，体现中国人在回应自然、社会、自我挑战中的所有积极努力及面临的问题，是艺术地描述中国的历史与现实，传达中国理念、中国价值、中国气派的需求；讲清楚我们悠久的历史、灿烂的文化，向世界展示中国的历史全貌、现实状况与文化精神，让外国民众深化对中国的认识、增进对中国的了解，离不开新闻传播，但作家艺术家讲述中国故事，可以润物无声地让人在审美熏陶中感受中国魅力，加深对中华文化的理解，强化对中国价值的认识与认同。应发挥中国故事超越国度、超越民族的作用，使之成为人类命运共同体构建过程中的通用语言。让中国故事在构建人类命运共同体进程中发挥积极的作用，当代作家艺术家不仅应该有所担当，而且能够大有作为。

（一）讲好中国故事是回应国际社会共同关切的需要

世界好，中国才能好；中国好，世界才更好，这是中国人民和世界人

民的共同心声。关注人类命运共同体构建中的共同问题，要发挥好文艺的作用，正如习近平总书记所说："文艺是世界语言，谈文艺，其实就是谈社会、谈人生，最容易相互理解、沟通心灵。"① 讲好中国故事就是要有助于破除人与人、民族与民族之间在交流和对话方面存在的各种障碍，消除语言、文化、政治的隔阂。讲中国故事不是自说自话，不能坐井观天，更不可妄自菲薄。讲好中国故事，不仅要让中国人找到自己、看见未来，而且要让世界上不同角落的人们认同和认识中国故事所传递的价值和确认的目标。美国政治学家汉斯·摩根索曾说："别人对我们的看法同我们的实际情形一样重要。正是我们在他人'心境'中的形象，而不是我们本来的样子，决定了我们在社会中的身份和地位。"② 中国故事要影响世界，就要关注国际社会的共同关切。进入 21 世纪以来，世界多极化、经济全球化深入发展，和平与发展取代丛林法则，正成为世界潮流。但当今世界并不太平，环境生态不断恶化、局部战争此起彼伏、恐怖主义时有抬头，仍是全球共同面临的问题，为建设一个持久和平、普遍安全、共同繁荣、开放包容、清洁美丽的世界，当代文艺责无旁贷。要打开创作视野，关心国际热点话题，把文艺创作放在宏阔的世界大格局中加以审视，从中外人民友好交往，国际社会共同努力的那些事业中，建构新的题材与主题，重构中国故事的叙述逻辑，利用故事具有普遍性的效应，以面向世界的开阔胸襟书写全球化进程中人类的共同命运，书写全球化进程对日常生活的渗透，创造出一个个可以与他人对话的世界，为世界各地的人们带去真善美的体验，把能够引起共鸣的普遍性送达接受方那里，发挥好当代文艺在消除误

---

① 习近平：《在文艺工作座谈会上的讲话》，人民出版社 2015 年版。
② Hans J. Morgengthau, *Politics Among Nations: The Struggle for Power and Peace (7th edition)*, Kenneth W.Thompson and W.David Clinton (eds.)，北京大学出版社 2005 年版，第 84 页。

解，避免冲突或者增强世界人民好感等方面的作用。

（二）讲好中国故事是向世界说明中国道路中国选择的需要

当代中国的发展波澜壮阔，前所未有地靠近世界舞台中心，中国比历史上任何时期都更接近中华民族伟大复兴的目标，也比历史上任何时期都更有信心、更有能力实现这个目标。正如罗素曾经预言的那样："全世界都将受到中国事务进展的重大影响，无论好坏，在今后两个世纪内，中国事务的进展将是一个决定性的因素。"① 中国每天都在发生的有待展示、有待揭秘的变革，应该成为当代中国故事徐徐展开的画卷。现实变迁发展的精彩与丰富需要当代作家艺术家向世界说明，向世界讲清楚中国道路与中国方案如何行之有效地解决中国面临的问题，并为解决世界性问题提出思路和办法。把改革开放的艰辛历程和成就告诉世界，有助于世界了解中国改革开放逐步推进的过程，加深对中国道路的理解，而且向世界说明中国本身，也为当代作家艺术家的创作打开另一个视界，促进作家艺术家不断实现创作蜕变与进步。向世界说明中国；包括向世界讲好中国人的故事，随着生产方式、生活方式、社会结构的变化，每个中国人对人生价值和意义的理解，都呈现出前所未有的变化。要讲好中国人创新创造的故事，坚韧勤劳智慧的故事，也要讲好随着社会结构变化，社会分工调整，新社会群体、新社会阶层日益涌现的故事，既描摹传统意义上的工人、农民、知识分子，也写好自由职业者、打工者、创业者的精彩故事，向世界传达他们的心声，富于感召力地向世界说明当代中国人身上发生的奇迹及其精神

---

① ［英］罗素：《我为什么研究中国》，载何兆武等主编《中国印象：外国名人论中国文化》，中国人民大学出版社2011年版，第353页。

追求，增强世界对中国的亲和力。

（三）讲好中国故事是向世界展示中国历史文化的需要

列夫·托尔斯泰在《战争与和平》里曾说"历史是国家和人类的传记"，中国经历了极为悠久的历史发展，古老的文化绵延不绝，从未断裂，为世界文明的发展做出了巨大贡献。世界对我们好奇，同样表现为对中国的历史和文化充满好奇。当代作家艺术家必须正确记录和展示民族与国家成长的足迹，形象地告诉外部世界，中华民族从哪里来，要到哪里去。要消除外部世界对中国历史文化的误解，艺术地告诉人们中国历史发展的真相与源流，鼓舞人们面向未来，增进外国民众对中国历史和传统的亲和力。对歪曲历史、消解历史、重构历史等错误思潮，对丑化和矮化中国等乱象来说，讲好中国故事才是最好的回应。中华文化作为中国人智慧的结晶，是中华民族独特的精神标识，为当代世界进步与发展提供了思路。比如，现代工业文明彻底打破了自然的和谐与宁静，人类变为自然的主人和敌人。在当今世界面临越来越严峻的环境问题的时候，中华文化中的"天人合一"，可以为人类修复家园送上一剂良药。[①] 瑞士作家、诺贝尔文学奖获得者黑塞曾经说："不应为战争和毁灭效劳，而应为和平与谅解服务。"我们的世界并不太平，恐怖主义仍然猖獗，局部冲突持续不断，中华文化中的"和而不同"，为世界各种利益纠纷与冲突提供了实现各得其所的选择。中国的文化观价值观远远没有过时，五千年中华历史赋予中国人丰富的感受力，悠久而深远的文化传统，持久激发着作家艺术家的艺术创造力。深入发掘中华民族最基本的文化资源，寻找其中与当代文化相适

---

① 参见何毅亭《二十一世纪是中国话语复兴的世纪》，《学习时报》2017年5月29日。

应、与现代社会相协调的那种跨越时空、超越国度的文化宝藏，与世界促膝谈心，才能推出更多被国际社会接受、理解、认同的中国好故事。

二、面向国际社会　讲述什么样的中国故事

讲故事就是人类描述自己的生存境遇，为自身生命过程提供解释。中国故事说明的是中国人自我现状的丰富性，反映的是面对整个宇宙、社会和自然的多种境遇。要想更好地沟通世界、触动他者心灵，势必要让中国故事能够多角度提出和回答宇宙观、人生观、道德观等层面的问题，多样化表达、强化及传承人类在生活演进过程中构建起来的思想理念，多层次展现中国人面向全人类的坚守与胸怀，只有这样，才能触动如法国诗人保罗·瓦莱里所说的各民族之间交往的"共同根基"，达成"与对方心灵的一致性"。

（一）讲好聚焦更具普遍人类价值尺度的中国故事

讲故事作为文化行为是要传达价值。一个民族、一个国家，必须要有积极的思想价值、道德力量，讲中国故事，就是沿着中国人宇宙观、人生观、道德观的鲜明传统，表达中国人独特的价值诉求，书写中国人为价值实现所做的积极努力，鲜明反映倡导什么、弘扬什么、坚守什么。但中国故事的讲述不单单指向中国人生活不可或缺的价值维度，而应与人类命运共同体的生活价值理念发生密切联系，注重富于说服力地表达那些更具普遍性、更具恒久意义的价值。正如学者刘梦溪所说，有一些价值"不仅适用于一个时期、一个朝代、一段历史，而是适用于所有的历史时期，所有的历史段落，既适用于传统社会，也适用于当今的社会。全世界各个国家都有一些永恒的价值理念，在表述上、概念的使用上不一定相同，但是这

些价值理念可以通过互相阐释，达到理解和沟通"①。如果离开价值观表达上的共通性，中国故事就不足以很好地与世界沟通。当前不少文艺作品思想内容承载量有限，价值支撑不足，缺乏对普遍人性尺度的发掘，尤其不少以武侠、玄幻、穿越等为主的网络文学，虽然似乎在努力传递一些是非诉求，但缺少自觉的价值意识，真正能传递富于世界性的、恒久的价值理念，从而引起共鸣或产生深刻影响的作品凤毛麟角。

"东海西海，心理攸同；南学北学，道术未裂。"②在钱锺书先生看来，中西文化有共同的基本信念、核心价值，不论东方人还是西方人，虽然种族肤色、语言文字、宗教仪式、生活习俗等形式、表层、外貌有"异"，但深层的内心是相同相通的，中西文化"貌异心同"。歌德也认为："中华民族是一个和德国很相似的民族，中国人在思想行为和情感方面几乎和我们一样；只是在他们那里，一切都比我们这里更明朗，更纯洁，更合乎道德……"③拥有民胞物与的情怀，才有助于沟通心灵、消弭争端、促进和谐。向世界奉献具有永恒价值、属于全人类的中国故事，就是要把公平、正义、真理、公道、自由、共同美等出于人类良知及理性的共同价值表达出来。比如，关于义与利，中国人历来主张"国不以利为利，以义为利也""不义而富且贵，于我如浮云"，讲好中国故事，就要将"义"与"利"结合起来，化身为具体的艺术形象。如反映我国当代都市家庭生活的电视剧《媳妇的美好时代》在非洲大陆受到好评，就在于表达了"义"在当代人日常生活中的具体性，书写了人间至爱感情中的真善美。再如，中国人历来崇尚"和而不同"的思想和理想状态，提倡在审美、人文层次

---

① 刘梦溪：《中国传统价值理念如何在今天发用》，《中原文化研究》2013年第3期。
② 钱锺书：《谈艺录》"序言"，中华书局1993年版。
③ [德]爱克曼辑：《歌德谈话录》，朱光潜译，人民文学出版社1978年版，第112页。

上，在人们社会活动中树立起"美美与共"的文化心态。G20峰会主题晚会《最忆是杭州》选取《春江花月夜》《采茶舞曲》《梁祝》《高山流水》《天鹅湖》《月光》《我和我的祖国》《难忘茉莉花》《欢乐颂》等9首曲目，展开一幅幅"美美与共"的画面，艺术地表达了天地和谐、劳动之美、爱情不渝、知音相遇、挚爱祖国，以及向往自由、追求和平的情愫，充分表达了人类的共通感受，反响极为热烈。

（二）讲好直面全球化时代人类共同难题的中国故事

问题是时代最鲜明的声音。人类生活在不断缩减的时间阴影之下，不同民族不同地域的人们同样经历着生存、发展等诸多根本性问题，对宇宙、自然、人生不断提出一些根本性疑问。美国文化批评家贝尔指出："对我来说，文化本身正是为人类生命过程中提供解释系统，帮助他们对付生存困境的一种努力。"[①] 地球上的人们在与自然、社会、他人的不断较量中成长与发展，经历着同样的根本性生存发展难题，提出一些共同的根本性疑问，这是从人类共同体生活的根源处自动流溢而出的，正像泉水从泉眼里涌出来一样。人类共同体生活的根源，在于自由的个体心性对身处其中的人类生存困境的真切体验及竭力脱困的奋斗。当代作家艺术家必须要有面向世界的开阔胸襟，以书写全球化进程中人类所面临的共同挑战和解决共同难题的多样真切动人的故事。

比如，随着人类的演进，社会生产力的提高，现代工业文明已经彻底打破了自然的和谐与宁静，生态环境急剧恶化，人类在面临失去家园的

---

① ［美］丹尼尔·贝尔：《资本主义文化矛盾》，赵一凡、蒲隆、任晓晋译，生活·读书·新知三联书店1989年版，第24页。

危险的时候将何去何从？这一问题始终牵动着世人。陆川导演的纪录电影《我诞生在中国》选取大熊猫、金丝猴和雪豹等几个中国珍稀野生动物家庭的故事，在展示中国美好自然风光的同时，形象阐释了"天人合一""阴阳互生"等中华文化的深刻内涵，中国的美丽和中国人对自然和生命的态度产生了极强的感染力。影片告诉人们，这些动物出生在中国，但不仅仅属于中国，而属于全世界，它们是那些需要人类更多关爱的野生动物的代表，作品对保护自然环境重要性和紧迫性认识的深化，触动着地球上不同角落的人们的心，启示人们从野生动物身上学习和平和谐的相处之道，反思和调适自己与自然的关系。

最宝贵的东西受到的威胁也最大。世界和平远未到来，恐怖主义仍然猖獗，局部冲突持续不断，跨国犯罪时有发生，面对这些当今人类的共同威胁，文艺创作理应像瑞士作家黑塞告诫过的那样积极回应，努力"为和平与谅解服务"。根据"10·5中国船员金三角遇害事件"（即湄公河惨案）改编的国产影片《湄公河行动》，以一支行动小组为揭开中国商船船员遇难事件背后所隐藏的阴谋为主线，通过潜入金三角查明真相，缉拿真凶，还遇难同胞清白，张扬打击国际犯罪的英雄主义，将正义的情怀与激烈的剧情交织在一起，向世界彰显了复杂国际环境中大国的气魄和中国人民的担当，极具感染力和辐射力。

科技进步开辟的各种可能无可阻挡，无论有利还是有害，均日益深刻地影响着人类。在这个美丽但充满不确定性的世界里，在科技开辟的共同命运面前，人类可能走向共融，也可能相反，但一定要被赋予希望，这便是科幻文学的由来。正如美国著名文学评论家布哈伊·哈桑所说，科幻小说"触及了人类集体梦想的神经中枢，解放出我们人类这具机器中深藏的某些幻想"。从玛丽·雪莱的《弗兰肯斯坦》到赫胥黎的《美丽新世界》，从威尔斯的《时间机器》到阿西莫夫的《基地三部曲》，科幻文学大胆探讨科技与人类命运，触及人类的共同焦虑。刘慈欣的《三体》讲述的外来三体文明入侵地球，并占领地球的故事，反映了整个宇宙文明的状况及其道德、价值体系，涉及了外星人入侵、高科技危害甚至社会女性化等未来议题，难怪奥巴马说自己被《三体》吸引，暂时将政坛的烦恼抛在一边。在2017全球移动互联网大会上，英国科学家霍金提出，我们可能要面对人工智能的崛起对人类自身的终结，"我们不确定我们是会被智能无限地帮助，还是被无限地边缘化，甚至毁灭"。作家艺术家历来得时代风气之先，把中国故事与人类的根本性困境联系起来，以故事幻想、发问和探究，才能使中国故事的建构与地球上不同角落的人们忧喜相关、休戚与共。

（三）讲好触及与开掘人性及人类精神隐秘的故事

万变不离其宗，讲好故事就是要回归人性、挖掘人性，从人性最核心最隐秘之处，探寻人类精神的奥秘。讲述获得世界认同的中国故事，就要注重基于人性深层思考问题，注意选取受政治、地区、人种等因素影响小的题材，找到跨文化传播中最普遍的共性，在创作中突出"人"的价值，捕捉人的行为、思想、情感律动，充分体现个体价值精神，注重在亘古不变的人类共同情感、人性深层次优点与缺陷上下功夫，实现中国故事共通性的最大化。我国作家麦家的小说《风声》《解密》《暗算》等在国际上很受欢迎，就在于作家善于挖掘人性和破译人的精神世界的密码。麦家像一个出色的"精神侦探"，他不单解密被人为或被时间包裹起来的真相，更重要的是解密人心、勘察人性，让人透过他笔下险象环生的故事，看到人内心的幽微。他写的是一些在红墙里保家卫国的人，这些人出于各自的职责和使命，很难拥有饱满的世俗生活和自己的个性，他们的踌躇、软弱、迟疑、犹豫、迁就、反复、挣扎等都是历史情境决定的。这是一层。即使人不在红墙里，内心也是幽微难辨的，正如麦家所说："每个人内心都有一道自设的红墙，你不自由的时候渴望自由，当你完全自由时又要逃避自由。"这又是一层。中外社会环境不同、思想观念各异，但人的内心的丰富、诡异、复杂、幽深很吸引人，而且正是作家擅长的领地，他这种勘探内心的幽秘之处，挖掘人性的隐秘痛点的写法，自然会赢得更多的共鸣。

再比如，"民以食为天"全球皆然，食物题材容易找到共鸣点，纪录片《舌尖上的中国》获得好评，固然在于呈现了中国人以食物维持生存与繁衍的、令人目不暇接的食物故事，中国人色彩斑斓的饮食文化，已令人叹为观止，但作品的编导没有就此止步，而是着意重塑饮食文化中远逝的传统与历史，如传统食物制作方式的退场，数代相传的食物烹调技法的难以为继，非遗人才的青黄不接等，展现出全球化语境中的集体文化乡愁，许多段落中唱响的乡村与传统的忧伤挽歌，揭示了田园式、乌托邦式景象背后的突出矛盾，表达了对乡村传统被城市现代化挤压排斥的深沉忧虑，怀旧与乡愁进一步触碰了人们的心弦。全球化条件下的人们回不到过去、找不到家园的焦虑，从味觉、嗅觉、视觉的角度体现得淋漓尽致，中国"舌尖"故事与人们的隐秘情绪实现了高度的契合。

三、扣动世界心弦　怎样讲好中国故事

中国故事面向海外传播，是讲给国际社会的，如何讲述、怎样讲得易于为国外受众所接受至为重要。要尊重故事讲述、传播和接受规律，重视跨文化接受的特点，认真研究国际不同地区受众的审美取向，避免文化折

扣，减少文化误差，凸显中国故事在全球化时代的现代性，探索讲故事的多种途径，扩大中国故事的传播效益。

（一）以共同价值来减少文化误差与弥合文化鸿沟

对异域讲好中国故事需要知己知彼，切入共性以引起共鸣。任何文化产品的内容都源于特定文化，受众在接受不熟悉的文化产品时，其兴趣、理解能力等方面都会大打折扣，从而形成文化误差。向世界讲述中国故事是一种跨文化传播，要减少文化误差，规避不同文化冲突，减少文化分歧点，势必需要对传播内容也就是对故事进行自我改造，增强相似性，以接近对方的文化欣赏习惯，避免文化隔阂，减少接受阻力。1954年，周恩来参加日内瓦会议，准备在见面会上放映中华人民共和国第一部彩色电影《梁山伯与祝英台》，面对巨大的文化差异，周恩来找到了《梁山伯与祝英台》和《罗密欧与朱丽叶》的共同点——爱情，在宣传时把《梁山伯与祝英台》比作中国版的《罗密欧与朱丽叶》，击中了外国朋友的敏感接受点，激发了大家的观赏兴趣。可见话不在多，关键是将话语转码为国际友人熟悉的话语，找到沟通和接受的共鸣点。过去我们总是一厢情愿地认为，高大完美、苦口婆心、忍辱负重就是感染人的利器，实际上幽默机智、好玩有趣，一般来说具有更强的说服力。寻找不同文化之间的共性，并将其放大，建构起接受者对故事的认同，对故事背后的价值观进行成功包装，才有可能实现中国故事的成功传播。作家贾平凹认为我们的作品缺乏西方作品中的"人类意识"，就如同没有翅膀，总是升腾不起来，讲的就是这个道理。

比如，不同地区的人们对尽孝的理解差别很大。表现晚辈对长辈的"孝"，如果还讲述类似"卧冰求鲤""恣蚊饱血""尝粪心忧"等二十四孝故事，只会继续加深不同文化尤其西方文化对我们的误解。弥合文化不同，要找人性共同点，善于营造亲情、友情、爱情等基本情感的浓厚氛围。中美合拍动画片《功夫熊猫3》就是一部融会不同文化间性智慧、具有普遍价值的影片。弱小的熊猫阿宝利用同仇敌忾的力量汇聚成神奇而强大的"气功"，利用东方智慧抓住强敌的致命弱点，用"气功"之力摧毁恶霸"天煞"，创造了以弱克强、以小博大的奇迹。影片同时贯穿了"我是谁"这种带有西方哲学意味自我认识精神的内蕴，将深奥哲学思辨和文化精神表述得生动活泼、入情入理。

减少文化误差还可以通过叙事空间的扩展，中国故事的讲述不必局限在中国境内，可以将叙事空间拓展到地球上任何一个国度、任何一个角落，这是一种叙事生产力的解放，可以为讲述属于全人类的中国故事提供重要前提和动力。随着对外开放的深入，中国人的活动范围大为扩展，中国人的足迹遍布海外各地。李俊执导的电影《惊天大逆转》的主要场景设在韩国，林超贤执导的《湄公河行动》在缅甸成功拍摄，富有异域风光与人文色彩，易于被外国人接受。中国故事要避免文化折扣，还要注重发挥具有世界共通性艺术形式的作用。如音乐有"国际语言"之美誉，一首流传已久的乐曲或悦耳动听的歌曲可以将世界不同角落的人们联系在一起。我国民歌资源广博，戏曲音乐资源丰富，多样性多元化是中国音乐最大的特色。舒伯特曾经把歌德、席勒的诗谱成曲，通过歌曲在全世界流传，增强了德国文化的影响力。我们也可以通过谱曲将李白、杜甫等的诗作改编成艺术歌曲，把中国故事、中国文学唱出来，唱开去。我国音乐家谭盾、陈其钢和何训田等人的音乐创作逐渐被世界接受，就经历了一个转码的过程，这些音乐家大多有海外留学的经历，通过更深层次挖掘糅合中西文化内涵，让多种文化在音乐作品中相互渗透影响，发生奇妙的混杂并创造出具有独特美感的音乐语言。他们的音乐创作在国外音乐界收获赞誉,开始被国外听众接受,说明用音乐讲述中国故事效果很好。我国的西部音乐大气而开放,甘肃的"花儿"、新疆的"木卡姆"等音乐类型曾经深刻影响丝绸之路上塔吉克斯坦、吉尔吉斯斯坦、乌兹别克斯坦、伊朗等很多国家的音乐,整理开发好也可以促进文化之间的交融交流。

(二)凸显中国故事中价值观的进步性现代性

中国故事的主流应该是对中国历史与现实多层次的全面反映,特别要注重反映中国在面向世界路途上的进步,在向现代化迈进的路途上所取得的进展。曾经,中国在国际社会的形象正如周鑫宇在其《中国故事怎么讲》一书里所说,是"古老的、陈旧的、历史沧桑的,文化上神秘而难以接近的"[1],而这些印象基本上来自非实地的接触了解,以往西方世界主要通过文学艺术作品及新闻报道等来认识中国。那些片面的、偏狭的过去时代,那些落后停滞的穷乡僻壤、刀光剑影中的游侠武僧、神秘莫测的风俗习惯,曾给西方人士留下了中国属于过去而不属于现代的印象。不少受国际社会特别是西方社会垂青的文艺作品,往往演绎过去时空的故事,对当今中国的描述,则表现得过于乡土化、边缘化和落后化,不能客观反映当代中国现状。

当前的文艺作品仍有不少对中国历史进行架空化处理,或者没能客观生动刻画进步与巨变中的中国,也没有向世界呈现参与世界现代进程的中国,这是很大的遗憾。要在艺术作品中不断丰富当代现实生活内容,讲述属于全人类的当代中国故事,把一个进步的、现代的中国呈现在世界面前,让中国人进步的思想观念、焕然一新的精神风貌昭然于全世界,这是

---

[1] 周鑫宇:《中国故事怎么讲》,五洲传播出版社2017年版,第17页。

讲好中国故事的重中之重。纪录片《新丝绸之路》与时俱进地讲述华夏缤纷进步发展的新故事，让现代化、国际化的中国亮相全球，将中国的巨变与全新的现状传播开来。《鸟瞰中国》则凭借全新的观察视野，第一次从空中展示了中国幅员辽阔和多姿多彩的地貌。通过震撼人心的视角与色彩鲜明的影像，使中国的自然风物得以全景呈现，抒情化地向世界展现了伟大国家富饶美丽的画卷。

（三）在创新中丰富讲中国故事的有效路径

在全球化时代讲述中国故事需要做多方面努力，无论在艺术思路上，还是在创作生产方式上，都需要找到好的实现路径。要尊重创作规律，解决好中国故事的人物形象塑造问题。长期以来，我们给外部世界留下的印象是中国人较为单调刻板——既受压抑又落后愚昧，等等。随着中国高速发展、对世界影响越来越大，国际范围内兴起"中国热""汉语热""中国文化热"，屠呦呦、袁隆平、马云、姚明、李云迪等中国杰出人物在国外获得广泛赞誉，世界上的人们对中国人有了新的认知，更愿意了解和接受与中国发展息息相关的人物形象，这为面向世界讲好中国故事提供了条件。我们要向世界提供多彩生动、大有作为的中国人艺术形象，变"复杂神秘"中国人为"多彩生动"的中国人，多角度多视点挖掘历史现实，将刚性表现与柔性表现并举，人物人性魅力和性格描写有机结合，丰富中国故事的人物画廊，创造出更加全面、多元、有传播力的艺术形象，让能够代表中国现实变化和中国精神的符号化形象走向世界。

在传播策略上，中国故事由谁来讲同样很重要。要注重发挥外籍人士的作用。系列电视片《你所不知道的中国》第一季由本土主持人讲述令人自豪中国故事，第二季9位外国留学生"洋眼看中国"，带着各自的文化背景与兴趣爱好，带着好奇与思考，行走在中国大地，从为人熟知的中国符号、中国名片切入，以他们的所见所闻、所思所想真实展现当代中国的变化与活力。第三季由4位已经在英国有一定知名度的外籍青年担任讲述人（主持人），每集包含有关科技、文化、旅游或环保、野生动物、工程建设等不同主题的若干故事，异文化视角介入，立足中国现实具体性，向外部世界展现更多中国人在现代化进程中的生动故事，电视片集探寻、发现、揭秘、解读于一体，从现实生活中找寻新闻点，激发艺术张力，三季节目收视与好评递增。第三季在英国广播公司世界新闻频道与江苏卫视同步播出，传播效果更加突出。

在讲故事的实现途径方面，综合艺术门类、影视艺术固然有不少优势，小说、非虚构、科幻、儿童文学等亦可各显神通，一些体量小和成本低的文艺样式，同样可以发挥作用。进入21世纪以来，以曹文轩、刘慈欣为代表，越来越多的中国儿童文学、科幻文学走向世界，开始产生越来越大的影响。绘本作家、国际安徒生奖提名奖获得者熊亮试图用绘本与世界沟通，他以水墨画方式刻画出小石狮、兔儿爷、树神、灶神、京剧猫等形象，悉心将中国形象和国际表达方式融合在一起，其第一本绘本《小石狮》赋予小镇唯一守护神小石狮以纯真愉悦和神采奕奕的表情，凝聚在小石狮身上的既能"发现自我"，又乐在其中扮演寂寞孤独角色的精神，很容易在国外受众中产生共鸣。

扩大文化影响力的一个行之有效的方法是文艺生产系列化及文化产品衍生化。美国系列电影的突出特点是故事情节引人入胜，主要人物形象脍炙人口深入人心，使得"系列"一再欲罢不能。迪士尼米老鼠形象凭其机智多谋、不畏强暴、幽默有趣等品质，成为美国国家文化形象对外传播的一个最为成功的范例，其系列动画片《猫和老鼠》里那个"死不了"的小老鼠杰瑞与貌似强大的黑猫汤姆斗智斗勇、永不言败，吸引了世界上一代又一代观众。中国的文化产品创作生产系列化起步晚、基础差，缺乏整体谋划设计，似可以先从易操作、低成本、好把握的门类与领域做起，比如从绘本、动漫等入手，不断开拓系列化空间。

（原载《理论视野》2017年第8期）

基于文明交流互鉴的人类共同价值观阐释[*]

韩 升　毕腾亚

不同文明间的交流互鉴是全球化时代人类差异化共在与发展的重要特征，也是为构建人类命运共同体凝聚价值共识、推动人类共同价值观生成以引领世界历史发展的主要途径。文明交流互鉴蕴含着一种文化自我与文化他者的平等承认关系，这对于旨在实现世界包容性发展的人类共同价值观塑造而言具有非常重要的意义，值得深入探讨与研究。

一、世界历史发展语境中的文明交流互鉴

文明多样性是人类社会的基本特征。不同文明由不同民族、国家在特定自然环境与独特的社会历史条件下而创造，具有自身存在的合理性。承认世界文明多样性是文明交流互鉴的前提与基础。德国历史学家雅斯贝斯在《历史的起源与目标》中提到"从中国到西方，文明在一切地方诞生"，

---

[*] 本文系山东大学青年学者未来计划资助项目"现代性自我的历史唯物主义批判"（项目编号：2018WLJH12）的阶段性成果。

"从一开始,人类的历史性就是多样化的历史性……历史现象无边无际地分散,有许多民族,许多文化,每个民族和文化又有由特殊历史事实组成的无限多样性"。① 亨廷顿在《文明的冲突》中将现今世界划分为七个或八个文明,包括中华文明、日本文明、印度文明、伊斯兰文明、西方文明、东正教文明、拉丁美洲文明及待证实的非洲文明。在美国学者斯塔夫里阿诺斯的《全球通史》中提及的四大古文明中,唯有华夏文明没有中断地延续发展了几千年,这源于华夏文明的开放性与包容性。在开放的文明交流中,华夏文明得以丰富;在包容的文明互鉴中,华夏文明得以发展。遥相呼应,西方文明大约出现于700—800年,是在借鉴多种文明的基础上而来的,吸收了古希腊、古罗马文化的理性精神;借鉴了犹太教的善恶观、契约观等。可以说,没有文明之间的对话、交流与互鉴,西方文明难以为继。需要指出的是当今世界,西方文明凭借其在全球的政治、经济、军事实力而在世界范围内有着广泛的影响力,似有一统世界文明之意。然而,无论是从世界文明多样性的历史发展还是现实呈现而言,西方文明并不具备天然的优势,也不具备普世的价值与意义。人们更加清晰地认识到:任何文明都有其独特性与价值,但是文明之间的对话、交流与互鉴才是文明成长、发展的重要推动力,只有加强文明之间的对话、交流、互动、互鉴,才能推进文明的长远发展与繁荣兴盛。

文明交流互鉴是建立在世界历史发展和人类普遍交往的时代语境之中的。"世界历史"是生产力、生产方式、交往方式发展到一定阶段的产物,是社会基本矛盾运动的必然结果,是人类社会发展的客观趋势。生产力、

---

① [德]卡尔·雅斯贝斯:《历史的起源与目标》,魏楚雄、俞新天译,华夏出版社1989年版,第284页。

分工和交往的发展是世界历史形成的客观物质因素，马克思的世界历史是建立在"人们首先必须吃、喝、住、穿，然后才能从事政治、科学、艺术、宗教等等"①这样简单事实基础之上的。"历史向世界历史的转变，不是'自我意识'、世界精神或者某个形而上学幽灵的某种纯粹的抽象行为，而是完全物质的、可以通过经验证明的行动，每一个过着实际生活的，需要吃、喝、穿的个人都可以证明这种行动。"②生产与交往密切相连，生产本身以交往为前提，而交往方式由生产决定。社会化大生产迫切需要打破狭隘的国家、民族限制，要求在全球范围内实现资源的合理配置，安排生产，取得最大利益。世界市场的建立，世界"普遍交往"的发展，是"民族史""地域史"向"世界历史"转变与发展的前提与条件。当今世界历史的突出表现就是全球化。全球化是伴随着资本主义的产生而逐渐形成的，是生产力与生产方式发展的必然结果，是不可逆的。经济全球化是由资本追逐利益的本性所决定的，在资本本性的驱使下，世界市场普遍建立，打破了各个国家、地区、民族之间的封闭状态，经济全球化深入发展，世界普遍交往日渐深入，文明之间的接触与碰撞逐渐增多。随着非西方国家的崛起，国际政治经济格局发生了深刻的变化，文明之间的交流、互鉴愈发重要，与此同时，随着电子信息技术等现代科学技术的发展，文明交流互鉴中阻力与障碍的破除实现了实质性的突破，世界文明交流互鉴因符合历史发展的规律、顺应时代发展的潮流而势不可挡。

文明交流互鉴厚植于文化的主体间性与视域融合的存在论解释学的哲学基础之上。主体间性是对主体性的超越与发展，意指主体与主体之间的

---

① 《马克思恩格斯选集》第三卷，人民出版社2012年版，第1002页。
② 《马克思恩格斯选集》第一卷，人民出版社2012年版，第169页。

交互性与统一性，是不同主体之间平等交往、双向互动、交流融合的关系。文明交流互鉴的首要坚持就是承认文化"他者"，承认其他文明的存在与价值，承认其他文明与自己的文明为同样平等的主体，当自文明为主体时，他文明也是主体；当他文明是主体时，自文明也是主体，自文明与他文明互为主体，即不同文明之间有着平等的地位、平等的机会、平等的话语权，在平等交流中实现借鉴，取得共识，获得发展。文明之间的交流、互鉴也是文明之间的"视域融合"。"视域就是看视的区域，这个区域囊括和包容了从某个立足点出发所能看到的一切。"① 单个主体的视域是有限度的，有其最大的范围与界限，但不是僵死固定的，而是不断变化与发展的。主体视域在运动与变化中既可以容纳过去的视域，又可以吸收他人的视域，从而实现视域融合，这意味着视域融合是历史与现在、自我与他者的融合。视域融合立足于承认他者的平等地位的基础之上，承认自我与他者平等地共存于世界之中，尊重他者的地位、视域，并与之主动对话、和谐交流、平等交往，形成互补协同的和谐关联。不同主体有不同的视域，对同一事物有不同的阐释，即解释者在进行解释时，都是立足于特定情形进行的，从而发生解释者视域、文本视域与情形视域的融合。文明交流互鉴也是文明平等对话、相互阐释的过程，在这一过程中，要坚持文明的主体间性，承认文明之间的平等地位、平等话语权，主张文明之间相互尊重、和谐相处，推进文明之间的相互解释、相互阐释，表达观点，平等对话、取得共识，以开放、包容、尊重、互动实现文明主体之间的对话、交流与互鉴，反对话语霸权，反对文化霸权主义与文化霸权国家。

---

① [德] 汉斯-格奥尔格·加达默尔：《真理与方法：哲学诠释学的基本特征》（上卷），洪汉鼎译，上海译文出版社2004年版，第391页。

文明交流互鉴体现了 20 世纪 70 年代以来全球化发展的最新趋势，意味着传统世界"中心—边缘"格局的消解和多极主体的崛起，意味着一种更加合理的世界文明秩序与体系的塑造，意味着一种更加开放、更加多元、更加包容的人类共同生存状态的生成。在文明交流互鉴所展现的全球化人类整体生存格局中，一种体现全人类普遍在场的人类共同价值诉求呼之欲出，这也正是当今时代人类命运共同体构建的共识性价值根基。2014年 3 月 27 日，习近平主席在联合国教科文组织总部的演讲中指出："文明因交流而多彩，文明因互鉴而丰富。文明交流互鉴，是推动人类文明进步和世界和平发展的重要动力。"[①] 2015 年 9 月 28 日，习近平主席在出席第 70 届联合国大会时提出"共同价值"，指出："和平、发展、公平、正义、民主、自由是全人类的共同价值。"[②] 人类共同价值是当今全球治理的价值引领，塑造人类共同价值观对于构建人类命运共同体、推进人类文明进步与发展有着深远意义。全球化背景下人类命运共同体构建所需要塑造的人类共同价值观，必须要坚持文明交流互鉴这一根本原则。文明交流互鉴内含着文化主体间性的开放、包容、平等、共融旨趣，体现了全球化时代符合世界历史演进规律的人类文化发展的基本趋势，积蓄着人类共同价值观塑造和人类命运共同体构建的重要动力。

---

① 习近平：《文明交流互鉴是推动人类文明进步和世界和平发展的重要动力》，《求是》2019 年第 9 期。
② 习近平：《携手构建合作共赢新伙伴　同心打造人类命运共同体——在第七十届联合国大会一般性辩论时的讲话》(2015 年 9 月 28 日，纽约)，《人民日报》2015 年 9 月 29 日。

二、人类共同价值观生成的逻辑依据

当人类社会从民族历史发展到世界历史阶段以后,全球化发展使所有人的命运紧紧地联系在了一起,共同的生存发展境遇已经使人类共同价值的存在成为一种不争的客观事实。然而,由于国家利益纷争和意识形态分歧,作为全球化时代价值共识的人类共同价值观并未真正形成。唯有从人类世界历史发展的进程和趋向上来分析人类共同价值观塑造的可能性,我们才能对这一事关人类命运共同体构建的价值共识支撑问题做出符合时代要求的明确回答。当今世界正在以全球普遍在场的全新方式被打开,置身事外的旁观者态度与全球化发展的历史进程格格不入,在人类世界历史发展进程中扮演积极作为的当事人和参与者角色才是不二选择。在这样一个全球发展新时代,人类急需在凝聚共识的基础上塑造激励协同前行的价值理念来引领和推进人类命运共同体的构建。

从理论逻辑来看,人类共同价值观是根植于人类社会具体的历史发展实践之中的。马克思指出,人作为类存在物,都必然生活在一定的共同体中,"只有在共同体中,个人才能获得全面发展其才能的手段,也就是说,只有在共同体中才可能有个人自由"[1]。生活在各种各样真实而具体的共同体中的人类,在长期社会交往实践中必然形成一定的共同价值观念,遵守一定的共同价值秩序。马克思指出:"各民族之间的相互关系取决于每一个民族的生产力、分工和内部交往的发展程度。"[2]在马克思看来,资本主义时代生产力的普遍发展促进了世界交往,促使人类历史从民族史向世界

---

[1] 《马克思恩格斯文集》第一卷,人民出版社 2009 年版,第 571 页。
[2] 《马克思恩格斯文集》第一卷,人民出版社 2009 年版,第 520 页。

史转变。在世界历史条件下，人类在交往过程中形成了利益共同体，而利益共同体的形成与发展最终必将促成价值共同体。这是缘于"思想、观念、意识的生产最初是直接与人们的物质活动，与人们的物质交往，与现实生活的语言交织在一起的。人们的想象、思维、精神交往在这里还是人们物质行动的直接产物"①。也就是说，物质生产是文化生产的根基，经济交往是文化交往的基础，利益共同体的形成必将促进价值共同体的形成，这是符合人类世界历史发展规律的基本事实。

在民族历史发展成为世界历史之前，各民族在各自社会实践的基础上发展出了多样性的文化与价值观，这是民族历史的积淀与精华，也是民族历史继续存在与前行的灵魂与支撑。不同民族文化因其所植根的社会历史实践的不同而具有异质性。文化与价值观的异质性是文明多样性的前提。随着历史向世界历史的演变，经济交往的扩大与深入导致了文化交往的扩大与深入。不同的文化在普遍交往的过程中，可能会在一定程度与一定范围内存在冲突，这种冲突不仅是经济利益冲突与政治冲突的结果，同时还是不同文化与价值观彼此影响的结果。然而，这样的文化冲突并不是人类世界历史发展的主流，不同文化在交流、共通与融合中共同推动的人类文明进步才是时代发展的基本趋向。必须要看到，建立在经济交往基础上的文化交往，不仅推进了各民族文化的交流与沟通，还在彼此融合的基础上实现了文化的意义重组，创造出了彼此认同的相似的文化与价值观，为人类共同价值的塑造开创了文明包容、富有成长性的全球新秩序。"一个多元主义社会支撑起来的秩序，并不仅仅拥有一种结果论或工具性的价值。对于拥护这种秩序的人而言，它不仅仅拥有以一种克制的方式来调整国际

---

① 《马克思恩格斯文集》第一卷，人民出版社 2009 年版，第 524 页。

行为的能力，也能创造条件提供一个稳定的制度框架，以便协商实质性的规范；发展出一套共同的语言，对于一项主张从正反两个方面展开论述和辩论，且在一定程度上通俗易懂，具有权威性；嵌入一整套的正式规则，这些规则至少体现了各种平等因素并对强国的实力和野心进行某种限制，从而让一个更为正当和道义上更有抱负的政治共同体出现。"[1]全球新秩序的建立，不同的文明形式都以在场的状态出现在人类世界历史发展的大舞台上，你中有我、我中有你的世界发展新格局正在逐渐形成，普遍在场、共同发声、视域融合、文明共识基础上的人类共同价值观正在得到塑造。

　　从实践逻辑来看，人类共同价值观尽管没有以明确自觉的理念而提出，但早已事实地存在于人类历史经验与当代人类命运共同体构建的现实实践之中。从人类历史经验和现实实践可以看出，多元文化与价值观的共存、对话与融通在一定程度上促成了不同文化间的"化学反应"，实现了文化的意义重构，为人类文明进步和共同价值观的塑造创造了条件。我们看到，产生于古代印度的佛教在传入中国之后，不断与中国本土的儒家文化、道家文化进行对话、交流，从而实现了三者的和谐共在与融合发展，并形成了别具中国特色的佛教文化，对中国人民的宗教信仰、哲学观念、生存信条都产生了深远的影响。从印度佛教在中国的传播、发展与演变的历史经验可以看出，虽然不同文化样态具有差异性，但是文化的间性特质决定了不同的文化样态之间存在一定的内在关联，这种内在关联就是实现文化交流、互动与融合的重要根基。在文化交流、互动与共融的过程中，新的文化样态与价值观不断生成与发展，这种新的文化样态与价值观

---

[1] ［英］安德鲁·赫里尔:《全球秩序的崩塌与重建》，林曦译，中国人民大学出版社2017年版，第46页。

是在发生交互作用的文化共性的基础上生成的，因此天然地能够取得生活在不同社会共同体之中的人们的共识，成为获得彼此认同的文化样态与价值观。古今中外，因文化之间的交流与融合而生成新的文化的例子不胜枚举，可以说，人类文明的发展史就是不同民族文化在不断交流与融合过程中创造新的文化样态和价值观的历史。新的文化因为吸收了其他文化的特质因而越来越容易取得认同与共识，这为人类共同价值的塑造提供了基本的依托。

中国是积极倡导人类文明交流互鉴、人类共同价值观塑造和人类命运共同体构建的最坚定力量。在当今全球治理的价值理念和实践方案中，在共同推进人类文明发展的进程中，中国不乏志同道合的同路人。2019年3月24日，习近平主席访问法国，与法国总统马克龙进行会谈时指出，马克龙总统提出的"同一个星球"的理念与构建人类命运共同体有着很多相同或相似之处。中华文化与法兰西文化是东西方文明的代表，在全球化发展的历史进程中中国与法国都在国际舞台上有着举足轻重的地位，在面临人类共同的挑战中，构建人类命运共同体的中国智慧与中国方案与法国"同一个星球"的治理理念有着异曲同工之妙，都蕴含着丰富而坚定的价值共识。法国在全球环境治理中一直走在前列，对推动世界各国气候谈判与环境治理发挥了重要作用。2015年，第二十一届联合国气候变化大会在巴黎召开，通过的具有重大意义的《巴黎协定》确定了2020年后的全球环境治理方略。2017年6月1日，马克龙在回应美国总统特朗普宣布退出巴黎气候协定时，提出："我们都担负着共同的责任：让我们的星球再次伟大。"2017年12月12日，法国联合联合国与世界银行共同举办了"一个星球"气候峰会，致力于寻找解决全球气候问题的策略与方案，马克龙呼吁："我们正在输掉这场斗争……我们必须迅速行动起来，所有人都要为气候变化问题做出努力。"从全球治理的智慧与方案中可以看出，中国与来自各方的志同道合的同路人为全球协同治理实践、人类文明的发展进步和美好世界的构建而努力奋斗。这也正是人类共同价值观塑造和人类命运共同体构建的全球共识得以产生和发展的重要基础。

从理论与实践的双重逻辑来看，尽管文化差异和意识形态分歧依然存在，但人类共同价值观的生成已经成为世界历史发展的客观必然。作为全球化历史进程见证者和参与者的每一个马克思意义上的"现实的个人"都应该以开放包容的态度顺应世界历史发展的大趋势，积极为人类共同价值观的凝聚与塑造贡献力量，努力成为推动人类整体协调发展的积极践行者。

三、全球治理难题的破解需要人类共同价值观的导引

根据历史唯物主义的基本原理，社会生产力与劳动分工的发展使人类历史从民族史走向世界史。在人类世界史的发展进程中，各民族之间的封闭状态被打破，交流与融合的过程同时伴随着文化对立与价值冲突。"人们在保留民族文化、国家意识的同时，开始从人类整体考虑问题，承认人类文化的某些共同性，于是产生了与全球文化相适应的新的文化观念与思维方式。"[①] 搁置价值争议，凝聚价值共识，正视全人类共同面临的持续发展难题，已经客观地摆在了身处全球化生存境遇中每一个人的面前。可以说，全球治理难题的破解急需正确而科学的人类共同价值观的指引，而西方普世价值观在全球治理中暴露出的虚假性与脆弱性及为特殊利益服务的

---

① 蔡拓等：《全球学导论》，北京大学出版社 2015 年版，第 85 页。

本质证明其无力承担这一推动人类世界历史发展的重要使命。正是在这样的时代背景下，人类共同价值观的塑造已然成为摆在全人类面前的重要课题。

马克思在阐述世界历史发展过程中明确提出："各个相互影响的活动范围在这个进程中越是扩大，各民族的原始封闭状态由于日益完善的生产方式、交往以及因交往而自然形成的不同民族之间的分工消灭得越是彻底，历史也就越是成为世界历史。"[①] 在人类世界历史的发展进程中，各民族内部的生产力与生产关系的矛盾运动不断被纳入新的世界体系范围内，全球化进程正在日益加快。正如习近平总书记所说："今天，人类交往的世界性比过去任何时候都更深入、更广泛，各国相互联系和彼此依存比过去任何时候都更频繁、更紧密。一体化的世界就在那儿，谁拒绝这个世界，这个世界也会拒绝他。万物并育而不相害，道并行而不相悖。"[②] 必须要看到，这是一个机遇与挑战并存的时代，全球化发展所带来的忧虑正在日益加深，全球治理的难题正在困扰着全世界人民。

全球化进程的加剧导致全球利益格局处于大变革大调整时期，全球风险加剧，局部地区动荡不安，环境问题、恐怖主义、难民问题等都成为威胁世界和平与发展的难题，而以美国为首的西方国家的霸权主义、强权政治仍在顽固地坚持"中心—边缘"的全球治理旧格局和旧秩序，当今全球发展的困境与难题急切地呼唤新的能够取得共识的全球治理新秩序、新观念的出现。全球化发展将每一个国家纳入其中："全球化时代的国际环境使得许多事务的解决很难依靠单个国家去完成，必须借助于国际组织，遵

---

① 《马克思恩格斯文集》第一卷，人民出版社 2009 年版，第 540—541 页。
② 习近平：《在纪念马克思诞辰 200 周年大会上的讲话》(2018 年 5 月 4 日)，《人民日报》2018 年 5 月 5 日。

循一定的国际机制。各个国家积极参与国际组织是大势所趋，实践证明游离于国际制度之外并不利于国家的生存与发展。"①全球化带来的世界性难题对人类的存续与发展提出了严峻挑战，与此同时，为全球治理新理念与新实践的产生创造了巨大空间。在这样一种时代背景下，全球治理难题迫切需要作为价值共识的人类共同价值观的引领。这是因为，人类共同价值观根植于世界各民族的普遍交往实践之中，是以价值形态对全人类命运休戚与共关系的自觉呈现，符合全人类共同利益追求的要求。

人类社会的不同文明形式是平等的，无高低贵贱之分。任何一个民族的文明都具有厚重的历史传承和民族特色，是对具体民族发展经验的概括、总结与升华。推动世界历史发展的各个民族的演进历程不尽相同，各自的生产关系也有差异，因而生发的文明形式也各具特色，各有所长。因此，要以学习的态度尝试着去了解其他文明形式，这样就开启了文明交流互鉴的第一步："对强烈的对抗状态所适用的那些规律，对建设性的对话也同样重要：假如人们对未知的事物有了一定的了解，那么它对于我们就不再是那么陌生的了，对话也就变得容易起来。"②只有尊重每一个国家与民族的文明形式，充分发挥各个国家和各个民族在全球治理中的主体作用，实现不同文明形式的交流互鉴，才能凝聚人类的价值共识并汇聚起磅礴的创造性力量，才能塑造取得最广泛共识的人类共同价值观，才能引领与推进全球治理难题的破解。

西方普世价值观的虚假性与脆弱性证明其无力承担推动人类世界历史发展进程的重要使命。不可否认，作为类存在物的"现实的个人"及其价

---

① 蔡拓等：《全球学导论》，北京大学出版社 2015 年版，第 454—455 页。
② [德]哈拉尔德·米勒：《文明的共存——对塞缪尔·亨廷顿"文明冲突论"的批判》，郦红、那滨译，新华出版社 2002 年版，第 298 页。

值取向具有普遍性。正是因为价值取向具有普遍性，人类共同价值观的塑造才具有了可能。然而，价值取向的普遍性并不意味着价值观可以超越具体的历史条件和时代境遇而成为放之四海而皆准的普世信条。我们看到，西方普世价值观的虚假性和脆弱性本质正在伴随着全球化进程的加快而逐渐暴露。就其实质而言，西方普世价值观是建立在虚假的利益共同体基础上的虚假价值观，其所谓的普适性也仅仅在虚幻的意义上存在着。马克思在《共产党宣言》中指出："它（资产阶级）迫使一切民族——如果他们不想灭亡的话——采用资产阶级的生产方式……它按照自己的面貌为自己创造出一个世界。"① 由此可见，资产阶级在创造自己的世界的过程中凭借其统治地位而将自己的特殊利益说成共同利益，将其统治思想说成真理性思想。在这样一层意义上，普世价值观就是西方国家企图统治世界的披着普世外衣的特定价值理念。虽然人作为类存在物，价值倾向具有一定的普遍性，但这并不意味着价值的同质化和均质化。价值是客体对于主体的意义满足关系，主体不同，价值关系也不尽相同。西方普世价值观根植于抽象人性论，认为存在超历史、超国家、超阶级的普世标准与信条，这是背离历史唯物主义基本原理的。正如马克思所言，人是具体的、历史的、现实的个体，"人的本质不是单个人所固有的抽象物，在其现实性上，它是一切社会关系的总和"②。不同的历史发展阶段，不同的国家民族，其社会关系处于不断变化、调整、发展之中，所谓价值主体的人也是不断变化发展的。"现实的个人"的具体性、历史性决定了价值客体对其需要满足的具体性和历史性。因此，并不存在永恒不变的、放之四海而皆准的普世价

---

① 《马克思恩格斯文集》第二卷，人民出版社 2009 年版，第 35 页。
② 《马克思恩格斯文集》第一卷，人民出版社 2009 年版，第 501 页。

值，这仅仅是西方国家意识形态话语的一种表现而已。可以说，西方普世价值观企图以单一的价值观替代世界不同国家民族的丰富多样的价值观是违背人类历史发展的客观规律的，是文化霸权主义的体现，是对世界文明多样性的漠视和否认。因此，西方普世价值观谋求自身特殊利益的虚假本质，使其在全球治理进程中显现出很强的脆弱性，造成其无力承担协调人类整体发展、实现人类共同利益追求的重要使命。

更进一步而言，人类共同价值观的塑造能够推动新全球化和再全球化的发展，有助于人类命运共同体的构建和人类社会整体的文明进步。人类命运共同体的构建是谋求全人类美好幸福生活、实现全人类共同福祉的客观需要，是全世界各国人民团结起来共同抵御人类生存发展难题的基本载体。只有摒弃单边主义、霸权主义与强权政治，推进多边主义的协同发展，构建新型国际政治经济新秩序，实现共商共建共享，充分发挥各个国家和各个民族的积极建设性作用，才能实现全世界人民对美好生活向往的共同愿景。正是在这样一层意义上，人类共同价值观的塑造能够推进人类命运共同体的构建，能够推进人类文明的存续与发展。人类文明存续与发展的应然状态是各个国家和各个民族在文明多样性基础上的共同发展与共同繁荣。然而，反观当今世界发展的实然状态可以看出，西方发达国家凭借其强大的经济实力、政治实力、军事实力在国际舞台上把控着价值话语权，以其单一的价值观为标准对世界各个国家、各个民族的文化进行价值评判与价值裁决。西方国家所谓的"普世价值"，名为推进世界的发展与进步，实则为谋求其自身特殊利益的文化霸权主义，根本无助于环保、贫困、国际犯罪等全球治理难题的破解。世界多极化的发展和"中心—边缘"旧世界格局的行将就木正在宣告着一个新时代的到来。"霸权的中心性的衰落同时是文化自决的再生，是从前被包含的和被包容的认同的普遍解放。……在这样的准则被消除的地方，从前被等级化的空间现在被压平了，它的各种声音表现出了同等价值。"① 只有积极塑造人类共同价值观，在尊重世界文明多样性的基础上寻找更多的价值共识，才能汇聚多方力量协同推进全球治理难题的破解，才能真正维护全世界各个国家、各个民族的共同利益，才能在人类命运休戚与共的意义上推进人类整体文明的持续发展。

四、推动人类共同价值观生成的基本路径

人类共同价值观的塑造不能停留在抽象的理论建构层面，必须要深入人类世界历史发展的现实实践之中。人类共同价值观的塑造过程，与人类命运共同体构建的实践是相互契合的，二者都现实地发生于人类世界历史发展的历史进程之中，都在呈现着全球化时代人类和谐共在的生存主体。人类共同价值观的塑造，要以尊重世界文明多样性为基本前提，以坚守特定社会生活共同体的价值观为存在根基，以文明的交流互鉴为根本途径。

第一，以尊重世界文明多样性为基本前提。人类共同价值观的塑造要以尊重各民族国家固有价值观为前提。尊重世界文明多样性，塑造人类共同价值观，首要的是承认并理解不同文明差异存在的合理性。作为文明具体样态的文化在始源上是"自然的人化"，产生于人类的现实的生产生活实践之中，天然地烙印着族群的独特性与特殊性。2019年5月15日，习近平总书记在亚洲文明对话大会开幕式上的主旨演讲中指出："每一种文

---

① ［美］乔纳森·弗里德曼：《文化认同与全球性过程》，郭建如译，商务印书馆2003年版，第368页。

明都扎根于自己的生存土壤，凝聚着一个国家、一个民族的非凡智慧和精神追求，都有自己存在的价值。"①因此，塑造人类共同价值观，要以尊重不同文明样态为前提，理解并认同文明差异存在的合理性。尊重只有在双方或多方相互关联的状态下才呈现出实际的意义。这意味着，不同文明间的相互尊重是建立在彼此相互关联的基础之上即交往交流的基础之上的。文明的自我封闭使尊重黯然失色，一种文明要想获得其他文明的尊重、获得世界的普遍尊重，就要积极融入世界文明交往交流的历史洪流之中。不可否认，当今世界不同文明的影响力与影响范围不尽相同，西方文明由于其强大的政治经济根基的支撑而占据着文明对话的主导权。在人类共同价值观塑造的过程中，要承认文明的对等性与平等性，积极创造文明间平等对话的机会与平台，使不同文明形式都获得平等发声的机会，要反对同化的文化霸权主义，最大限度地凝聚不同文明间的价值共识。习近平总书记指出："人类只有肤色语言之别，文明只有姹紫嫣红之别，但绝无高低优劣之分。认为自己的人种和文明高人一等，执意改造甚至取代其他文明，在认识上是愚蠢的，在做法上是灾难性的！如果人类文明变得只有一个色调、一个模式了，那这个世界就太单调了，也太无趣了！我们应该秉持平等和尊重，摒弃傲慢和偏见，加深对自身文明和其他文明差异性的认知，推动不同文明交流对话、和谐共生。"②要看到，每一种文明都蕴含着特定社会生活共同体的核心价值观，这是人类共同价值观得以塑造和人类命运共同体得以构建的前提条件。要尊重不同国家、不同民族的文明形式与价

---

① 习近平：《深化文明交流互鉴　共建亚洲命运共同体——在亚洲文明对话大会开幕式上的主旨演讲》（2019年5月15日，北京），《人民日报》2019年5月16日。
② 习近平：《深化文明交流互鉴　共建亚洲命运共同体——在亚洲文明对话大会开幕式上的主旨演讲》（2019年5月15日，北京），《人民日报》2019年5月16日。

值观念，充分展现世界多样文明的丰富多彩，汲取不同文明有益于人类整体文明进步的价值观念，努力塑造作为人类价值观念最大公约数和价值共识的人类共同价值。

第二，以坚守特定社会生活共同体价值观为存在根基。人类共同价值观与特定社会生活共同体的价值观和谐共生，只有坚守特定社会生活共同体的价值观，保持特定的民族价值观特色、地域价值观特色，才能为人类共同价值观的塑造奠定坚实基础。人类共同价值观是全人类共同诉求的价值体现，特定社会生活共同体价值观是世界各国家、民族整体诉求的价值体现。人类共同价值观与特定社会共同体价值观是共性与个性、一般与个别的辩证统一。特定社会共同体价值观是人类共同价值观在各个国家、各个民族的具体的、历史的体现，人类共同价值观是全世界特定社会共同体价值观的共性凝练。人类共同价值观寓于特定社会共同体价值观之中，并通过特定社会共同体价值观的具体理念表现出来。人类共同价值观在承认价值观的共性时，也承认价值的具体性、特殊性、独特性。特定社会共同体价值观是世界各国家、民族优秀传统文化的结晶，是全世界各个国家、各个民族建设与发展精神的升华，是世界优秀文明成果的集中反映，是植根于各个国家、各个民族文明历史的精神力量，是植根于各个国家、各个民族历史实践的观念支撑。特定社会共同体价值观独具各个国家、各个民族特色、风格与气派，只有坚守特定社会共同体价值观为根基，才能在尊重各个国家、各个民族发展道路的基础上，为人类共同价值观的塑造贡献智慧与方案。当然，坚守不等于固守，只有在创新发展中的坚守才具有强大的力量。"文明永续发展，既需要薪火相传、代代守护，更需要顺时应势、推陈出新。世界文明历史揭示了一个规律：任何一种文明都要与时偕行，不断吸纳时代精华。我们应该用创新增添文明发展动力、激活文明进步的源头活水，不断创造出跨越时空、富有永恒魅力的文明成果。"[1] 坚守特定社会共同体价值观，就要实现特定社会共同体价值观的与时偕行、守正创新，积极吸收时代精华，推陈出新、革故鼎新；坚守特定社会共同体价值观，就要推动不同文明之间的交流互鉴，积极吸收其他文明价值的有益之处。因此，坚守与发展特定社会共同体价值观，以世界眼光审视全球共同价值诉求，既要坚持本民族特色，又要坚持人类共同价值观的共识追求，实现特定社会共同体价值观与人类共同价值观的协调统一。

第三，以不同文明的交流互鉴为根本途径。文明在对话、交流中实现自识与互识，在互鉴、交融中创新发展、达成共识。不同社会生活共同体的文明形态，先天具有突破自身局限的趋向，这源于文明生成的根基即生产生活实践的交往需求。两种或多种独立的文明在民族交往的过程中，通过开放包容的文化对话，实现了文明间的交流与沟通。在文明的交流互鉴中，不同的文明要站在对方文明的角度审视自身，确证自身文明的内在规定性，并补遗性地寻找与弥补自身欠缺的部分，从而实现文明自识；与此同时，在交流对话中，能够深刻了解对方文明的特质与魅力，承认对方文明所具有的对等主体性地位，实现文明互识。在文明交流与沟通的过程中，在文明自识与互识的基础上，世界多样文明在互鉴、交融中获得创新性发展。在文明的交流与碰撞过程中，只有二者的内在关联部分，即对对方有价值的部分才产生了文明交流与互鉴的意义。文明交流的过程并不是被动地接受与吸收的过程，而是进行积极自觉的文明选择过程。在这种文明的互鉴与交融发展的过程中，不同的文明形态都获得了创造性发展，都

---

[1] 习近平：《深化文明交流互鉴 共建亚洲命运共同体——在亚洲文明对话大会开幕式上的主旨演讲》(2019年5月15日，北京)，《人民日报》2019年5月16日。

实现了文明在开放包容语境中的意义重构,都在推动人类文明进步和人类历史发展中发挥了积极作用。"一切生命有机体都需要新陈代谢,否则生命就会停止。文明也是一样,如果长期自我封闭,必将走向衰落。交流互鉴是文明发展的本质要求。只有同其他文明交流互鉴、取长补短,才能保持旺盛生命活力。"① 文明在交流互鉴中能够保持自身旺盛的生命力,同时能够创造、凝聚更大的价值共识,为人类共同价值观的塑造和人类命运共同体的构建创造可能和空间。人类共同价值观的塑造不是源自抽象理论的空中楼阁搭建,而是植根于人类世界历史发展进程之中的文明交流互鉴过程。在世界多样性文明的交流互鉴中达成价值共识,是全球化背景下人类共同价值观塑造和人类命运共同体构建的根本途径。

五、结语

全球化时代的人类普遍交往已成不可逆转的基本趋势。同时,各个国家、各个民族因地理环境、历史文化环境、经济水平、政治制度等的差异,其利益需要与价值体系具有多元性与多层次性甚至对立冲突性,也是客观事实。"我们应该推动不同文明相互尊重、和谐共处,让文明交流互鉴成为增进各国人民友谊的桥梁、推动人类社会进步的动力、维护世界和平的纽带。我们应该从不同文明中寻求智慧、汲取营养,为人们提供精神支撑和心灵慰藉,携手解决人类共同面临的各种挑战。"② 在文明的交流互

---

① 习近平:《深化文明交流互鉴 共建亚洲命运共同体——在亚洲文明对话大会开幕式上的主旨演讲》(2019年5月15日,北京),《人民日报》2019年5月16日。
② 习近平:《文明交流互鉴是推动人类文明进步和世界和平发展的重要动力》,《求是》2019年第9期。

鉴中致力于塑造具有高度包容性和成长性的人类共同价值观。在这一层意义上，塑造人类共同价值观的过程就是各个国家、各个民族的文明形态的交流融合、共同发展的过程，就是人类在世界历史发展的进程中不断搁置利益分歧与价值争议、逐步取得价值共识的过程，就是构建人类命运共同体的意义不断彰显的过程。

（原载《贵州社会科学》2020年第6期）

中西文明转型的世界历史视野*

焦佩锋

  从晚清社会至今,"中国问题"主要体现为政治独立、经济富强和文化复兴三大内容,它们共同展现出以资本为内核的现代性问题的外部性,这种外部性主要表现为西方文明对传统中国文明的冲击和压制,因而,今日中国的文明复兴绝不可能是向传统文化的保守主义回归,也不可能是对西方文化的自由主义复制,而是必须借助马克思主义对现代性的批判性分析寻求新的文明转型和秩序构建。这是因为,在理论层面,马克思已经指明了资本的本质及其开掘世界历史的必然性;在实践层面,马克思主义对中国的"革命—建设—改革"产生了实质性指导作用,它已成为中国进行文化建设的内在思想指引。因而,中西文明都需要转型,这绝非二者之间的相互攻讦和否定,而是基于马克思主义中国化的文化实践对这两种思想资源进行批判性分析和创造性整合,从而生成一种既不同于保守主义,又不同于自由主义的新的思想体系和文化样式,在此一维度,马克思主义对

---

* 本文系国家社会科学基金重点项目"文明自觉与当今中国的精神文明建设"(项目编号:15AZD068)、国家社会科学基金项目"唯物史观与当代历史主义关系研究"(项目编号:13CZX015)的阶段性成果。

于人类文明发展的指导意义方能有效呈现。

一

在 1840 年之前，作为一种独特样式的中国文化实际上是在一个相对封闭的空间内缓慢发展，尽管此前我们也曾和欧洲产生过文化交流，但是，这种交流实际上是农业文明框架下的生存需求互补，它并未触及各自文明背后的制度因素，而且中国在这种交流中始终居于主动地位。此外，高大的山脉和广阔的海洋也为中华文明的独自发展提供了安全的环境屏障。正是在这种封闭又自足的环境中，中华民族将农耕文明发展到了极致，如果没有西方工业文明的强势侵入，中华文明可能依然会按照既有的样式、节奏和内容缓慢发展下去。

儒家文化是中国农耕文明的代表。这种文化的根本特点是向内超越，是一种将心性修养功夫放在第一和最高位置的"内圣"文化，"仁"的精神是这种文化的精髓。为了"成仁"，我们讲求的是先"内圣"再"外王"，先"正己"再"正人"，先"修己"再"安人"。实际上，"仁"是一种大德，这种"德"要承载天地万物，要为天地立心，要为万世开太平，只有在这个意义上，我们才能理解"士可杀不可辱""刑不上大夫"的生命价值论意义。所以，儒家文化是一种泛道德主义文化，受其制约、形而下的器物和制度只具有派生和从属的意义。

正是因为"义"高于"利"，"道"重于"器"，"体"重于"用"，所以，传统的中国人对社会的等级秩序和贫富分化往往采取妥协的态度，或者索性认为，这是天子的"德不配位"所致；反过来说，只要君主贤能并推行贤明政治，必然会天下太平，说到底，天子之德是国泰民安的根本。

当然，与天子之德相对应的是君子之德，这是对社会成员的普遍规范，它讲究的是内在意义上的"慎独"和"正己"的功夫，这使我们与注重外在性的西方文明产生了很大的差异甚至对立。所以，方克立先生指出，传统儒学"基本的价值观念是贵义贱利、重道轻器，与之相关的还有存理去欲、好古贱今、重农轻商、重国家轻个体、重义务轻权利、重人治轻法治、重和谐轻竞争、重守成轻进取、重道德轻知识、重理想轻事功、'道不同不相为谋'、'不患寡而患不均'等等。这些显然与以科学、民主为标志的近代文化的价值观念大异其趣，甚至可以说在基本的方面都是对立的"①。我们认为，后来新儒家的努力之所以收效甚微，主要是因为其对传统的无批判立场，这是其开不出现代性的根本原因。

鸦片战争打碎了国人的文化迷梦，李鸿章所谓的"三千年未有之变局"与中国民间频繁爆发的农民起义其实都是对这一危机的有力回应。为了应对危机，清廷也支持了维新变法和洋务运动，可是维新人士所变之法在根本上依然突破不了"祖宗之法"，而洋务派所操办的洋务实际上也突破不了清廷的权力结构，因此，维新派和洋务派被叫停是逻辑的必然，这两类变革的最终目的依然是强基固本，而不是颠覆固有的文化"道统"，这使我们错失甚至放弃了一次文化转型的历史机遇。

辛亥革命也想变革中国的旧文化，可是，彼时的中国并不存在强大的资产阶级，也不存在革命愿望强烈的农民阶级（或者说，农民阶级并没有进入辛亥革命的问题域），所以，其对封建文化的批判是一种外部批判，它上不能发动社会精英，下不能发动社会民众，因而必然归于流产。实际上，后来的五四运动也想解决文化上的问题，可是，较之于主权和族权，文化启蒙的

---

① 方克立：《现代新儒学与中国现代化》，天津人民出版社1997年版，第79页。

意义较为次要，因而这场运动只能在文化批判和科学兴国的意义上做些民主化努力，它在促进民族觉醒的同时，只是提出了问题，并未提供更多的理论成果并做出有效的政治努力，因而也就又一次走向了历史的后台。

马克思主义传入中国正值中华民族陷入内忧外患之际，也是儒家文明对于解救民族危机丧失效用之际。"从失效走向拯救"是 20 世纪初中国文化的突出主题，同时，迫切需要一种既能涤荡封建势力，结束军阀混战，又能团结千万民众进行抗争和自救的思想资源。此时，马克思主义的阶级分析方法恰恰能对中国民众进行革命化的启蒙发挥效用，它也因此成为毛泽东思想的主要组成部分。正是基于这一点，毛泽东分清了中国社会的阶级结构并以此展开了既反帝又反封建的双重革命。中国革命的成功意味着马克思主义革命文化的有效性，这种文化的底色是革命主义，而不是忠恕之道和自由主义。

中国社会在晚清时的封闭表面上是思想和制度层面的保守，实际上是"道体"层面的文化封闭，所以，中西文明冲突是世界历史发展的结构化结果，正是在此一度中，马克思主义对于中国传统文化展现出了一种批判性和补充性效应（尽管这只是其一个方面），它以革命性原则既整体地启蒙并挽救了中华民族，也打开了中国较为封闭的文化传统，进而促成了传统中国向现代中国的转变。

二

资本逻辑在中国展开的不同阶段也是马克思主义中国化的不同阶段，因此，中国的革命需要马克思主义，中国的发展也需要马克思主义，马克思主义是百年以来中国社会进行文化批判和建设的主导性原则。在此过程中，马克思主义对中国社会实现了两次大的社会意识启蒙，第一次是政治维度的阶级意识启蒙，第二次是经济维度的发展意识启蒙，这两次启蒙不仅使中国实现了从政治解放向经济解放的逻辑转换，而且让我们完成了对马克思主义的整体理解，以及对现代性的基本认知。正是基于这种大尺度的历史审视，我们看到了基于现代性的世界历史的基本样式和可能样式，即中国必须经历政治革命和市场经济，同时，中国道路蕴含着21世纪马克思主义发展的新的可能性，这是我们研究社会主义先进文化和中西文明转型的基本理论高度。

这样看来，中国历史和世界历史的发展实际上保持了某种同步性，因为中国的"革命—建设—改革"就是资本世界化的有效样本，所以，中国革命的过程既是中华民族实现政治解放的过程，也是马克思主义对中国进行思想启蒙的过程。在此过程中，马克思主义既充当了中国革命的理论原因，也变成了其理论结果，毛泽东思想就是其理论产物，公有制则是其制度结果，这种制度结果直接延伸到现代中国，因此，对于中国改革的总目的，邓小平指出，就是要"有利于巩固社会主义制度，有利于巩固党的领导，有利于在党的领导和社会主义制度下发展生产力"[①]。实际上，后来的南方谈话中所提出的"三个有利于"只是对生产逻辑的扩充和深化，无论是开发国内市场，还是开辟国际市场，抑或是让市场在资源配置中起决定性作用，我们都是在工具理性的意义上谈论市场经济的，我们的价值理性依然是马克思主义，我们的制度基础依然是公有制，所谓的社会主义先进文化其实就是马克思主义生产逻辑的近似说法。

受制度基础的决定，中国认同并推动的是经济全球化，而非政治全

---

① 《邓小平文选》第三卷，人民出版社1993年版，第241页。

球化。在中国改革之初，邓小平就强调，"必须在思想政治上坚持四项基本原则。这是实现四个现代化的根本前提"①。经济建设是中心任务，但是，为了发展经济，我们不仅不能放弃政治，不仅不能放弃社会主义民主，还要突出社会主义的优越性，因为政治文化也是社会主义先进文化的有机组成部分，所以，邓小平在政治上始终强调，我们不搞资本主义民主，不搞多党竞选、三权分立和两院制那一套，尤其要旗帜鲜明地反对资产阶级自由化乃至无政府主义，"中国的政治体制改革，要讲社会主义的民主，也要讲社会主义的法制"。"世界上的问题不可能都用一个模式来解决。"②"社会主义"四个字是当代中国政治和文化的定语，社会主义框架下的先进文化必须能够推动物质文明和精神文明的双提升。经过近 40 年的发展，中国的经济总量已经稳居世界第二，中国经济对世界经济增长的贡献率超过了 30%，中国社会的贫困发生率已经从 10.2% 下降到 4% 以下。中国道路的成功实践证明，社会主义文化是一种能够引领经济发展和社会发展的先进文化。

从理论层面分析，马克思的社会基本矛盾理论是社会主义先进文化的理论依据。传统的中国之所以走向沉沦，主要是因为道体层面封闭的文化系统开不出符合现代性要求的独立个体，因此，与之相应的平等意识、自由精神、民主意识、商业精神和技术应用只能处在被压抑的状态。在彼时的文化系统中，只有四书五经是正统，其他都是歪门邪道，这便是中国虽有"四大发明"却没有广泛的社会应用和社会变革的根本原因，说到底，我们的文明是一种内向型文明。与之相反，近世的西方文明是一种外

---

① 《邓小平文选》第二卷，人民出版社 1994 年版，第 164 页。
② 《邓小平文选》第三卷，人民出版社 1993 年版，第 245、261 页。

向型文明，这种文明是基于人的理性能力（而非道德能力）才可能的，如果说黑格尔表达了一种"无人身的理性"，那么，启蒙运动其实在倡导一种"有人身的理性"，这是一种承认"小我"的尊严和利益的世俗文化，而不是一种推崇"大我"的担当和奉献的贤明文化，正是基于这种原则性差异，中西之间的文明冲突及西方文明对东方文明的征服就成了历史的必然，这种征服系一种外部性文明对内部性文明的征服。

问题在于，马克思主义是超越现代性的产物，其超越性主要体现在基于历史唯物主义理论对现代性病症的解析和批判之中。按照这一理论，现代性是历史的必然，现代性使历史走向世界历史也是历史的必然，现代性孕生的阶级分化和社会抗争更是历史的必然，所以，中国积极对接并融入经济全球化体现了对马克思主义的理论自觉，因为在利用市场机制进行社会化和国际化大生产方面，资本主义比之前的任何社会都要来的优越，坚持马克思主义意味着遵从人类历史的发展规律，意味着要按照人类历史发展的主导性要求来变革不合时宜的文化传统，这一点既指向传统的儒家文化，也指向近代的革命文化。

社会主义先进文化是在遵从人类社会发展规律和探索社会主义建设规律的基础上形成的新的文化样式。这种文化已经跳出了狭隘的意识形态争论和文明形态争论，它是历史性和时代性、民族性和世界性的有机统一，它吸收传统却不囿于传统，着眼当下而不囿于当下，它是基于社会基本矛盾运动对人类文化发展态势和方向的一种宏观思考和整体把握。它体现在"各美其美""美美与共"和"天下大同"三个维度。在"各美其美"的意义上，每个国家和民族都有平等的权利主张自己的现代性；在"美美与共"的意义上，国家与国家、民族与民族、地区与地区之间要有主体间性；在"天下大同"的意义上，每个人都要为他人着想和担当，人类的和平与发展才变得可能。

尽管社会主义先进文化是社会主义初级阶段的文化，但是，这种文化已经显示出了某种人类学意义。中国道路是孕育这一文化的现实土壤，马克思主义为其提供了基本的理论指导。基于这一文化来讨论中华民族的文化复兴和中西社会的文明转型不仅必要，而且可能。

三

马克思主义不仅在中国完成了"国家—民族"意义上的社会革命，而且实现了整体的经济富强，甚至对世界经济的发展和文明秩序的构建产生出了某种示范和引领效应。基于此，我们认为，第一，应该放弃对马克思主义的教条化理解、乌托邦想象，要站在实现人类共同发展的高度凸显马克思主义那种宏阔的历史视野和文明关照；第二，抽象地谈论"古今中西"之间的差异和冲突已经毫无意义，也没有结果，这个问题实质依然是"中西之辩"，或者说是中西文明之间的互补、融合和创新问题；第三，社会主义先进文化是"中西之辩"的历史产物，它代表了对现代性文化危机的有效克服，新时代中国特色社会主义思想是其崭新形式，是当下中国对内进行文化建设，对外构建文明新秩序的理论指引。

概言之，首先，必须建立起对马克思主义文明观的理论自觉。在中国的"革命—建设—改革"实践中，马克思主义非但始终没有缺席，反而实质性地参与和影响了中国历史的现实进程，进而塑造出了符合自身价值立场和理论要求的文化样式，作为其中国化成果的革命文化和先进文化其实就是社会基本矛盾在世界历史条件下产生的文化结晶，这两种文化总体地折射出了资本运动的大逻辑，也构成了"古今中西"之争的问题背景。正是基于马克思的世界历史视野，我们才能超越表面化的文化形态争论和文明形态对比并直达问题本身，这个问题的本质就是在文化哲学和文明自觉的意义上廓清中国现代性问题的实质，反过来说，中国道路的实质是马克思主义，这是对马克思世界历史思想的正面呈现。合而言之，马克思本质地道出了世界历史的秘密，我们须基于这一理论高度来清理中国道路所带出的文化复兴和文明转型问题。在此问题域中，自由主义、保守主义及激进主义已经使用了太多的话语资源，但是也遮蔽了问题本身，它们不仅遮蔽了马克思主义哲学的世界历史特征，而且也使问题越来越意识形态化，甚至陷入某种话语游戏之中，从而使问题更加复杂化。

因而，全部问题的关键在于肯定马克思主义文明观，特别要借助社会基本矛盾理论来说明这种文明观。马克思曾明确强调："我们判断一个人不能以他对自己的看法为根据，同样，我们判断这样一个变革的时代也不能以它的意识为根据；相反，这个意识必须从物质生活的矛盾中，从社会生产力和生产关系之间的现存冲突中去解释。"①文明毕竟属于精神生活的范畴，而文明冲突的根源其实在物质生活的矛盾之中。在这一点上，斯宾格勒、汤因比、亨廷顿和福山等人所展开的文明分析和对比其实都是一种关于历史的形而上学，他们固然也看到了中西文明各自的特性，但是缺少对世界历史（尤其是中国道路）的马克思主义式理解，所以，这类分析无益于马克思主义文明观的出场和"文明冲突论"的消解。

其次，要继续扩大并加深中西文明之间的交流。在世界历史的逻辑中，中西文明其实是两条略有交叉的线。一方面，中西文化确实有不同的起点、内容和节奏，其现代性确实存在巨大的差异；另一方面，这种差异

---

① 《马克思恩格斯文集》第二卷，人民出版社 2009 年版，第 592 页。

性不等于否定性，因为中西文明之间始终在交往，只不过其交往的形式表现为冲突和合作两种前后相继的历史形式。大致而言，第一次是封建社会鼎盛时期的陆海丝路往来，这属于和平交往；第二次是晚清时期发生的战争交往；第三次是中华人民共和国成立至今的和平交往和合作共赢。可见，中西文明并不是水火不容，而是存在着互补性，尽管文明具有相对独立性和反作用，但是文明在最根本上反映的是人的现实的生存和交往需要，人是创造和守护文明的根本因素。正如恩格斯所说："在每一个民族中形成的神，都是民族的神，这些神的王国不越出它们所守护的民族领域，在这个界线之外，就无可争辩地由别的神统治了。只要这些民族存在，这些神也就继续活在人们的观念中；这些民族没落了，这些神也就随着灭亡。"[1]

这样看来，古代的丝绸之路实际上体现的是中西文明的开放性和兼容性，其结果是提升了各自的文化创造力，可是到了晚清时期，我们在文化上偏于保守，从而使中国处于一种被动格局之中，在此情况下，中国依然持守的农耕文明看起来可以自给自足，实际上已经与世界拉开了差距，我们可以"不需要"西方，但是西方已经离不开东方，因为中国是其世界市场的一部分，中国选择了拒绝就意味着选择了战争，所以，中西之间的战争其实体现了现代文明对前现代文明的批判与征服，中国社会从传统向现代的全方位转型和调整则是这一逻辑的现实表征，这体现了文明之间的互补和平衡。

最后，中国道路蕴含着人类文明发展的新的可能性。中国道路是在对传统儒家文明和现代西方文明双重扬弃的意义上形成并展开的。一方面，中国道路扬弃了传统的儒家文明。改革开放以来，中国推行的是以经济建

---

[1] 《马克思恩格斯选集》第四卷，人民出版社 2012 年版，第 261 页。

设为中心的发展路线，这种以商品生产和市场交易为主导的现代工商业文明其实也是被传统儒家批判甚至否定的东西，这意味着我们已经在现实上走出了传统。另一方面，中国道路扬弃了西方的现代文明。在根本上，我们的确有一个现代化的任务，为此，我们必须以学习的心态、开放的视野和创新的意识汲取西方现代的科技文明和管理手段，但是，公有制、按劳分配和共同富裕已经成为马克思主义中国化的制度性成果，正是因此，从毛泽东时代至今，我们始终在警惕和防范资本主义的利己主义、拜金主义和自由主义，以守护中国社会主义的制度基础和价值原则，进而显示出中国道路对于克服现代性文化危机的积极意义。

因此，在历史逻辑、理论逻辑和实践逻辑的综合作用下，中国特色社会主义文化发展道路的现实意义必将进一步呈现，在当前，这种现实意义主要表现在对全人类"共同价值"和"社会主义核心价值观"的共同构建。我们认为，这已经总体地表征了新时代中国特色社会主义的价值立场和文明指向，它意味着，我们已经不仅超越了狭隘的意识形态立场和文化保守主义，而且在国际国内主动探求和构建实现和平与发展的"最大公约数"，因为今天的中国离不开西方，西方也离不开中国，中国与西方需要共同克服现代性的文化危机，其路径既不是回到各自的过去，也不是倒向任何一方，而是要在对话和交流中各取其利，各美其美，从而在平等相待和兼收并蓄中推动人类文明迈向新的高度。

（原载《天津社会科学》2018 年第 2 期）

编后记

《新时代文化艺术思想研究文库》分为"文艺高峰与中华民族新史诗研究""中国艺术学'三大体系'研究""中华优秀传统文化创造性转化、创新性发展研究"等主题，收录著述近200篇，展现了学术界对国家文化艺术发展的思考。同时，编选以研究报告的形式对各主题的学术研究近况做了梳理和阐释，合编为一部"研究报告集"。

文库得以顺利出版，要感谢各个主题的编选者鲁太光、陈越、杨娟、李修建、孙晓霞、金宁、李松睿、任慧、李彦平、张敬华、汪骁、宋蒙（排名不分前后）等的辛勤付出。感谢中国艺术研究院基本科研业务费项目对文库编辑出版的资助和支持。感谢文化艺术出版社，特别是杨斌社长、王红总编辑以及各位责任编辑，他们一丝不苟的工作态度令人感佩。更要感谢来自全国各大高校和科研机构的诸位学界同仁，他们不吝赐稿，让这套文库具备了应有的学术分量。

希望这套文库能够为新时代中国特色社会主义建设略尽绵薄之力，能够为新时代文化艺术研究和实践提供有益的学术参考和理论资源。

2021年8月